Post-Aufklärungs-Gesellschaft

Markus Tiedemann

Post-Aufklärungs-Gesellschaft

Was wir verlieren und was uns bevorsteht

BRILL
MENTIS

Die vorliegende Publikation ist im Rahmen der Tätigkeit des Autos an der Technischen Universität Dresden, Professur für Didaktik der Philosophie und für Ethik, erstellt worden und wurde von der Technischen Universität Dresden finanziell unterstützt.

Umschlagabbildung: Rubjerg Knude Leuchtturm, M. ullmann 2003, beschnitten.

Bibliografische Information der Deutschen Nationalbibliothek

Die Deutsche Nationalbibliothek verzeichnet diese Publikation in der Deutschen Nationalbibliografie; detaillierte bibliografische Daten sind im Internet über http://dnb.d-nb.de abrufbar.

(Koninklijke Brill NV, Leiden, Niederlande; Brill USA Inc., Boston MA, USA; Brill Asia Pte Ltd, Singapore; Brill Deutschland GmbH, Paderborn, Deutschland; Brill Österreich GmbH, Wien, Österreich)
Koninklijke Brill NV umfasst die Imprints Brill, Brill Nijhoff, Brill Hotei, Brill Schöningh, Brill Fink, Brill mentis, Vandenhoeck & Ruprecht, Böhlau, V&R unipress und Wageningen Academic.

www.mentis.de

Einbandgestaltung: Anna Braungart, Tübingen
Herstellung: Brill Deutschland GmbH, Paderborn

ISBN 978-3-95743-285-8 (paperback)
ISBN 978-3-96975-285-2 (e-book)

Für Euch drei

Inhalt

Einleitung und Aufklärungsbegriff

Der vorliegende Essay vertritt die Überzeugung, dass wir Augenzeugen eines mentalitätsgeschichtlichen und kulturhistorischen Paradigmenwechsels sind. Wir erleben das Ende der zweiten Aufklärungsepoche und den Beginn der Post-Aufklärungs-Gesellschaft.

Post-Aufklärungs-Gesellschaft nicht deshalb, weil die Mehrheit der Menschheit bis vor Kurzem in nach Aufklärung strebenden Gesellschaften gelebt hätte. Das war niemals der Fall. Post-Aufklärungs-Gesellschaft deshalb, weil die wenigen, an den Idealen der Aufklärung orientierten Gesellschaften massiv an globaler Bedeutung verlieren oder sich im Zustand der Selbstauflösung befinden.

Die Post-Aufklärungs-Gesellschaft ist eine historische Epoche, bzw. eine Gesellschaftsform, in der die Errungenschaften und Ideale der Aufklärung nicht mehr als Leitideen wirksam sind. Instanzen, Strukturen und Ideen, die ihre Genese der Aufklärung verdanken, werden nicht in Gänze über Nacht verschwinden, aber sie sind des Primates verlustig. Wenn es hart auf hart kommt, wenn grundsätzliche Entscheidungen anstehen, scharrt sich die Mehrheitsgesellschaft nicht mehr entschlossen hinter diesen Wertevorstellungen.

Die Post-Aufklärungs-Gesellschaft ist also ex negativo durch das Fehlen, bzw. die Erosion der Aufklärung zu verstehen, weshalb dieser Begriff einzugrenzen ist. Allein im Historischen Wörterbuch der Philosophie füllt der entsprechende Artikel 15 Seiten.[1] Die nachfolgende Verwendung des Aufklärungs-Begriffes erhebt daher nicht den Anspruch allen Facetten des Phänomens oder gar allen analytischen oder hermeneutischen Deutungen gerecht zu werden.

Der vorliegende Essay versteht die Essenz der Aufklärung als die stets unabgeschlossene Kultivierung einer nach Objektivität und normativer Rechtfertigung strebenden Lebensform. Unabgeschlossen ist diese Lebensform, weil sie einer immanenten Selbstkritik unterliegt. Ursächlich hierfür ist die Erkenntnis, den eigenen Ansprüchen nie oder nur selten vollumfänglich gerecht zu werden. Um eine Kultivierung handelt es sich, weil das Potential zur rationalen Selbstdisziplinierung zwar im Menschen angelegt ist, sich aber nur durch Pflege und Förderung zu entfalten vermag. Der Mensch ist vernunftbegabt. Er ist weder vernunftaffin, noch kann die Summe seiner Deutungen und Handlungen als vernünftig bezeichnet werden.

---

1 Artikel „Aufklärung". In: Joachim Ritter (Hrsg.): *Historisches Wörterbuch der Philosophie*, Band 1 A-C. Wissenschaftliche Buchgesellschaft, Darmstadt 1971. S. 620–635.

Dieser Ausgang des Menschen aus seiner selbstverschuldeten Unmündigkeit und das Bestreben, die Determination durch Natur und Tradition mittels Vernunft zu überwinden, ist zugleich die Kernsubstanz des Humanismus. Rationalität ermöglicht Autonomie. Autonomie ermöglicht Verantwortung und in der Summe entsteht die Würde eines zur Moral fähigen Wesens. Ideale wie Mündigkeit und Objektivität haben weitreichende Konsequenzen für die soziale und politische Organisation, sind aber an keine kulturelle Morphologie gebunden. Aufklärung ist ein zivilisatorisches Projekt, das mit vielen kulturellen Ausprägungen und Lebensformen kompatibel ist. Verbindliche Gemeinsamkeit ist allein die des Prinzips der nach Objektivität strebenden, rationalen Rechtfertigung.

Ein Gedankengebäude, das historisch und systematisch aufs Engste mit der Idee und Realisierung von Demokratie, Gewaltenteilung und Menschenrechten verknüpft ist. Allerdings besteht weder ein notwendiger, noch ein hinreichender Zusammenhang.

Als individueller Akt kann sich Aufklärung zumindest theoretisch an jedem Ort und zu jeder Zeit manifestieren. Eine kritische Masse von nach Aufklärung strebenden Individuen mag notwendig Forderungen nach Demokratie, Menschenrechten und Rechtsstaat hervorbringen; eine Realisierung bedeutet dies leider noch lange nicht. Die Kausalitäten sind umstritten. Aus dem Blickwinkel des historischen Materialismus ist die bürgerliche Freiheit nicht Ergebnis der Aufklärung, sondern vielmehr die Folge von Produktivitätssteigerungen im gesellschaftlichen Unterbau. Der ökonomische Wandel vom Feudalismus zum Kapitalismus bewirkte die Ideen der Aufklärung, nicht andersherum. Die materialistische Geschichtsdeutung ist natürlich keine zwingende Widerlegung des Idealismus der Aufklärung. Auch eine dialektische Verzahnung beider Kräfte lässt sich weiterhin vertreten. Wichtig ist allerdings, dass keine der möglichen Interpretationen als notwendig richtig oder falsch erwiesen werden kann.

Für diesen Essay ist es von zentraler Bedeutung, dass sich alle genannten Errungenschaften auch ohne die oben definierte Essenz der Aufklärung denken und realisieren lassen. Recht kann auf positives Recht reduziert werden, weshalb es den schlimmsten Diktaturen möglich ist, sich als Rechtsstaat zu bezeichnen. Wissenschaftsorientierung kann auf Machbarkeit, Mechanik und Effizienz reduziert werden. Daher können auch Theokratien den Bau von Atombomben vorantreiben, obwohl die physikalische Welterklärung den eigenen Dogmen diametral gegenübersteht. Demokratie lässt sich auf Mehrheitsrecht reduzieren. In sogenannten illiberalen Demokratien, wie Ungarn, Polen oder der Türkei, geschieht genau dies. Selbst die Menschenrechte, deren Erklärung untrennbar mit der Geschichte der Aufklärung verbunden ist, erfahren derzeit eine Uminterpretation. Insbesondere China wirbt offensiv für ein Verständnis von Menschenrechten, deren Kern ein Recht auf ökonomische Entfaltung beinhaltet. Liberale Bürger- und Freiheitsrechte werden hingegen vernachlässigt. Im kommunistischen Einparteienstaat China ist der Bourgeois nicht in Gefahr, der Citoyen indes schon.

Aus diesem Grund greifen zahlreiche Interpretationen der gegenwärtigen Krise zu kurz. Geschrieben wird vom Sterben der Demokratien oder vom Krieg gegen die Wissenschaften.[2] Tatsächlich sind aber nur jene Ausprägungen von Demokratie, Wissenschaft oder Gesellschaft in Gefahr, die in den Prinzipien der Aufklärung wurzeln. Die treibende Kraft der aktuellen Erosion liegt in tieferen Schichten. Das Streben nach Objektivität und rationaler Rechtfertigung werden wahlweise für unmöglich erklärt, normativ diskreditiert oder schlicht ignoriert. Beispielsweise befinden wir uns nicht primär in einer Krise der Demokratie. Vielmehr ist es so, dass „eine Erosion der aufgeklärten Kultur stattgefunden hat, die sich auf die Art und Weise auswirkt, wie Demokratien ‚funktionieren'".[3] Allerdings ist Aufklärung eben keine *Kultur* im Sinne einer beliebigen Ausprägung von Sitten und Gebräuchen. Ebenso sollte sie nicht als diffuse emanzipationsfreundliche Grundhaltung verstanden werden. Vielmehr besteht die Essenz der Aufklärung in einem Kraftakt der Selbstdisziplinierung bzw. in einer Unterwerfung unter das Prinzip rationaler Rechtfertigung und größtmöglicher Objektivität. Dieser Definition folgend wird deutlich, wie sehr die Erosion alle gesellschaftlichen und politischen Strukturen durchzieht. Dieser Prozess ist allgegenwärtig und mündet in das, was im Folgenden Post-Aufklärungs-Gesellschaft genannt werden soll.

Dabei geht es nicht darum, ein geschichtsphilosophisches Modell zu vertreten. Seitdem sich die Menschheit ihrer eigenen Geschichte bewusstgeworden ist, existieren unterschiedliche Modelle, um diese zu deuten. Grob lassen sich chaotische, teleologische und zirkuläre Modelle unterscheiden. Wer die Weltgeschichte als Chaos deutet, bestreitet die Existenz einer wie auch immer gearteten Struktur. Teleologische Modelle gehen davon aus, dass die Geschichte der Menschheit auf einen finalen Zustand zustrebt. Dieser kann sowohl utopisch, als auch im wahrsten Sinne des Wortes apokalyptisch sein. Sozialreformerische Theorien, wie der Kommunismus, sahen das Ende der Geschichte in der Schaffung einer perfekten Gesellschaft. Religiöse Überzeugungen deuteten das Ende als Weltgericht. Das Geschichtsbild der

---

2 Vgl.: Steven Levitsky & Daniel Ziblatt: Wie Demokratien sterben: Und was wir dagegen tun können. DVA Verlag, München 2018.

3 Michael Hampe: Die Dritte Aufklärung. Nicolai Publishing & Intelligence GmbH, Berlin 2018. S. 9.

neuzeitlichen Aufklärung verstand die Menschheitsgeschichte als ein unendliches Streben, dass trotz aller Rückschläge langfristig auf ein Mehr an Freiheit und Humanität zusteuert. Zirkuläre Modelle, wie sie unter anderem Platon vertreten hat, verstehen Geschichte als einen Kreislauf aus Aufbau- und Verfallsprozessen. Auch das gerechteste Königtum mutiert irgendwann zur Tyrannis, die dann gestürzt und durch eine gerechte Aristokratie ersetzt wird. Leider entwickeln sich die wenigen Guten, die dem Gemeinwohl dienen wollen, nach und nach zu egoistischen Oligarchen, die ebenfalls gestürzt werden. Es folgt eine Phase gerechter Demokratie. Allerdings mutiert auch diese. Das Ergebnis ist die Herrschaft des Pöbels, in der jeder nur an persönlichem Vorteil interessiert ist und das Gesamtwohl aus den Augen verliert. Aus diesem Chaos erschallt der Ruf nach dem starken Mann und der Kreis beginnt erneut mit der Alleinherrschaft eines Gerechten oder eines Tyrannen.

Der vorliegende Essay will im Streit der geschichtsphilosophischen Modelle keine Partei ergreifen. Allein physikalisch ist die Sache entschieden. Die Geschichte unseres gesamten Planeten wird spätestens in fünf Milliarden Jahren mit dem apokalyptischen Kollaps unseres Sonnensystems enden. Ob die Menschheit bis dahin im Chaos verweilen, einen stetigen Aufstieg zum Besseren, eine finale Selbstzerstörung oder eine zirkuläre Abfolge von guten und schlechten Phasen erleben wird, bleibt fraglich.

Das zentrale Anliegen des Essays ist es, die folgenden Thesen zu vertreten:

1. Das Projekt der Aufklärung war und ist das Edelste, was die Menschheit je hervorgebracht hat.
2. Es handelt sich um ein elitäres Minderheitenprojekt, welches auf günstige Rahmenbedingungen angewiesen ist, die es selbst nicht zu garantieren vermag.
3. Die Post-Aufklärungs-Gesellschaft ist eine Rückkehr zu den autoritären Standardmodellen der Menschheit, begleitet von den technischen Möglichkeiten der Moderne.
4. Zumindest für die aktuellen Generationen wird der Verlust der Aufklärung eine finale Erfahrung sein.

Es geht darum zu zeigen, dass wir nicht die Krise einzelner gesellschaftlicher Instanzen beobachten, sondern den Untergang einer Lebensform. Selbstverständlich wäre nichts weniger aufgeklärt, als die eigenen Überzeugungen als zweifelsfreie Erkenntnisse darzustellen. Die vorliegende Abhandlung ist ein Essay in der ursprünglichen Bedeutung des Wortes. Es handelt sich um eine Streitschrift, getragen von der schwindenden Hoffnung, dass ich mich irre.

KAPITEL 1

Blick zurück in Dankbarkeit

1.1 Ein erstaunlicher Zufall

Die Ideale der Aufklärung gehören zu den atemberaubendsten Errungenschaften der Menschheit. Dass die Gattung Mensch ein derartiges Juwel überhaupt hervorbringen und entfalten konnte, ist das Ergebnis glücklicher Zufälle und beeindruckender Leistungen. Kern dieser Leitidee bildet das Streben nach rationaler Orientierung. Und das Kriterium für rationale Orientierung heißt Objektivität.

Dabei handelte es sich nicht um eine der vielen Fantastereien, die das kluge Tier Mensch erfand, sondern um die Realisierung einer erstaunlichen Fähigkeit und um einen Akt beeindruckender Selbstdisziplinierung. Der Versuch, Erkenntnis und nicht Neigungen oder Macht zum Gradmesser für Richtig und Falsch, für Gut und Böse zu erheben, war eine titanische intellektuelle und kulturelle Leistung. Sie bildete die Grundlage für das wohl edelste Projekt der Menschheit: die Überwindung biologischer Animalität und kultureller Determination, den Ausgang aus vorgefundener und selbstverschuldeter Unmündigkeit. Die Würde des Menschen, so es sie gibt, beruht auf eben dieser Leistung.

Dabei soll keinesfalls einem naiven Idealismus das Wort geredet werden. Die Menschheit entdeckte keine freischwebende, platonische Idee, sondern entwarf Kriterien, die unter normalen Bedingungen der übergroßen Mehrheit der Gattungsmitglieder einsichtig gemacht werden können. Diese Möglichkeit fiel nicht vom Himmel, sondern war das Ergebnis zahlreicher evolutionärer, ökonomischer und sozialer Faktoren von denen hier nur wenige genannt werden können.

Es bedurfte eines Gehirns, das in der Lage ist, ein Abstraktum wie Objektivität überhaupt zu denken. Dass der Mensch ein solches Organ entwickelte, ist ein evolutionärer Zufall. Eine Theorie besagt, dass die Entwicklung des aufrechten Ganges eine Verengung des Beckens bewirkt habe, was wiederum eine Verkürzung der Schwangerschaft und eine Reduktion des Darmumfangs erforderlich machte. Die in den Darmwinden eingesparte Energie könnte dem Wachstum jenes neuronalen Systems zugutegekommen sein, welches durch das ständige Begreifen der nun frei agierenden Hände immanenter Stimulation ausgesetzt wurde. Nicht weniger entscheidend war die rasch anwachsende Komplexität der menschlichen Sprache. Diese beruht

 | DOI:10.30965/9783969752852_002

wesentlich auf dem Zusammenspiel von Zunge und Stimmbändern, die eine seltene Bandbreite von Tonkombinationen zur Verfügung stellen. Auf diese Weise entstand die Möglichkeit, eine fast unbegrenzte Anzahl von Objekten zu benennen. Menschliche Töne werden aber nicht nur dazu genutzt, differenziert zu beschreiben. Sie lassen sich auch dafür nutzen, Dinge zu benennen, die gar nicht oder zumindest nicht physisch existieren. Yuval Noah Harari spricht in diesem Zusammenhang von der kognitiven Revolution in der Menschheitsgeschichte.[1] Irgendwann begannen unsere Vorfahren nicht nur die Lage, die Position und Beschaffenheit von Nahrungsquellen zu beschreiben, die außerhalb der Sinneswahrnehmungen lagen. Dies vermögen ebenfalls zahlreiche Tiere. Menschen begannen auch über Dinge zu kommunizieren, die nicht oder noch nicht existierten. Beispielsweise konnten sie nicht nur mitteilen, wo sich konkrete Beutetiere real befanden, sondern auch darüber spekulieren, was zu tun sei, wenn die Herden einmal eine andere Richtung nehmen sollten. Eine Entwicklung, die immer abstraktere Gegenstände und Entwürfe wie Treibjagten, Tierzucht, Kalender, Götter, Wirtschaftssysteme, Verfassungen oder Quantenphysik ermöglichte. Auch der Begriff der Objektivität ist eine dieser Abstraktionen.

Gefördert wurde der Gebrauch der abstrakten Sprache durch das Anwachsen der sozialen Gemeinschaften. In den kleinen Stammesgemeinschaften der Altsteinzeit bestand nur ein geringer Bedarf an abstrakter Kommunikation. Die zu regelnden Dinge dürften mehrheitlich konkret gewesen sein. Hinzu kam, dass emotionale Familienbande eine Vielzahl von ausformulierten Konventionen überflüssig gemacht haben dürften. Im Neolithikum wurde dies schnell anders. In Dörfern von über 100 Bewohnern gab es zahlreiche konkrete und abstrakte Gesprächsgegenstände. Ca. 4500 vor unserer Zeitrechnung lebten in Städten wie Jericho wahrscheinlich über 10 000 Einwohner. Das bedeutet, die Mehrheit der Bürger war einander nicht bekannt. Ihre Beziehung selbst war abstrakt. Die Bürger mussten theoretisch darüber nachdenken, was zu tun sei, falls sie mit einer der vielen unbekannten Personen zusammentreffen oder gar in Konflikt geraten sollten. Abstrakte Begriffe wie Arbeit, Lohn, Handel oder Recht wurden erforderlich. Emotionale Bindungen mögen genügen, um den Erfolg einer Gruppe von Jägern und Sammlern zu ermöglichen. Für wirtschaftlichen Erfolg und friedliches Zusammenleben in einer Kleinstadt sind sie indes ungenügend. Dies gilt v.a. dann, wenn sich die Gemeinschaft daranmacht, einen Verteidigungszaun, ein Bewässerungssystem, eine Pyramide, eine Rechtsordnung oder ein Weltwirtschaftssystem zu errichten.

---

1 Vgl.: Yuval Noah Harari: *Eine kurze Geschichte der Menschheit.* Pantheon, München 2015, Kapitel I.

Auch die Progression des ökonomischen Unterbaus beförderte die Entdeckung der Objektivität. Bevor sich komplexe Sozial- und Kommunikationsgemeinschaften herausbilden, muss gewährleistet sein, dass die entsprechende Landeinheit ausreichend Nahrung bereitstellt. Ohne Landwirtschaft keine dauerhaften Siedlungen und ohne Produktionsüberschüsse keine systematische Arbeitsteilung, ohne Vorratswirtschaft keine Großprojekte. Wie differenziert die Errungenschaften des Neolithikums zu betrachten sind, lässt sich am Beispiel der Sklaverei verdeutlichen. Sklaverei dürfte in der Altsteinzeit nur eine geringe Rolle gespielt haben. Überwältigte Gegner wurden entweder erschlagen, gegessen, sich selbst überlassen oder in den Stamm integriert. Sklaverei ist nur dann sinnvoll, wenn die Arbeitskraft eines Menschen zumindest sich selbst und seinen Herren ernährt. Zunächst profitierten nur sehr wenige Menschen massiv von den Neuerungen des Neolithikums. Die Lebensqualität des Durchschnittsmenschen dürfte sich, wenn überhaupt, nur in sehr kleinen Schritten verbessert haben. Dem Vorteil fester Wohngebäude stand die vermehrte Konfrontation mit tierischen Krankheitserregern und eine einseitige Ernährung gegenüber. Bis heute ernähren fünf Kulturpflanzen (Zuckerrohr, Mais, Weizen und Reis) die Mehrheit der Weltbevölkerung. Vor allem aber begann der Wettlauf zwischen Nahrungsmittelproduktion und menschlicher Vermehrung. Missernten, Hungersnöte und Seuchen forderten ihren Tribut. Gleichwohl ermöglichten immer öfter Überschüsse eine Vermehrung der Bevölkerung und eine Ausdifferenzierung der Gesellschaft. Sklaverei konnte gewinnbringend praktiziert werden und weitere Arbeitsteilung verstärken. Neben Bauern und Handwerkern entstand recht bald auch die Klasse der Nutznießer, die den Großteil der Erträge für sich beanspruchten und auf dem Rücken von Sklaven und Fellachen ein Leben im Müßiggang kultivierten. Die Ehrlichsten unter ihnen lebten schlicht das Recht des Stärkeren. Sie erzwangen Dienstleistungen von allerlei Art und boten im besten Fall Schutz vor anderen Nutznießern ihres Schlages. Die zweite Gruppe der Nutznießer rechtfertigte sich über eine besondere Beziehung zum Göttlichen. Wahrscheinlich verhalfen ihnen zufällige Übereinstimmungen von Voraussagen und Faktizität oder auch nur Rhetorik und persönlicher Nimbus zu ihrer Sonderstellung. Wer beispielsweise die zufällige Parallelität einer Himmelskonstellation wie des Siriussterns mit der nachfolgenden Nil-Flut wiederholt beobachtet hatte, konnte seine Zeitgenossen durch das Lesen angeblich göttlicher Zeichen beeindrucken. Darüber hinaus wurden ausgefeilte Narrative verbreitet, die von Belohnung und Bestrafung in der Zukunft oder einer jenseitigen Welt berichteten. Im Grunde handelte es sich nur um eine perfidere Variante jener Einschüchterungstechnik, die schon die erste Gruppe der Nutznießer verwendete. Die dritte Gruppe der Nutznießer nannte sich Forscher, Weise oder

Philosophen. Sie kultivierten etwas, dass sie *Theoria* nannten und das auf den ersten Blick ebenfalls nach Müßiggang ausgesehen haben muss. Mit Blick auf die gesamtgesellschaftliche Produktion schien auch für die Wissenschaftler zu gelten: „Die Arbeit tun die anderen!"[2].

Gleichwohl bestand ein gravierender Unterschied zu den ersten beiden Gruppen der Nutznießer: Die Investition in den scheinbaren Müßiggang der Forscher sollte Erträge abwerfen. Hinter der *Theoria* verbargen sich Ideen wie Objektivität, Wahrheit, Prognosefähigkeit und Naturkausalität. Und diese Kategorien sollten eine ungeahnte ökonomische, epistemische und normative Progression der gesamten Menschheit bewirken. Die Philosophen begannen zurückzuzahlen.

1.2 Ein titanisches Projekt und seine wunderbaren Folgen

Das titanische Projekt der Philosophen lautet Mündigkeit verstanden als die rationale Selbstermächtigung des Menschen.

Die erste und grundlegendste Revolution war mentaler Natur. Es handelt sich um die „Geburt des Logos"[3], eine zuvor unbekannte Rationalisierung des individuellen und kollektiven Weltverstehens, welches die Möglichkeit eröffnete, der selbstverschuldeten Unmündigkeit gegenüber Natur, Tradition und Religion zu entkommen. Diese gewaltige intellektuelle Leistung kann auf zahlreiche Mütter und Väter zurückgeführt werden. Es war eine lange und schwierige Schwangerschaft und die Wehen lassen sich in den verschiedensten Kulturen der Menschheitsgeschichte nachweisen. Die finale Entbindung fand jedoch zweifelsohne in Griechenland statt. Bis heute besitzen wir die Geburtsurkunde: Platons *Theätet*.

Nach Auffassung des britischen Philosophen und Mathematikers Alfred North Whitehead besteht die gesamte Geistesgeschichte Europas „aus einer Reihe Fußnoten zu Platon".[4] Diese Aussage ist mit Sicherheit eine Übertreibung. Gleichwohl steht Platons Werk im Allgemeinen und der *Theätet* im Besonderen für einen revolutionären, mentalen Paradigmenwechsel. Die dort zu findende Unterscheidung zwischen *Doxa* und *Episteme*, zwischen Meinung und Wissen ist die Essenz des nach Objektivität strebenden modernen

---

2 Helmut Schelsky: Die Arbeit tun die anderen. Klassenkampf und Priesterherrschaft der Intellektuellen. Westdeutscher Verlag, Leverkusen 1975.

3 Arno Schmidt: *Die Geburt des Logos bei den alten Griechen*. Logos Verlag, Berlin 2003.

4 „The safest general characterization of the European philosophical tradition is that it consists of a series of footnotes to Plato.", Alfred North Whitehead: Process and Reality. The Free Press, New York 1979. S. 39.

Menschen. Nahezu alle im *Theätet* geäußerten Gedanken lassen sich verstreut schon in früheren Texten der griechischen Antike nachweisen. Doch erst mit Platon wird das Streben nach Wissen zum epistemischen und normativen Programm. Wissen, so Platon, ist wahre gerechtfertigte Überzeugung. Es reicht nicht Recht zu bekommen, es geht darum im Recht zu sein. Es genügt nicht, zu überwältigen, einzuschüchtern oder zu überreden. Das Ziel ist es, zu überzeugen. Wissen hat drei zentrale Eigenschaften. Kopernikus weiß, dass die Erde rund ist, genau dann, wenn (1) die Erde wirklich rund ist; (2) Kopernikus davon überzeugt ist, dass seine Behauptung richtig ist und (3) Kopernikus seine Thesen plausibel rechtfertigen kann. Der oben erwähnte altägyptische Priester, der seine Stellung der Vorhersage der Nil-Flut verdankte, wird diesen Ansprüchen nicht gerecht. Zwar folgte die Flut wirklich auf das Erscheinen des Siriussterns (Kriterium 1) und vielleicht war der Priester auch wirklich von seiner Annahme überzeugt (Kriterium 2), aber er vermochte keine plausible Erklärung zu bieten (Kriterium 3). Die Anforderungen des *Theätet* zogen eine klare Trennlinie zwischen den Priestern und den Philosophen. Letzteren genügte es nicht, etwas zu bemerken. Sie stellten stets die Frage nach dem Warum. Erst wenn Antwort und Erklärung gelingen, darf ein Wissensanspruch erhoben werden. Als Qualitätskriterien wurden seither intersubjektive Vermittelbarkeit, Konsistenz, Kohärenz, sowie Prämissen-Sparsamkeit und Falsifizierbarkeit herausgearbeitet.

Es ist schwer abzuschätzen, ob sich alle historischen Protagonisten der Tragweite ihrer Debatte bewusst waren. Beim Lesen des *Theätet* wird jedoch schnell klar, es ging schon damals, wie in jedem echten Bildungsprozess, „um alles“[5]. Wahrheit schert sich weder um Traditionen und Mythen, noch um die Zufälligkeit der Meinungen. Wer die Entstehung der Regenzeit im ostafrikanischen Hochland verstanden hat, für den ist die Vorhersage der Nil-Flut mit Hilfe des Siriussterns nur noch eine drollige Hilfskonstruktion. Priester werden überflüssig. Platons *Theätet* entstand an einer Akademie, nicht in einem Tempel. Gleichzeitig gelang es den Philosophen, die Religionen zurückzudrängen, ohne dem Relativismus zu verfallen. Religionen erheben Wahrheitsansprüche, ohne diese rechtfertigen zu können. Relativisten negieren die Möglichkeit von Wahrheitsansprüchen. Aus beiden resultiert Unmündigkeit. Sokrates fiel dem Vorwurf der Blasphemie zum Opfer. Seine Lehre wirkte gleichwohl fort und das Argument begann über das Ritual zu triumphieren. Platon schlug sich mit einem sophistischen Verständnis des Homo Mensura-Satzes herum, nach dem

5 Peter Bieri: Wie wäre es, gebildet zu sein? In: Hans-Ulrich Lessing, Volker Steenblock (Hrsg.): *„Was den Menschen eigentlich zum Menschen macht …“. Klassische Texte einer Philosophie der Bildung.* Verlag Karl Albert, Freiburg im Breisgau 2010. S. 217.

der Mensch mit seiner individuellen Meinung zum Maß aller Dinge erhoben wird. Diesem Relativismus hielt Platon die Möglichkeit der Erkenntnis entgegen. Der Mensch samt seiner Bedürftigkeit ist ein wichtiger Maßstab der praktischen Philosophie und verdient Berücksichtigung in politischen und sozialen Fragen, aber die bloße Meinung des Einzelnen ist nicht die letzte Instanz, um über richtig und falsch zu entscheiden. Unabhängig von den Gefühlen und Vorstellungen existiert eine Objektivität und diese zu erkennen ist die vornehmste Aufgabe des Menschen. Es bedarf keiner platonischen Ideenlehre, um diesen Ansatz zu verfolgen. Es genügt zu akzeptieren, dass Wahrheit nicht im Auge des Betrachters liegt und zumindest in Teilen erschlossen werden kann. Mit der Unterscheidung von *Doxa* und *Episteme* beginnt das Projekt der Aufklärung.

Über zweitausend Jahre nach dem *Theätet* trieb eine zweite Epoche das Projekt der Rationalisierung weiter voran. Berühmt wurde Kants Unterscheidung zwischen Meinen, Glauben und Wissen. Nach Kant handelt es sich um drei Modi des subjektiven und/oder objektiven Für-wahr-Haltens. ‚Meinen' bezeichnet eine Annahme, die weder subjektiv noch objektiv als hinreichend begründet angesehen wird. Ich meine, dass die US-Amerikaner irgendwann zivilisierte Waffengesetze einführen werden, aber ich würde nicht meine Hand dafür ins Feuer legen. ‚Glauben' steht für eine Annahme, deren Begründung subjektiv hinreichend überzeugt. Peter glaubt daran, dass alle Lebewesen an einem einzigen Tag erschaffen wurden. Für ihn sind die religiösen Überlieferungen hinreichend. Das ist legitim, solange er sich im Klaren darüber ist, dass es keinerlei objektive Belege für seine Annahme gibt und er somit kein Wissen beanspruchen darf. Allein *‚wissen'* bezeichnet eine subjektive und objektiv hinreichend begründete Annahme. Wir wissen, dass Quastenflosser über 400 Millionen Jahren die Ozeane bevölkerten. Zahlreiche Fossilien lassen gar keinen anderen Schluss zu.[6]

Kriterien für rationale Rechtfertigung wurden Schritt für Schritt ausdifferenziert und viele dieser Erkenntnisse gehören heute zum Allgemeinwissen.

Bereits mit Platon und Aristoteles verdichtete sich die Unterscheidung zwischen deduktivem Schließen aus allgemeinem Prinzip und induktiver Ableitung allgemeiner Prinzipien aus konkreten Beobachtungen. Der Grad wissenschaftlicher Qualität steigt mit der Reduzierung vorausgesetzter Axiome

6 Gerade Kolleginnen und Kollegen der Erkenntnistheorie mögen mir diese Zuspitzung verzeihen. Selbstverständlich lässt sich ein radikaler, cartesischer Zweifel auch an die letzte Aussage anlegen. Allerdings muss hierfür eben die Prämisse eines bösen, uns täuschenden Dämons eingeführt werden. Eine spannende philosophische Übung. Aber mal ehrlich: findet sich eine Kollegin oder ein Kollege, der diese Möglichkeit ernst nimmt?

und Prämissen. Überflüssige Annahmen sind wie mit dem intellektuellen, nach Ockham benannten, Rasiermesser zu entfernen. Demnach ist eine Erklärung des Kosmos, die notwendig eine religiöse Weltanschauung voraussetzt, unwissenschaftlich. In jedem Fall ist sie einem System deutlich unterlegen, das allein Gravitation als Axiom setzt. Radikale Kritik vermag Evidenzen zu explizieren. Descartes Methodischer Zweifel gehört zu Recht zu den klassischen Inhalten des Philosophieunterrichtes. Eine Aussage gilt erst dann als selbstevident, wenn sie über jeden Zweifel erhaben ist. Saubere Wissenschaft, so Popper, muss die Kriterien zur Falsifizierung ihrer eigenen Aussagen angeben.

Schnell wird deutlich, dass sich die wissenschaftliche Suche nach Objektivität intersubjektiver Vermittelbarkeit verpflichtet. Wissenschaft bedient sich einer Methodik und Sprache, die es jedem vernunftbegabten Wesen ermöglichen soll, Erkenntnisprozesse nachzuvollziehen, zu reproduzieren und zu überprüfen. Sie ist kritisch und selbstkritisch gegenüber vorgefundenen und erhobenen Wissensansprüchen.

Kultivierte Rationalität, die Unterscheidung von *Doxa* und *Episteme* von Meinen, Glauben und Wissen, befreit von den Fesseln des Mythos und bewahrt vor relativistischer Beliebigkeit. Vorangetrieben wurde ein rationales Verstehen der physikalischen Welt und der formal logischen Folgerichtigkeit, sowie eine besondere Wertschätzung für das Subjekt des Erkenntnisprozesses: den Menschen.

Dabei arbeiteten Geistes- und Naturwissenschaften Hand in Hand. Die Geisteswissenschaften hinterfragten den Status Quo und entwickelten Kriterien und Begriffe für objektives Wissen. Die Naturwissenschaften traten den Beweis an, dass diese Kriterien in Gänze oder zumindest annährend eingelöst werden können.

Wahre begründete Meinung muss empirisch überprüfbar, prognosefähig, zumindest aber voraussetzungsarm und widerspruchsfrei sein. Der Mythos kann diesen Ansprüchen nicht genügen. Er wird dadurch nicht wertlos, aber er bleibt *Doxa*. Zwei Beispiele: „Blitze sind Ausdruck göttlichen Zorns!". Eine hübsche Vorstellung, aber sie ist epistemologisch nicht mit den Forschungsergebnissen einer Physikerin zu vergleichen, die diese nicht nur theoretisch abzuleiten, sondern auch durch Prognosen und Modellversuche zu demonstrieren vermag. Physiker vermögen Blitze anzuziehen, umzuleiten und im Miniaturformat zu reproduzieren. Die Bewunderer von Thor oder Zeus können beten und Geschichten erzählen. „Tue X, weil dies der Wille Gottes ist, wie er uns in der Heiligen Schrift überliefert wurde." Eine Aussage mit zahllosen Voraussetzungen: *Gott ist. Gott ist gut. Gottes Wille soll beachtet werden. Die Heilige Schrift gibt Gottes Willen richtig wieder. Wir verstehen die Heilige*

Schrift richtig. All diesen Prämissen muss Glauben ohne jeden Beleg *geschenkt* werden, damit aus ihnen ein Wahrheitsanspruch oder eine Norm abgeleitet werden kann. Genau hier befindet sich die Trennlinie sowohl zwischen mythischer Welterklärung und Wissenschaft, als auch zwischen religiöser Moral und philosophischer Ethik. Während die einen auf Offenbarung und Narration setzen, ringen die anderen um Argumente, sowie um intersubjektive und interkulturelle Belege. Wer Objektivität für möglich hält, sucht nach Begründungen, die allen vernunftbegabten Wesen einsichtig sind. Religion und Mythos füllen diese Leerstelle mit Dogmen. Der kritischen Vernunft ergeht es dabei wie dem Wolf bei den sieben Geißlein. Er muss so viele Pflastersteine schlucken, dass er schließlich untergeht.

Die enormen Umwälzungen dieser mentalen Revolution lassen sich auch an den Kategorien Sein und Sollen verdeutlichen. Was der Mensch nicht zu ändern vermag, interpretiert er gern als gottgegeben. Die Progression der Naturwissenschaften liefert hingegen faktische Belege dafür, dass der Mensch sich keineswegs seinem natürlichen Sein zu unterwerfen hat. Kurzsichtigkeit gab es schon immer, daraus folgt aber nicht, dass es sie geben sollte oder muss. Kindersterblichkeit, Überflutungen, Dunkelheit oder Wassermangel sind keinesfalls notwendige Gegebenheiten. Schwangerschaft nicht die unvermeidliche Folge eines aktiven Sexuallebens, Zahnlosigkeit kein hinzunehmendes Ereignis des Alters. Jede Kultivierung ist eine Infragestellung der natürlichen Gegebenheiten und die Konstruktion eines Gegenentwurfes. Dem Sein wird das Sollen gegenübergestellt. Optionen und Handlungsalternativen steigen. Wer heute in Arizona von einer Klapperschlange gebissen wird, muss weder sterben, noch auf die Gnade einer Gottheit vertrauen. Er kann ein Gegengift bekommen. Das ist etwas ganz anderes als ein Gebet. Beizeiten injiziert, wird das Gegengift helfen, unabhängig davon, ob der Patient daran glaubt oder nicht oder ob er mit seinen Ahnen zu kommunizieren vermag.

Ein Fortschritt, der durch unendlichen Fleiß, Experimentierbereitschaft, Einfallsreichtum und Mut erkauft wurde. Der Schritt vom reinen Erfahrungswissen zur Wissenschaft wird bereits bei Aristoteles beschrieben. Ein Handwerksmeister hat gelernt, dass und wie etwas funktioniert. Die Wissenschaftlerin kann auch erklären, warum genau dies der Fall ist. Erst der Architekt, der Wissenschaftler vermag Rechnungen vorzulegen, die erklären, weshalb die Kuppel des Pantheons trotz einer Öffnung nicht einstürzt. Mehr noch: er ist in der Lage, abstrakte Gesetze der Statik und der Physik zu formulieren und für die Schaffung weiterer Bauwerke nutzbar zu machen. Seine Prognosen sind kein *trial and error* mehr, sondern die Anwendung objektiver Erkenntnisse. Sie ermöglichen zuverlässige Aussagen a priori über die Belastbarkeit von Brücken, die Ausbreitung von Krankheiten oder das Eintreten einer

Sonnenfinsternis. Ohne diese epistemischen Gewissheiten wären zahlreiche Projekte der Menschheit niemals in Angriff genommen worden. Wer investiert schon Unsummen in ein Projekt, wenn der Baumeister lediglich erklärt, bisher habe Vergleichbares immer funktioniert. Es bedarf der Wissenschaft, die vorrechnet, dass es funktionieren *wird*. *Der Schimmelreiter* von Theodor Storm berichtet eindrucksvoll davon, dass noch im 18. Jahrhundert Opfergaben und Zaubersprüche als sinnvolle Methode des Küstenschutzes angesehen wurden. Heute bestimmen physikalische Erkenntnisse über Wellendynamik, Kraftübertragung und Auslaufschrägen den Deichbau und damit die Sicherheit von Menschenleben. Die Rückzahlung der Naturwissenschaftler besteht in Glühbirnen, Herzschrittmachern, Impfungen, Düngemitteln, Zahnersatz, Kühlschränken, Wasserfiltern, Kondomen und vielem mehr.

Was für das Verhältnis von Naturwissenschaften und Lebensqualität gilt, gilt auch für die Beziehung von Geisteswissenschaften und moralisch-politischem Fortschritt. Sklaverei, Unterdrückung von Frauen, Zerstörung der Umwelt: All diese Übel existieren seit Menschengedenken. Daraus folgt jedoch nicht, dass es sie geben sollte oder gar muss. Schon gar nicht folgt daraus, dass wir sie praktizieren dürfen. In der Ethik erreicht die Gegenüberstellung von Sein und Sollen das Wesen des Menschen selbst. Die zweite Natur des Menschen besteht darin, sich zu seiner biologischen und sozialen Prägung verhalten zu können. Genau dies ist der Kerngedanke, der durch Aufklärung und Humanismus vertretenen Menschenwürde. Wer den Mut aufbringt, sich seines eigenen Verstandes zu bedienen, hört nicht auf, ein in vielerlei Weisen determiniertes Wesen zu sein, aber er eröffnet sich die Möglichkeiten, Entscheidungen nach selbstgewählten Kriterien zu treffen. Eine Freiheitsoption, die nur dann besteht, wenn die Kriterien nicht allein einem zufälligen, kulturellen Kontext entspringen, sondern ein Höchstmaß an Objektivität anstreben. Dabei ist es auch nicht erforderlich, alles richtig zu wissen, sondern sich von Kriterien geleitet Informationen und Erklärungsangebote ins Verhältnis setzen zu können. Das Abstreifen dogmatischer Zwänge und das Vertrauen auf die eigene Vernunft ist es, was den Menschen nach Herder zu „ersten Freigelassenen der Schöpfung“ erhebt[7]. Diese zweite Natur ist keine Kleinigkeit, sondern das Herzstück der menschlichen Würde. Der Mensch ist keinesfalls allein seinen Trieben und Neigungen unterworfen. Auch Traditionen und Prägungen stellen keine absoluten Determinanten da. Selbstverständlich sind Freiheit und Emanzipation überaus schwierig. Nicht zuletzt die Neuropsychologie belegt, wie komplex biologische, physische, psychologische und soziale Determination

---

7 Johann Gottfried Herder: *Ideen zur Philosophie der Geschichte der Menschheit.* Bd. 1. Johann Friedrich Hartknoch, Leipzig 1784. S. 231.

ineinandergreifen (vgl. Kapitel 3.3). Dennoch bleiben die Bedingungen der Möglichkeit zur Freiheit bestehen. Sie liegen bereits im Medium der Sprache, das es ermöglicht, das Problem als Abstraktum zu formulieren und somit eine neue Ebene zu erschließen. Der Mensch, der sich all diesen Anstrengungen unterwirft, der versucht, Urteile und Handlungen nicht von Neigungen oder Traditionen bestimmen zu lassen, sondern an Kriterien zu binden, die intersubjektiv und interkulturell vermittelbar sind, kultiviert seine zweite Natur. Er erhebt sich zu dem, was Kant ein *causa noumenon* nannte. Ein Wesen, das zur Freiheit und damit zum Guten fähig ist. Ein Wesen, das Würde besitzt und Achtung verdient.

Auf der Grundlage des mentalen Paradigmenwechsels ergab sich eine Revolution des politischen Denkens als notwendige Schlussfolgerung. Es war nur folgerichtig, wenn auch unsagbar mutig, eine politische Ordnung zu fordern, die der besonderen Freiheit des Menschen Rechnung trägt. In den Fokus der Kritik gerieten sowohl die theoretische Legitimation, als auch die konkrete Ausübung von Herrschaft. Die Behauptung, Gott und König in einer Person zu sein, einer Familie von Göttern anzugehören oder zumindest von Gott auserwählt worden zu sein, hat über Jahrtausende Herrschaft legitimiert und dient in leicht abgeschwächter Form noch immer als Rechtfertigung von Diktaturen wie Nordkorea. Gleichwohl verliert diese Erzählung vor den Schranken der Vernunft jede Berechtigung. Gottesgnadentum beruht auf einer Prämisse ohne objektive Grundlage. Selbiges gilt für eine Herrschaftspraxis, die sich nicht als Dienstleistung an den Beherrschten versteht.

Im vierten Jahrhundert vor unserer Zeitrechnung wurde in Athen nicht nur die Legitimation von Herrschaft, sondern auch die politische Entscheidungsfindung an Abstimmungsprozesse gebunden. Die Demokratie war geboren. Vieles erscheint aus heutiger Sicht defizitär: Patriarchat und Sklaverei blieben unangetastet. Der ethische Universalismus Platons oder die humanistischen Ansätze der Stoa oder Epikurs vermochten diese Praxis nicht zu ändern. Der Vergleich mit parallel existierenden Zivilisationen verdeutlicht hingegen die enorme Progression, die sich in Athen manifestierte. Während andernorts Herrschaftsansprüche und politische Entscheidungen durch Blutlinien, Götterwillen oder Eingeweideschau legitimiert wurde, veranstalteten die Athener Wahlkämpfe, ersannen Wahlautomaten, Wahlpflicht und Ämterrotation.

Zweitausend Jahre später entfaltete die vom Anspruch auf rationale Rechtfertigung vorangetriebene Befreiungsbewegung eine weit größere und nachhaltigere Dynamik. Wenn Kopernikus, Galilei und Kolumbus das Weltbild des christlichen Mittelalters zu Fall brachten, so tat dies Thomas Hobbes mit dem Herrschaftsverständnis. Das alles verändernde, revolutionäre Konzept war die Vertragstheorie. Legitime Herrschaft entsteht nicht durch religiöse Weihen,

Blutlinien oder Gewalt. Sie ist Ergebnis eines Vertrages, in dem wechselseitige Ansprüche zugesichert werden.

Die Vertragstheorie gehört zu einem janusköpfigen Gerechtigkeitsverständnis, dessen zweites Gesicht das nicht weniger innovative philosophische Naturrecht ist. Ein Naturrecht, das nicht auf einen göttlichen Plan verwies. Die bloße Existenz impliziert das Recht, die vorhandenen Fähigkeiten zu gebrauchen. Ein Verzicht auf diese natürlichen Rechte kann nur aufgrund einer attraktiven Gegenleistung erwartet werden. Der Vertrag bedeutet genau dies. Die Vertragspartner sichern sich gegenseitig zu, auf Gewaltausübung zu verzichten. Um die Einhaltung des Vertrages zu garantieren, wurde ein zunächst absoluter Herrscher, der Leviathan, etabliert. Letzterer ist nicht von Gott gesandt, sondern von Menschen zu ihrem Schutz eingesetzt worden. Ebenso wie die attische Demokratie hatte auch die Vertragstheorie massive Kinderkrankheiten. Hierzu gehörte die Kontrolle des Leviathans, der durch den Vertrag entstand, ohne Vertragspartner zu sein. Allerdings wurden diese Defizite mit einer beeindruckenden intellektuellen und politischen Dynamik überwunden. Als Thomas Hobbes 1679 starb, war John Locke 47 Jahre alt. 1690 erschienen *The Second Treatise of Civil Government*, in denen die Idee der Gewaltenteilung ausgebreitet wurde. Ein Prinzip, dass Lockes Zeitgenosse, Charles de Montesquieu, noch im selben Jahr perfektionierte. Als Montesquieu 1755 starb, reichte in Königsberg ein Privatlehrer namens Immanuel Kant seine Promotion ein. Als weltberühmter Professor sollte durch ihn die Vertragstheorie zum Prinzip internationaler Gerechtigkeit und zur Annäherung an einen ewigen Frieden erhoben werden. Revolutionen und Unabhängigkeitskriege waren die Folge. 1776 wurde die Unabhängigkeitserklärung der Vereinigten Staaten von Amerika veröffentlicht. Die Französische Revolution führte zur Erklärung der Menschen- und Bürgerrechte am 26. August 1789. Als Jefferson, der Autor der Unabhängigkeitserklärung und Augenzeuge der Französischen Revolution, 1826 auf seinem Landsitz Monticello starb, war die Vertragstheorie realisierte Wirklichkeit. In den USA bestand eine durch Wahlen legitimierte, durch eine Verfassung garantierte und durch ein System von *checks and balances* kontrollierte Demokratie, die bis heute trägt.

Gravierende Ungerechtigkeiten bestanden viel zu lange fort. Die Sklaverei wurde in den USA erst 29 Jahre nach Jeffersons Tod abgeschafft. Die Rassentrennung bestand bis in die 60er Jahre. Genozide an der indigenen Bevölkerung wurden unter demokratischen Regierungen ermöglicht. In Europa gelang es, die Sklaverei zu verurteilen, gleichzeitig scheiterten Demokratie und Republikanismus. Auf dem Wiener Kongress etablierten die europäischen Herrschaftshäuser eine Renaissance des Gottesgnadentums. Weitere Revolutionen waren erforderlich, um die Ideen der Aufklärung durchzusetzen.

Geschlechtergerechtigkeit erwies sich als zähes Ringen. Frauen wurde in Deutschland bis 1918, in den USA bis 1920, in Frankreich bis 1944 und in der Schweiz sogar bis 1971 das Wahlrecht verweigert. Die quälend langsame Überwindung all dieser Übel ändert indes nichts am Wert des intellektuellen und politischen Paradigmenwechsels. Aufklärung, Vertragstheorie und Naturrecht sind mit jeder Art von Diskriminierung unverträglich. Die Beseitigung der Ungerechtigkeiten aus dem realen gesellschaftlichen Leben blieb ein zermürbender und oftmals quälend langsamer Prozess. Der Anspruch auf Freiheit und Gleichbehandlung war indes etabliert. Diese revolutionäre Errungenschaft ist bis heute im politischen Liberalismus lebendig und erhebt die Prinzipien der freien und gleichberechtigten Deliberation sowie der rationalen und intersubjektiven Rechtfertigung zu Legitimitätskriterium politischer Institutionen und Entscheidungen.[8]

Auch die Geisteswissenschaftler zahlten also zurück. Ihre Gaben bestanden in Verfassungen, Menschenrechten, Gewaltenteilung, Bildungssystemen, Gleichberechtigung, Rechtsstaatlichkeit und Völkerrecht.

1.3 Selten, stolz und zerbrechlich

Historisch betrachtet ist die Aufklärung vor allem eines: selten. Nur zwei Mal errang das Streben nach Objektivität und intersubjektiver Rechtfertigung gesellschaftliche Dominanz. Zu keinem Zeitpunkt konnte die Mehrheit der Menschheit für das Projekt gewonnen werden. Zudem existiert kein Masterplan, kein Kochrezept aus soziologischen und politischen Zutaten, mit denen eine aufgeklärte Lebensform zuverlässig erzeugt und erhalten werden könnte.

Immerhin: zwei Epochen belegen nicht nur die Exklusivität und Fragilität der Aufklärung, sondern auch ihre, zumindest partikulare, Realisierung. Eine fällt zusammen mit der attischen Demokratie, die andere mit den liberalen Gesellschaften der Neuzeit.

Schon die Datierung ist ein undankbares Geschäft. Was zaghaft im 6. Jahrhundert v. Chr. in Athen begann, war spätestens 262 v. Chr. mit der erneuten Besetzung durch Makedonien beendet. In diesem Zeitraum gelang es dem Streben nach rationaler Orientierung gelegentlich die Gesellschaft zu prägen. Immer wieder kam es zu Rückfällen in die Tyrannei, in dogmatischen

---

8 Vgl.: Jürgen Habermas: *Die Einbeziehung des Anderen. Studien zur politischen Theorie*. Suhrkamp, Frankfurt am Main 1996; Rainer Forst: *Das Recht auf Rechtfertigung*. Suhrkamp, Frankfurt am Main 2007; John Rawls: Gerechtigkeit als Fairneß: politisch und nicht metaphysisch. In: Axel Honneth (Hrsg.): *Kommunitarismus*, Campus, Frankfurt am Main 1993. S. 37–67.

Traditionalismus oder Egomanie. Eine Gesellschaft, die sich primär nach dem Prinzip rationaler Rechtfertigung organisierte, existierte selten länger als einige Jahrzehnte. Gleichwohl wurden zwei grandiose Höchstleistungen erzielt: die attische Demokratie und die systematische Philosophie.

In gängigen Lexika wird die Aufklärung der Neuzeit oftmals als eine abgeschlossene Epoche der Geistesgeschichte im Zeitraum zwischen 1650 und 1800 präsentiert[9]. Gegen diese Datierung ist mit Blick auf die Entfaltung der theoretischen Grundlagen und die ersten politischen Umsetzungen nichts einzuwenden. 1651 erschien Hobbes *Leviathan* in englischer Sprache. In Latein, der Sprache der Gelehrten, erschien das Werk erst 19 Jahre später. Zwischen 1781 und 1790 erreichte das Verständnis von Kritik als Essenz des rationalen Denkens in den kantischen Hauptwerken seinen Höhepunkt. Zudem wurden die politischen Ideen der Aufklärung durch die Unabhängigkeitserklärung der 13 amerikanischen Kolonien von 1776 und die Französische Revolution von 1789 in die Tat umgesetzt. Gleichwohl besteht keine Notwendigkeit diese Epoche mit Beginn des neunzehnten Jahrhunderts als abgeschlossen zu betrachten. Politisch kam es zu massiven Rückschlägen durch Monarchien und Diktaturen, aber Grundsätze wie das Streben nach Objektivität und Mündigkeit waren nicht verschwunden und konnten an zahlreichen Orten Dominanz erringen. Noch immer orientiert und organisiert sich eine große und einflussreiche Anzahl an Gesellschaften nach dem Prinzip der rationalen Rechtfertigung. Wir mögen Augenzeugen des Untergangs sein, aber noch ist dieser nicht in Gänze vollzogen.

Beide Epochen fielen nicht vom Himmel, sondern wurden durch ein komplexes Gefüge von Rahmenbedingungen, Innovationen und Synergieeffekten ermöglicht.

Die kulturellen Umbrüche, die der antiken Aufklärung vorangingen, sind von Karl Jaspers als „Achsenzeit" beschrieben worden.[10] Tatsächlich lassen sich zwischen 800 und 200 v. Chr. in zahlreichen, voneinander unabhängigen Kulturen grundlegende technische und kulturelle Veränderungen nachweisen. In China lehrten Konfuzius und Laotse, in Indien entstand der Buddhismus, der Iran wurde durch die Lehren Zarathustras geprägt. In Israel wirkten Propheten wie Elija, Jesaja oder Jeremia und die griechische Mythologie erreichte durch Homer ihren literarischen Höhepunkt. Doch allein in Griechenland ging die

---

9 Artikel „Aufklärung". In: Joachim Ritter (Hrsg.): *Historisches Wörterbuch der Philosophie – Band 1 A-C*. Wissenschaftliche Buchgesellschaft, Darmstadt 1971. S. 622–632.

10 Karl Jaspers: Vom Ursprung und Ziel der Geschichte. In: Kurt Salamun (Hrsg.): *Karl Jaspers Gesamtausgabe*, I/10. Schwabe Verlag, Basel 2017. S. 50.

Menschheit den entscheidenden Schritt weiter und erhob das Streben nach Objektivität und Autonomie zum Leitprinzip.

Eine wichtige Ursache für diese Sonderstellung ergibt sich aus der ungewöhnlichen Beschaffenheit des hellenischen Mythos, dem eine gewissen Affinität für den Logos immanent war. Schon die Pluralität der Olympischen und ihre ständige Konkurrenz warfen den Menschen auf seine individuelle Urteilskraft zurück. In normativen Fragen wurde dies besonders deutlich. Vor einer Schiffsreise erschien es klug, Poseidon ein Opfer darzubieten. Ob dieser Bestechungsversuch normativ wünschenswert war, stand auf einem anderen Blatt. Hinzu kamen die launische Unberechenbarkeit des Angebeteten und die ständige Konkurrenz durch weitere Gottheiten. Beispielsweise galt es, Poseidon zu erfreuen ohne Helios zu erzürnen. Wenige Erzählungen machen dieses Dilemma deutlicher als die Geschichte von der Wahl des Paris. Der arme Jüngling soll durch das Überreichen eines Apfels entscheiden, welche von drei Göttinnen die Schönste sei. Die Falle ist perfekt: Was Paris auch tut, er wird eine Freundin und zwei mindestens ebenso mächtige Feindinnen gewinnen. Hinzu kommt, dass die griechischen Gottheiten so gar nicht vorbildlich agieren, sondern mit heimlichen Versprechungen ihre gar zu irdische Eitelkeit belegen. Diese Anthropomorphismen blieben nicht verborgen:

> Wenn aber die Rinder und Pferde und Löwen Hände hätten und mit diesen Händen malen könnten und Bildwerke schaffen wie Menschen, so würden die Pferde die Götter abbilden und malen in der Gestalt von Pferden, die Rinder mit der Figur von Rindern. Sie würden solche Statuen meißeln, die ihrer eigenen Körpergestalt entsprechen Doch wenn die Ochsen und Rosse und Löwen Hände hätten oder malen könnten mit ihren Händen und Werke bilden wie die Menschen, so würden die Rosse rossähnliche, die Ochsen ochsenähnliche Göttergestalten malen und solche Körper bilden, wie jede Art gerade selbst das Aussehen hätte.[11]

Darüber hinaus besaß der Logos innerhalb der griechischen Mythologie seine eigene Stimme. In seinem Werk *Wiedergeburt der Tragödie aus dem Geiste der Musik* diagnostiziert Nietzsche einen Dualismus des apollinischen und des dionysischen Prinzips. Dabei verkörpert Apoll die Herrschaft der Vernunft, der Ordnung, kurz des Logos. Dionysos steht für Lust, Rausch und Chaos. Nietzsche bedauert, dass die griechische Philosophie, namentlich Sokrates, die absolute Vorherrschaft des apollinischen Prinzips bewirkt habe. Er übersieht jedoch eine dialektische Verzahnung beider Tendenzen. Zentrales Beispiel ist hierfür der weise Silen, der Begleiter und Erzieher des Dionysos. Selbst keiner Lusterfahrung abgeneigt, nutzt der Silen zahlreiche Gelegenheiten, seinen

11 Xenophanes, DK 11 B 15.

triebhaften Schüler zur Reflexion anzuregen. Auch der real praktizierte Dionysoskult kannte beide Elemente.

Neben unterschiedlichen Rauscherfahrungen gehörten rationale Herausforderungen, wie das Lösen von Rätseln oder der Wettstreit von Rednern, zu den Feierlichkeiten.

Nach Nietzsche ist Sokrates jene historische Figur, die dem apollinischen Prinzip zum Sieg verhalf. Tatsächlich kann dieser Übergang als harte Konfrontation verstanden werden. Immerhin wurde der Urvater der Philosophie für Gottlosigkeit angeklagt und hingerichtet. Anderseits spricht einiges dafür, dass seine Zeitgenossen Sokrates als Verbindung von Logos und Mythos verstanden haben.[12]

Kurz nach dessen Tod errichteten die Athener für Sokrates eine Sühnestatue. Auf dieser gleicht das Antlitz des Sokrates in erstaunlicher Weise den Darstellungen des weisen Silens.[13]

Ein weiterer, wichtiger Faktor war die Erfahrung einer militärischen, politischen und intellektuellen Krise. Die Kriege gegen die Perser hatten zwar das Einheitsgefühl der Hellenen und den Stolz auf Eigenständigkeit und Demokratie gestärkt; sie hatten aber auch gezeigt, zu welch militärischer Überlegenheit Nicht-Griechen in der Lage waren. Die Anführer derart gewaltiger Streitkräfte taugten ebenso wenig für das Klischee des dummen Barbaren wie die Erbauer von Pyramiden, von denen Händler und Abenteurer berichteten. Hinzu kam, dass nur wenige Griechen sich als vorbildliche Anführer erwiesen. Vielmehr standen sie selbst nicht selten für Heimtücke und Tyrannis. Die Peloponnesischen Kriege und das Hereinbrechen der Pest taten ein Übriges, um die eigene Lebensform in Frage zu stellen. Der Mythos vermochte keine befriedigenden Legitimationen mehr anzubieten. Krieg und Leid hatten eine kritische Generation entstehen lassen, denen das Ideal eines durch die Schlachtreihen pflügenden Achill nicht mehr genügte. Auf der Suche nach Neuorientierung erschien mythisches Heldentum weit weniger anziehend als argumentative Überzeugungskraft.

Als dritten, wichtigen Aspekt kann auf die günstigen geographischen, technischen und ökonomischen Rahmenbedingungen verwiesen werden. In den zerklüfteten Tälern und Buchten der Peloponnes waren unabhängige, aber handelsfreudige Stadtstaaten entstanden, in denen sich die bürgerliche Selbstverwaltung als ökonomisch gewinnbringend und organisatorisch praktikabel erwies. Hinzu kam, dass Handel, Fischfang und Landwirtschaft zumindest in Friedenszeiten einen stabilen Wohlstand gewährten. Die Produktion

---

12 Platon, Das Gastmahl, [215a].

13 Vgl.: Ekkehard Martens: *Die Sache des Sokrates.* Reclam, Stuttgart 1992. S. 24–45.

von Überschüssen machte den Einsatz von Sklaven rentabel, welche als Produktionsmittel den Mehrwert erneut erhöhten. Auf diese Weise wurde es den Sklavenhaltern ermöglicht an der politischen Meinungsfindung und der wissenschaftlichen Wahrheitssuche zu partizipieren. Zudem war die Partizipation aller freien, männlichen Bürger in den noch überschaubaren Stadtstaaten auch ohne allgemeine Alphabetisierung praktikabel. Der öffentliche Diskurs um kollektive Entscheidungen oder Streitfragen zog die Kultivierung von Rhetorik und Argumentationskunst nach sich. Es entstand ein sich selbst verstärkender Prozess. In der klassischen Lesart der platonischen Dialoge treten die Sophisten als reine Rhetoriklehrer auf, deren Überredungskunst durch den analytischen Scharfsinn des Sokrates entlarvt wird. Tatsächliche stehen beide gemeinsam für die Kultivierung des *Logos*. *Mythos* kommt vom Griechischen ‚mýein', was so viel wie ‚einweihen in' oder ‚wiedergeben' bedeutet und auch mit ‚nachsagen' übersetzt werden kann. Wie die Sage, so ist auch der Mythos etwas Übernommenes, Wiedergegebenes. *Logos* leitet sich hingegen von ‚légein' (legain) ab, was so viel wie ‚selbstreden' bedeutet und das selbständige Erklären und Begründen einschließt. Das Wesen des Mythos ist somit die Reproduktion fremder und das des Logos die Produktion eigener Gedanken. Wer in der Volksversammlung triumphieren wollte, musste eigenständige Konzepte entwickeln und rhetorisch ansprechend vortragen. Die entsprechenden Fähigkeiten können selbstverständlich missbraucht werden, stehen aber keinesfalls im Widerspruch zum Prinzip der argumentativen Rechtfertigung.

Auch der zweiten Epoche der Aufklärung war eine lange Phase intellektueller Verunsicherung und existenzieller Bedrohung vorausgegangen. Politische Ereignisse, Entdeckungen und Erfindungen hatten die Welt ins Wanken gebracht. Während auf der iberischen Halbinsel die Reconquista abgeschlossen wurde, fiel im Osten Konstantinopel. Beide Ereignisse hatten den Import von Bildung zur Folge. Zahllose Gelehrte verließen das untergegangene Ostrom in Richtung Italien, in Städten wie Córdoba oder Granada standen die christlichen Eroberer staunend vor den kulturellen Zeugnissen der „Ungläubigen". Allein in der Bibliothek von Córdoba existierten mehr Bücher als im übrigen Westeuropa zusammen. Technische Errungenschaften und wissenschaftliche Einsichten erschütterten und veränderten das Weltbild. Nach Kopernikus, Galileo und Kolumbus war das geozentrische Weltbild ebenso falsifiziert wie die Vorstellung der Erde als Käseglocke. Erkenntnisse, die umso mehr Widerhall erzeugten, da ihre Thesen und Belege via Buchdruck in ungeahnter Geschwindigkeit und Quantität verbreitet wurden. Auch scheinbar kleine Erfindungen entfalteten große Wirkung. Zu ihnen zählte der venezianische Glasspiegel, den die Gebrüder Dal'Gallo 1516 produzierten.

Fortan wurde einem rasch wachsenden Anteil der europäischen Bevölkerung das eigene Antlitz vertraut. Der Blick in den Spiegel ist nicht nur ästhetische Kontrolle, er ist stets auch phänomenologische Vergewisserung des Selbst und eine moralische Herausforderung.

Das Vorrücken der Osmanen bis vor die Tore Wiens bestärkte kurzfristig die viel beschworene Einheit der Christenheit. Tiefgreifender war indes die Desillusionierung hinsichtlich einer angeblich christlichen Überlegenheit. Wenn es überhaupt ein tragfähiges Einheitsgefühl der Christenheit gegeben hatte, so wurde dies nachhaltig durch die französischen Religionskriege, die englischen Bürgerkriege und den Dreißigjährigen Krieg zerstört.

All dies trug zu einem beachtlichen Mentalitätswandel bei. Zurecht darf Michelangelos *David* als Sinnbild der Renaissance gelten. Formvollendet schön und sinnlich steht er da. Welch ein Unterschied zum Leibverständnis des Mittelalters, in dem der Körper in der Regel als hässlich, sündhaft und vergänglich präsentiert wurde. Die Anbindung an die Antike ist überdeutlich. Rein optisch ließe sich Michelangelos *David* ohne Stilbruch zwischen römischen oder griechischen Statuen des Hermes oder Herakles präsentieren. Der biblische Kontext ist nahezu verschwunden und kann nur anhand der beiläufig über die Schulter geworfenen Schleuder identifiziert werden.

In der Antike hatte der Widerstand gegen die Perser und die Kritik am Mythos die Philosophie und Volksherrschaft entstehen lassen. In der Neuzeit wurden religiöser Intoleranz, Dogmatismus und absoluter Herrschaft mit dem Humanismus und der Wissensaffinität der Renaissance konfrontiert. Die Synthese der Aufklärung lautete Vernunftorientierung, Wissenschaft, Naturrecht und Republikanismus.

Eine weitere Gemeinsamkeit besteht darin, dass beide Aufklärungsepochen weder idealisiert, noch romantisiert werden dürfen. So grandios die intellektuelle Befreiung auch gewesen sein mag, das reale Leben war alles andere als paradiesisch. Die normativen Errungenschaften der attischen Blütezeit blieben auf freie hellenische Männer beschränkt. Frauen, Kinder, Fremde und Sklaven profitierten bestenfalls indirekt. Der ethische Universalismus Platons oder die humanistischen Ansätze der Stoa oder Epikurs vermochten diese Praxis nicht zu ändern. Auch in der Neuzeit waren Intoleranz, Ungerechtigkeit, Dogmatismus und Fanatismus mit den Schriften Humes, Voltaires oder Lockes nicht verschwunden. Im Gegenteil, sie sollten noch Jahrhunderte einen Großteil der Realpolitik prägen und konnten nur Schritt für Schritt zurückgedrängt werden. Gleichzeitig stand das Erwachen von Ästhetik, Wissenschaft und Selbstbewusstsein im krassen Gegensatz zu einer Lebenswelt, die durch Leiden, Krieg und Unterdrückung gekennzeichnet wurde. Die Pest wütete in Europa und raffte über ein Drittel der Bevölkerung dahin. Hexenwahn und

Religionskriege standen ebenso in grausamer Blüte, wie die Ausübung vollkommener und ungezügelter Herrschaft. Wer die Phase der zweiten Aufklärung bis in die Gegenwart ausdehnt, umfasst zudem den Zeitraum des politischen Totalitarismus, der beiden Weltkriege und des Holocaust. Einen tieferen Fall hat die menschliche Zivilisation bisher nicht erfahren.

Dennoch entwickelten und verteidigten die beiden Aufklärungsepochen nicht weniger als ein Bewusstsein für die Mündigkeit, Freiheit und Würde aller Menschen. Richtig und Falsch, Gut und Böse, all dies sollte nicht mehr dem freien Spiel der Vorherrschaft, blinder Tradition oder religiöser Dogmatik, sondern dem zwanglosen Zwang des besseren Arguments überlassen werden. Wissenschaft, Bildungssystem, private und staatsbürgerliche Verantwortung, Rechtsstaat, Verfassungen und vieles mehr sind die Hinterlassenschaften.

Sokrates warnte in seiner Verteidigungsrede nicht vor dem Groll der Götter, er erörterte seine Position, wonach ein ungeprüftes Leben nicht lebenswert sei. Als Platon seine Akademie eröffnete, verlangte die Inschrift über dem Tor kein religiöses Bekenntnis, sondern Kenntnisse der Geometrie. Tatsächlich errichteten nur zwei Generationen von Philosophen die systematischen Grundlagen fast aller Wissenschaften. Die Unterscheidung der Disziplinen, die Kritik der Methode, Idealismus und Realismus, Rationalismus und Empirismus, deduktives Schließen und induktives Forschen; all dies nahm seinen Anfang in der Akademie.

Das Prinzip der rationalen Rechtfertigung gestaltete auch die Politik. Als Perikles im Jahre 430 v. Chr. zu Ehren der Gefallenen des Peloponnesischen Krieges vor die Athener trat, brachte er kein Opfer dar oder berief sich auf mythische Überlieferungen – er pries den Wert der rationalen Entscheidungsfindung und des demokratischen Gemeinwesens.

> Wir leben unter einer Verfassung, die nicht auswärtigen Gesetzen nachgebildet worden ist; im Gegenteil: Wir sind eher für viele ein Muster, als dass wir andere nachahmen. Und weil unsere Verfassung nicht auf einer Minderheit, sondern auf der Mehrzahl der Bürger beruht, trägt sie den Namen „Demokratie". [...] Wir allein sehen in demjenigen, der am öffentlichen Leben keinen Anteil nimmt, nicht einen ruheliebenden Bürger, sondern ein faules und unnützes Glied des Staates. Die Gesamtheit der Bürger bringt (durch Abgabe der Stimme) die Staatsgeschäfte zur Entscheidung oder macht sich über sie seine Gedanken. Dabei glauben wir nicht, dass das Reden dem Handeln Nachteil bringt, sondern halten es vielmehr für einen Schaden, nicht vorher durch Reden belehrt zu werden, ehe man zur Tat schreitet.[14]

---

14 Perikles, Thuk. 2,37 / 2,40.

Nach Karl Jaspers manifestiert sich hier der Ursprung „allen abendländischen Freiheitsbewusstseins, sowohl in der Wirklichkeit der Freiheit wie des Freiheitsdenkens. China und Indien kennen in diesem politischen Sinne keine Freiheit“.[15]

2263 Jahre nach Perikles hielt Abraham Lincoln eine vergleichbare Rede.

> Vor 87 Jahren gründeten unsere Väter auf diesem Kontinent eine neue Nation, in Freiheit gezeugt und dem Grundsatz geweiht, dass alle Menschen gleich geschaffen sind. Nun stehen wir in einem großen Bürgerkrieg, der eine Probe dafür ist, ob diese oder jede andere so gezeugte und solchen Grundsätzen geweihte Nation dauerhaft Bestand haben kann. […] Es ist vielmehr an uns, der großen Aufgabe geweiht zu werden, die noch vor uns liegt […] auf, dass wir hier feierlich beschließen, dass diese Toten nicht vergebens gestorben sein sollen – dass diese Nation, unter Gott, eine Wiedergeburt der Freiheit erleben soll – und dass die Regierung des Volkes, durch das Volk und für das Volk, nicht von der Erde verschwinden möge.[16]

Die Tatsache, dass diese beiden Reden zu Ehren gefallener Soldaten gehalten wurden, zeigt wie verwundbar und vergänglich Aufklärungsepochen sind.

Mindestens vier Ursachen bereiteten der antiken Aufklärung ein Ende: Dekadenz, mangelnde Reproduktion, militärische Unterlegenheit und das Christentum.

Die neuen Ideen von *Episteme*, Objektivität und bürgerlicher Freiheit waren jung und anspruchsvoll. Ihnen gegenüber standen uralte Wertesysteme und Glaubensüberzeugungen. Das intellektuelle Potential von Frauen und Kinder blieb weitgehend ungenutzt. Es war schwer genug, freie Männer davon zu überzeugen, sich den Anstrengungen der neuen Freiheit zu verschreiben, statt den Verlockungen von Dekadenz, Patriarchat und Irrationalität nachzugeben. Auf diese Herkulesaufgabe hat Platon mit dem ersten Bildungskurrikulum der Geschichte reagiert. Gleichwohl blieb die Aktivierung des Logos ungenügend. Volksversammlungen schulten den Prozess der rationalen Deliberation, Sophisten verbreiteten Rhetorik und Wissenschaft, philosophische Akademien bildeten Eliten aus und luden zu exoterischen Vorlesungen ein. Eine systematische Bildung der breiten Bevölkerung blieb indes aus. Athen brachte mehr Tyrannen und Soldaten hervor als Philosophen und Demokraten. Ein prominentes Beispiel ist der bereits erwähnte Alkibiades. Der umschwärmte Jüngling wuchs im Hause seines Onkels Perikles auf und gehörte zu jenen Jugendlichen, die sich voller Faszination um Sokrates scharrten. Dennoch ging er als skrupelloser, mit Tyrannen paktierender Machtmensch in die Geschichte ein. Biographien wie

15 Karl Jaspers: *Vom Ursprung und Ziel der Geschichte*. Piper, München 1949. S. 88.
16 Abraham Lincoln: *Gettysburg Address*, Gettysburg 19.11.1863.

diese stellen den platonischen Idealismus, wonach theoretische Einsicht auch entsprechendes Verhalten nach sich zieht, in Frage. Überzeugender erscheint die Vorstellung des Aristoteles, wonach theoretisch erkannte Werte erst durch Übung und Beharrlichkeit als Charaktertugend angeeignet werden müssen. Für die theoretische und praktische Schulung breiter Bevölkerungsschichten fehlte hingegen ein entsprechendes Bildungsangebot.

Doch selbst wenn die wissenschaftliche, moralische und politische Grundorientierung stabil gewesen wäre, die militärische Überlegenheit konkurrierender Völker war erdrückend. Makedonen, Spartaner und Perser besetzten abwechselnd die Stadt und schließlich übernahm das römische Imperium die Vorherrschaft in der gesamten Ägäis. Ein Fortbestehen der attischen Aufklärungsideale war also politisch auf das Wohlwollen von Okkupatoren angewiesen. Der Versuch einer erneuten Demokratisierung, und sei es nur als römische Provinz, blieb aus. Die Aufklärung wurde aus dem öffentlichen Leben zurück in die Akademien gedrängt. Immerhin konnten die dortigen Lehren eine gewisse Nachhaltigkeit entfalten. Vertreter der römischen Elite ließen sich in Rhetorik und Philosophie unterrichten. Einflüsse auf das römische Rechtssystem, sowie die Diskurse in der Volksversammlung und im Senat sind unverkennbar. Allerdings bestanden dort auch Opfergaben, Ahnenkult oder Gründungsmythen als Rechtfertigungsinstanzen fort. Mit dem Übergang zum Cäsarentum erfuhr die rationale Deliberation einen weiteren Rückschlag. Das kritische Denken und das ergebnisoffene Forschen wurden zunehmend zum elitären Zeitvertreib. Immerhin wirkten mit Seneca (ca. 1-65 n. Chr.) und Mark Aurel (121–180 n. Chr.) zwei explizite Vertreter der Stoa als Verwalter und Regent des römischen Weltreiches.

Mit dem Aufstieg des Christentums zur Staatsreligion fand auch dieser Einfluss der attischen Philosophie ein Ende. Auf der konzeptionellen Ebene ist der Logos für jeden Mythos entweder entbehrlich oder bedrohlich. Paulus hatte „Glaube, Liebe, Hoffnung" zu den Kardinaltugenden des Christentums erhoben[17]. Von Vernunft und *Sophia*, die nach Platon den persönlichen Seelenwagen und den Staat lenken sollen, ist keine Rede mehr.[18] „Versuche nicht zu verstehen um zu glauben, sondern glaube um zu verstehen" schrieb Augustinus einem Freund. Für einen als Amtskirche organisierten Monotheismus standen zudem handfeste ökonomische und politische Interessen auf dem Spiel. So kam es, dass das Christentum kurz nach der eigenen Verfolgungsgeschichte zum Verfolger wurde. Die Intoleranz richtete nicht nur gegen

17 Kor 13, 13.
18 Platon, Phaidros, [246a-e].

reale oder vermeidliche Konkurrenten im Glauben wie Häretiker, Ketzer oder Hexen, sondern auch gegen Wissenschaften, Persönlichkeiten und Institutionen, die das christliche Weltbild in Frage stellten. Im Jahr 529 n. Chr. ließ Kaiser Justinian I. eine fast eintausend Jahre alte Bildungseinrichtung aufgrund heidnischer Lehrinhalte schließen: Platons Akademie.[19] Im selben Jahr wurde auf dem Monte Cassino der Grundstein für das vielleicht wirkungsmächtige Kloster der Christenheit gelegt.

Damit sind wir beim wichtigsten Unterschied der beiden Aufklärungsepochen angelangt: die Zweite hat noch nicht geendet. Dass sie so vielen Gefahren widerstand und erst heute in Auflösung begriffen scheint, kann auf mehrere Faktoren zurückgeführt werden.

Erstens konnte die zweite Aufklärungsphase via Renaissance auf die Ideen und Prinzipien der ersten Phase zurückgreifen. Man mag lange darüber streiten, was die größere Leistung darstellt: Das primäre Hervorbringen originärer Ideen und Konzepte oder deren Perfektionierung und Verbreitung.

Zweitens stand den nach Aufklärung strebenden Gesellschaften recht bald eine überlegene Waffentechnik zur Verfügung. Diese verführte leider wiederholt zu einem Verrat der Aufklärungsideale in Form von imperialistischen Expansionen, ermöglichte aber auch den Widerstand gegen totalitäre Regime.

Drittens waren die gesellschaftlichen Alternativen oftmals derart abschreckend, dass die Unterstützung für die Ideale der Aufklärung ex negativo gestärkt wurde. Dies galt für religiösen Dogmatismus und monarchischen Absolutismus der frühen Neuzeit und erst Recht für den Nationalismus und Totalitarismus des zwanzigsten Jahrhunderts.

Viertens konnten zahlreiche Bevölkerungsschichten affirmativ und intellektuell für die Ideen der Aufklärung gewonnen werden. Affirmativ geschah dies durch das Anrecht auf Freiheit und Gleichheit, intellektuell durch ein rasch anwachsendes Bildungssystem.

Fünftens gelang es der zweiten Aufklärung, den Säkularismus als notwendigen Bestandteil freiheitlicher Lebensformen zu etablieren. Die Leistung

---

19 Ungeklärt ist indes, ob es sich um eine gezielte Untersagung der Platonischen Akademie oder um die Konsequenz eines allgemeinen Lehrverbotes für ungetaufte Personen handelte. (Vgl.: Edward Watts: Justinian, Malalas, and the End of Athenian Philosophical Teaching in A.D. 529. In: *The Journal of Roman Studies* 94/2004. S. 168–182;

Rainer Thiel: *Simplikios und das Ende der neuplatonischen Schule in Athen*. Franz Steiner Verlag, Stuttgart 1999. S. 16f.;

Udo Hartmann: Geist im Exil. Römische Philosophen am Hof der Sasaniden. In: Monika Schuol u.a. (Hrsg.): *Grenzüberschreitungen. Formen des Kontakts zwischen Orient und Okzident im Altertum*. Franz Steiner Verlag, Stuttgart 2002. S. 123–160.

bestand darin, den Mythos zu domestizieren, ohne selbst barbarisch zu werden. Ritus, Mythos, Religion; all dies hat seinen legitimen Ort in der privaten Konzeption des gelungenen Lebens. Für den öffentlichen Diskurs bleiben sie indes irrelevant. In der gesamten Geschichte der Menschheit existiert kein einziges Beispiel in dem Frieden und Menschenwürde ohne diese Trennung realisiert werden konnten.

Die zweite Aufklärungsepoche verdankt diesen Faktoren eine beachtliche Ausdehnung und eine erstaunliche Resilienz. Während dieser Zeit gelang nicht nur die Verteidigung gegen den Totalitarismus, sondern auch die Expansion von Grundsatzideen und Staatskonzepten. Selbiges gilt für die Umkehr des Rechtfertigungsdrucks. Noch zu Beginn des zwanzigsten Jahrhunderts war Demokratie vielerorts legitimierungsbedürftig. Schnell drehte sich das Bild. Eine kurze Zeit lang wurde sogar die Illusion genährt, dass Aufklärung, Menschenrechte und Demokratie zu einem globalen Siegeszug antreten würden. Anlässe zum Optimismus gab es genug: Die friedliche Revolution von 1989 führte zum Fall der Berliner Mauer und beendete die Teilung Europas. Der kalte Krieg war Geschichte und die Nachfolgestaaten der UdSSR strebten zur Demokratie. Nie erhoffte Abrüstungsverträge wurden unterzeichnet. Der Parlamentarismus in der Gemeinschaft Unabhängiger Staaten (GUS) überstand den Putschversuch von 1991. Südafrika überwand die Apartheit und die Welt feierte Präsidenten wie Nelson Mandela oder Vaclav Havel. Der Nordirlandkonflikt wurde befriedet und in Camp David reichten sich Israelis und Palästinenser die Hand. Getragen vom „wind of change“ verwandelten sich Vertreter der »No-Future-Generation« in atemberaubender Geschwindigkeit zu global denkenden Optimisten. Mit dem Ende des Systemkonflikts, so die These von Francis Fukuyama, sei die Geschichte zu einem positiven Ende gelangt.[20]

Leider handelt es sich um eine grandiose Fehleinschätzung. Erstens waren die sogenannten liberalen Demokratien zu keinem Zeitpunkt konkurrenzlos. Das Massaker auf dem Platz des Himmlischen Friedens, der Genozid in Ruanda und Burundi, der Jugoslawienkrieg und die Katastrophe von Srebrenica, die blutigen Konflikte im Kaschmirtal, die Herrschaft der Mudschahidin und Taliban in Afghanistan: all diese Ereignisse hätten verdeutlichen müssen, dass ideologischer, religiöser und nationaler Totalitarismus fortbestanden.

Zweitens wurde die Stabilität und Resilienz der bereits errungenen Aufklärungsstrukturen grandios überschätzt. Wie in Kapitel 5 dargestellt werden soll, zeichnet sich eine massive Erosion ab, ohne dass eine Kehrtwende in Sicht wäre.

---

20 Francis Fukuyama: *Das Ende der Geschichte: Wo stehen wir?* Kindler, München 1992.

Gerade weil das Phänomen der Aufklärung so selten ist, stimmt es traurig, wenn sich auch die zweite Epoche dem Ende zuneigt. Gleichwohl besteht Anlass für einen Blick zurück in Dankbarkeit. Wir gehören zu einer kleinen Minderheit, die das Beste erleben durfte, was die Menschheit zu bieten hat.

KAPITEL 2

Simply the Best!

Es existieren zahlreiche Einwände und Vorwürfe gegen das Projekt der Aufklärung. Romantiker und Theologen beklagen die Kälte der Vernunft. Die Aufklärung missachte die emotionalen Bedürfnisse des Menschen und zerstöre religiöse Sicherheiten, ohne einen alternativen Halt anzubieten.[1] Nach Max Horkheimer und Theodor W. Adorno trägt die Aufklärung bereits den Keim zur Selbstzerstörung und zur Instrumentalisierung der Vernunft in sich.[2] Freiheit als notwendige Prämisse des Aufklärungsgedankens wird von Deterministen verschiedenster Couleur bestritten. Für Vertreter der Postmoderne, des Konstruktivismus, des Kulturrelativismus oder des Postkolonialismus ist Aufklärung epistemisch defizitär und historisch belastet.[3]

All diese Einwände verdienen Berücksichtigung. Gleichwohl belegen sie nicht, dass Aufklärung unmöglich oder nicht erstrebenswert sei. Das Ergebnis der nachfolgenden Verteidigung ist eindeutig: Das Projekt der Aufklärung ist nicht perfekt, aber mit Abstand das Beste, was die Menschheit je hervorgebracht hat.

2.1 Verwandt, aber nicht identisch

Der Kern der Aufklärung ist in Kapitel 1 als Lebensform definiert worden, die sich durch intellektuelle und moralische Selbstdisziplin auszeichnet und deren Essenz im Streben nach Objektivität und intersubjektiver Rechtfertigung besteht. Natürlich lässt sich Aufklärung auch als historische Epoche, Säkularisierungsbewegung oder als politisches Programm verstehen. Unbestritten ist auch, dass es ungeachtet der Aufklärung immer wieder zu furchtbaren Verbrechen kam. Aufgrund dieser Tatsache wird vor allem die

---

1 Rüdiger Bubner (1989): Rousseau, Hegel und die Dialektik der Aufklarung. In: Jochen Schmidt (Hrsg.): *Aufklärung und Gegenaufklärung in der europäischen Literatur, Philosophie und Politik von der Antike bis zur Gegenwart.* Wissenschaftliche Buchgesellschaft, Darmstadt 1989. S. 416.

2 Max Horkheimer, Theodor W. Adorno: Dialektik der Aufklärung. In: *Max Horkheimer: Gesammelte Schriften.* Bd. 5. Fischer, Frankfurt am Main 1987. S. 25.

3 Vgl.: Jean-Francois Lyotard: *Das postmoderne Wissen: Ein Bericht.* Passagen Verlag, Wien 2015. S. 96; Robert C. Bartlett: *The idea of Enlightenment: a post-mortem study.* University of Toronto Press, Toronto 2001. Kapitel 9.

 DOI:10.30965/9783969752852_003

zweite Aufklärungsphase wahlweise als ursächlich böse, mitschuldig oder nutzlos erklärt.

Die ersten beiden Vorwürfe entspringen einer unzulässigen Simplifizierung, der Dritte historischer Ignoranz. Aufklärung ist kein Synonym für Neuzeit, wissenschaftlich-technische Moderne oder gar die geopolitische Sphäre des sogenannten Westens.[4] Selbstverständlich bestehen historische, ideologische und kausale Wechselbeziehungen. Der Aufstieg des Bürgertums, Individualismus, Atheismus, Industrialisierung, Kapitalismus, Welthandel: all diese Phänomene und Ismen können wahlweise als Eltern, Geschwister oder Kinder der Aufklärung betrachtet werden. Dennoch: Sippenhaft ist eine Ungerechtigkeit. Das gilt für Personen ebenso wie für Ideale und Theorien. Selbst Zwillinge sind nicht identisch und es wäre unfair, den einen für die Errungenschaften oder Vergehen des anderen zu loben oder zu tadeln. Die Leistungen von Pasteur und Koch waren ein Segen für die Menschheit. Daran würde sich auch dann nichts ändern, wenn sie einen verbrecherischen Bruder gehabt hätten. Daher ist es auch unzulässig, Aufklärung für die vielen negativen Entwicklungen der Neuzeit oder der Moderne verantwortlich zu machen. Traurige Wahrheiten sollen nicht geleugnet werden: Persönlichkeiten der Aufklärung waren Frauenfeinde oder gar Sklavenhalter. Aufklärung, Bildung und Humanismus vermochten den Totalitarismus des zwanzigsten Jahrhunderts ebenso wenig zu verhindern, wie die aktuelle ökologische Selbstzerstörung. Zur Wahrheit gehört aber auch, dass all diese Übel nicht intersubjektiv gerechtfertigt werden können und in der Aufklärung ihren schärfsten, nicht selten sogar ihren einzigen Kritiker finden. Das Erste was Dogmatiker, Rassisten oder totalitäre Herrscher bekämpfen, sind stets die Ideen der Aufklärung. Und eben diese Ideen sind gegen Sklaverei, Kolonialismus und Totalitarismus ins Feld geführt worden und haben sie in bitteren Kriegen zurückgedrängt. Schon deshalb ist es ignorant, Aufklärung als nutz- oder wirkungslos zu bezeichnen. Die Prinzipien der Aufklärung formierten nicht nur den Widerstand gegen Totalitarismus, Menschenverachtung und Ausbeutung, sie brachten auch aktiv eine humanistische Progression hervor. Dies gilt nicht nur für Grundrechte und politische Organisationen, sondern auch für Naturwissenschaften, die sich bewusst in den Dienst der Menschheit stellten. Autoren wie Steven Pinker werden nicht müde, die Aufklärung trotz aller Rückschläge als Erfolg zu feiern und die Undankbarkeit der Zeitgenossen zu kritisieren. Die Geißel der Gewalt und des Krieges ist noch nicht überwunden, aber Gerichte, Rechtsstaaten und die Vereinten Nationen existieren. Soweit wir wissen, hat nur unsere Gattung Institutionen zur

---

4 Vgl.: Johannes Rohbeck: Zur Aktualität der Aufklärung. In: *Zeitschrift für Didaktik der Philosophie und Ethik* (*ZDPE*), Heft 1/ 2021. S. 4–19.

gewaltlosen Konfliktlösung hervorgebracht. Ungerechtigkeiten, Krankheiten und Unglücke bestehen weiterhin, aber Gesundheitssysteme, Impfungen, Bildungseinrichtungen und Nothilfeprogramme wurden entwickelt. Pinkers Resümee ist eindeutig: Dank der Aufklärung leben heute mehr Menschen länger, gesünder, friedlicher, gerechter und sicherer als je zuvor. „Die Welt war noch sie so gut wie heute." – „Die Aufklärung hat ihr Programm verwirklicht."[5] Tatsächlich spricht vieles dafür, dass die Erfolge der Aufklärung beträchtlich waren. Leider folgt daraus nicht, dass sie von Dauer sind. Seit Pinker seine Thesen im Jahre 2018 veröffentlichte, ist die als gebannt erachtete Gefahr eines Atomkrieges zurückgekehrt und das UNHCR vermeldete mit 100 Millionen Menschen die höchste je registrierte Anzahl an Flüchtenden.[6] Allerdings wäre es schwer nachvollziehbar, diese Entwicklung als Folge der Aufklärung zu verstehen. Wesentlich naheliegender ist es, das erneut anwachsende Leid auf einen Niedergang von Vernunft, Verhandlung, Kooperation und Rechtsstaatlichkeit, kurz auf eine Erosion von Aufklärungsprinzipien zurückzuführen.

Der Vorwurf, die Aufklärung sei maßgebliche Ursache für die Gräuel der Moderne ist unberechtigt. Die Tatsache, dass es zu all diesen Schrecken gekommen ist, generiert kein Argument gegen die Aufklärung. Aufklärung ist eine notwendige Voraussetzung, um Verletzungen des Völkerrechts oder der Menschenwürde zu identifizieren und kohärent zu verurteilen. Sie war leider nie eine hinreichende Größe, um diese zu verhindern.

2.2 Tatsachen und Argumente höherer Ordnung: Nicht letzt-, aber bestbegründet

> An erster Stelle steht die Vernunft. Vernunft ist nicht verhandelbar. Sobald wir erörtern, welchen Sinn das Leben hat (oder jede andere Frage), solange wir darauf bestehen, dass unsere wie auch immer gearteten Antworten *vernünftig* oder *fundiert* oder *wahr* sind und dass andere Menschen sie daher ebenfalls für bare Münze nehmen sollten, haben wir uns der Vernunft verpflichtet und der Annahme, dass unsere Überzeugungen objektiven Maßstäben standhalten.[7]

Selbstverständlich können die erkenntnistheoretischen und ethischen Prämissen der Aufklärung in Frage gestellt werden. Die Aufklärung ruft sogar selbst

---

5 Steven Pinker: Die Welt war noch nie so gut wie heute! In: *Philosophiemagazin*. Nr. 2 /2018. S. 66–71.

6 United Nations High Commissioner for Refugees (Hrsg.): *Global Trends Report 2021*. UNHCR Global Data Service, Kopenhagen 2022. S. 7ff.

7 Stephen Pinker, Martina Wiese (Übers.): *Aufklärung Jetzt – Für Vernunft, Wissenschaft, Humanismus und Fortschritt*. S. Fischer Verlag, Frankfurt am Main 2018. S. 20.

explizit dazu auf. Die Kritik der reinen Vernunft ist und war stets eine Kritik durch und an sich selbst. Die radikalste Form dieser Selbstkritik impliziert die Frage nach der eigenen Existenz. Gibt es überhaupt so etwas wie die menschliche Vernunft? Nun, man könnte es sich leichtmachen und eine Variante von Descartes Meditationen ins Feld führen. Wer, wenn nicht die Vernunft, vermag die Existenz der Vernunft zu bezweifeln? Ergo: Wenn die Vernunft bezweifelt wird, beweist dies die Vernunft. Allerdings schützt dies nicht vor dem Vorwurf eines inhaltsleeren Vernünftelns. Kann es universelle Wahrheiten für alle Menschen geben? Existiert überhaupt so etwas wie Objektivität außerhalb unserer Vorstellung? Wenn nicht, jagt die Aufklärung einem Phantom hinterher.

Die Selbstkritik der Aufklärung hat zahlreiche Theorien hervorgebracht, welche Objektivität prinzipiell in Frage stellen. Prominente Beispiele sind Skeptizismus, Postmoderne und Konstruktivismus.

Der Skeptizismus betont die Unzuverlässigkeit unserer Erfahrungen. Wenn wir einen Stein aus der ausgestreckten Hand gleiten lassen, gehen wir wie selbstverständlich davon aus, dass dieser zu Boden fällt. Wissen können wir dies allerdings nicht, da nicht logisch ausgeschlossen werden kann, dass unser Stein, als der erste seiner Art, in die Höhe schnellt. David Hume hat die Induktion als Zirkelschluss entlarvt. Die Erfahrung lehrt, dass unser Stein zu Boden fällt. Aber dass wir uns auf die Erfahrung verlassen können, schließen wir ebenfalls aus der Erfahrung. Wir konnten uns bisher auf sie verlassen. Allein dies beweist nicht, dass es so bleibt.

Nach Jean-François Lyotard, dem Vater der Postmoderne, ist jedes Wissen nur vermeintliches Wissen, das stets in eine Metaerzählung eingebettet ist. Ohne den Rahmen bzw. das Sprachspiel der Metaerzählung verlieren die Wissensansprüche ihre Gültigkeit. Religiöse Thesen berufen sich auf sakrale Schriften. Zellbiologen stützen ihre Aussagen auf Beobachtungen, Experimente und Prinzipien wissenschaftlicher Falsifikation. Der Wahrheitsanspruch beider Metanarrative lässt sich nicht mit Notwendigkeit nachweisen, weshalb sie nach Lyotard als epistemisch gleichberechtigt angesehen werden müssen.

Die Theorie des Konstruktivismus besagt, dass die Inhalte unserer Realität durch die Bedingungen und Methoden unserer Betrachtung hervorgebracht werden. In der Tat ist kaum zu bestreiten, dass ein großer Anteil unseres Weltbildes konstruiert ist. Natürlich macht es einen Unterschied, ob wir den Andromeda Nebel mit bloßem Auge oder durch ein hochauflösendes Teleskop betrachten. Unser Bild, unsere Vorstellung vom Kosmos, unsere Realität wird eine andere sein. Ebenso unbestritten ist, dass kulturelle Prägung eine dominante Rolle spielt. In Deutschland dürften viele Kinder die Geschichte von einem freundlichen Mann im Mond hören, wenn sie nach den optischen Strukturen auf der Mondoberfläche fragen. In weiten Teilen Tansanias erzählen Großeltern hingegen, dass dort oben „Hänge-Peters", der grausame deutsche Kolonialist, seine ewige Strafe erhalte. Unser Weltbild, unsere Wahrheitsansprüche sind immer auch Konstruktionen unseres zufällig geprägten Geistes.

Allein was folgt daraus? Lernen wir, dass der menschliche Geist viele sehr unterschiedliche Interpretationen hervorbringt und jedem Wahrheitsanspruch mit Skepsis begegnet werden sollte? Ober lautet die Lehre, dass es gar keine objektive Wahrheit gibt? Wenn dem so ist, dann sind Aussagen über „Hänge-Peters", den „Mann im Mond" oder die Existenz des Mondes als Erdtrabanten gleichermaßen wahr bzw. falsch.

Nun, diese Annahme ist möglich. Allein das macht sie noch nicht überzeugend. Besteht wirklich ein Anlass das Streben nach Objektivität als „Aufgabe aller Wissenschaft"[8] für obsolet zu erklären? In einem ersten Schritt erscheint es nur legitim, auf die Widersprüchlichkeit hinzuweisen, in die sich Skeptizismus, Konstruktivismus und die Theorie der Postmoderne verstricken. Wenn alles relativ zu rahmenden Metaerzählungen oder zur Wahrnehmungskonstruktion ist, so auch die Aussagen der Theorien selbst. Wer jeden Wahrheitsanspruch für unmöglich erklärt, kann für die eigenen Aussagen keine Gültigkeit beanspruchen.

Um eigene Inkonsistenzen zu verbergen, arbeiten viele Autoritäten des Konstruktivismus mit Verdächtigungen und Fragen, anstatt mit systematischen Argumentationen. Beispielsweise wird das Einfordern von konsistenten Begründungen und logischer Beweisführung als Ausübung von Macht verurteilt und Michel Foucault fragt: „Ist Macht nicht schlicht eine Form der kriegsähnlichen Herrschaft?"[9]

Nun, es gibt gute Gründe mit einem selbstbewussten NEIN zu antworten. Da ist zum einen die wichtige Unterscheidung zwischen Macht und Gewalt, die wir u.a. Hannah Arendt verdanken. Macht kann als Ermächtigung aus einem Prozess rationaler Rechtfertigung hervorgehen. Allein Überwältigung entspricht der kriegerischen Herrschaft und um diese zu vermeiden, wurden zahlreiche Instrumente der Gewaltenteilung ersonnen. Nach Susan Neiman hätte bereits ein Grundkurs in Logik „uns viel Wirrwarr erspart. Aus der Tatsache, dass einige Menschen blaue Augen haben, kann man nicht schließen, dass es keine anderen Augenfarben gibt. Aus der Tatsache, dass einige

8 Gottlob Frege: Der Gedanke – Eine logische Untersuchung. In: *Logische Untersuchungen*. Vandenhoeck & Ruprecht, Göttingen 2003. S. 48.

9 „Isnt't power a form of warlike domination? Shouldn't one therefore conceive of all problems of power in terms of relations of war?" – Michel Foucault: Truth and Power. In: Colin Gordon (Hrsg.): Power/Knowledge: Selected Interviews and Other Writings, 1972–1977. Pantheon Books, New York 1980. S. 123.

Moralansprüche verborgene Machtansprüche sind, kann man nicht schließen, dass jeder Anspruch, für das Gemeinwohl zu handeln, einen Machtanspruch verschleiert."[10]

In einem zweiten Schritt ist zu zeigen, dass trotz aller berechtigten Einwände die Möglichkeit objektiver Erkenntnisse nicht widerlegt ist. Vielmehr sprechen viele gute Gründe dafür, auch weiterhin die Existenz von Tatsachen, Daten und Fakten anzunehmen.

Wenn jemand achtlos einen Stein wirft, halten wir dies für fahrlässig. Dem ist so, weil alle Menschen in allen Kulturen bisher die Erfahrung gemacht haben, dass Ereignisse Folgen haben. Kausalität ist eine notwendige Kategorie im Denken aller Menschen. Darüber hinaus vermögen wir das, was der Stein bewirken wird, in der kulturunabhängigen Sprache der Physik zu beschreiben, zu berechnen, zu diagnostizieren und zu prognostizieren. Es mögen unterschiedliche Maßeinheiten entwickelt worden sein, aber dass Temperaturveränderungen Wasser sowohl gefrieren, als auch verdampfen lässt, ist mehr als eine Konvention. Ebenso verhält es sich mit logischen Schlüssen. Jede menschliche Vernunft ist gezwungen, Denken als hinreichenden Beleg für Existenz anzuerkennen. Viel spricht dafür, dass dabei Strukturen der Welt zumindest anteilig richtig verstanden werden. Als Ottmar Ammann 1925 die Idee für eine spektakuläre Hängebrücke formulierte, hielten ihn viele Zeitgenossen für verrückt. Die Möglichkeit eines solchen Bauwerks war mit ihrem Weltbild nicht kompatibel. Als Ammann dann jedoch seine statischen Berechnungen vorlegte, konnte er überzeugen. Die George Washington Bridge wurde gebaut und trägt seit 1931. Dies ist nicht so, weil die Zeitgenossen ihr Weltbild geändert haben, sondern weil es objektive Gesetze der Statik gibt.

Aus der Tatsache, dass wir Ereignisse und Phänomene unterschiedlich wahrnehmen und interpretieren, folgt nicht, dass diese keinen faktischen Kern haben. Kinder in Tansania und in Deutschland mögen ein sehr verschiedenes visuelles und emotionales Bild vom Mond haben. Aber folgt daraus, dass keine objektiven Aussagen über den Erdtrabanden möglich sind? Ist es nicht viel mehr so, dass unsere unterschiedlichen Wahrnehmungen die Existenz eines Objekts belegen, welches seinerseits die unterschiedlichen Interpretationen auslöst? Nach Markus Gabriel geht der Konstruktivismus „zu Unrecht [davon aus], dass dasjenige, was wir beobachten, die Tatsachen auch konstruiert ist."[11]

---

10 Susan Neiman: Widerstand der Vernunft. Ein Manifest in postfaktischen Zeiten. Ecowin, Salzburg 2017. S. 49.

11 Markus Gabriel: Kritik am radikalen Konstruktivismus. In: *Warum es die Welt nicht gibt*. Ullstein, Berlin 2013. S. 14.

Nehmen wir an, ich säße zusammen mit einem Fremden auf einer Parkbank und wir würden drei Objekte auf uns zukommen sehen. Gewiss können wir die Situation sehr unterschiedlich erleben. Mein Nachbar ist vielleicht erfreut, während ich mich unbehaglich fühle. Auch können wir darüber streiten, um was es sich bei den Objekten handelt: Frauen, Männer, Kinder, Puppen usw. Wahrscheinlich können wir uns aber sehr schnell darauf einigen, dass wir beide eine Quantität von Objekten (wahrscheinlich drei) beobachten, die innerhalb eines gewissen Zeitrahmens eine Veränderung im Raum vornehmen. Von hier ist es nicht mehr weit zur kantischen Erkenntnistheorie. Nach Kant ist uns eine objektive Weltkenntnis aufgrund der Konstruktion unseres Wahrnehmungsapparates unmöglich. Das Ding an sich, das Noumenon, bleibt uns verschlossen, aber es existiert. Da ist objektiv etwas, dass unsere Wahrnehmung affiziert und das Ding für uns, das Phänomenon, entstehen lässt. Darüber hinaus lässt sich mit guten Gründen annehmen, dass unseren Wahrnehmungen eine gemeinsame Minimalstruktur zugrunde liegt. Anderenfalls wäre eine Verständigung nicht möglich. Diese Minimalstruktur wäre als anthropologische Konstante ebenfalls ein Faktum. Nach Kant lässt sich keine menschliche Wahrnehmung außerhalb von Raum und Zeit denken. Ebenso existieren keine menschlichen Aussagen, die nicht den Kategorien Quantität, Qualität, Relation und Modalität gehorchen. Nach Herbert Schnädelbach kann die philosophische Wahrheitssuche als Prozess zunehmender Selbstbeschränkung gelesen werden. Das ontologische Paradigma hoffte noch die Verfasstheit der Welt selbst zu verstehen. Das mentalistische und das linguistische Paradigma begnügen sich damit, die Strukturen des menschlichen Denkens und Sprechens zu erforschen.[12] Das Feld der Erkenntnisse ist also bescheidener geworden. Dies ändert aber nichts am begründeten Objektivitätsanspruch der Aussagen. Und noch einmal: Aus dem mangelhaften Nachweis von Tatsachen folgt nicht, dass es keine Tatsachen gibt. In dem Film *A Beautiful Mind* aus dem Jahre 2001 entlarvt ein Mathematikprofessor seine eigene Schizophrenie als er bemerkt, dass ein Kind, dass seit Jahren zu seinen Wahnvorstellungen gehört, weder gewachsen ist, noch sich verändert hat. Da dies dem Raum-Zeit-Kontinuum widerspricht, muss es sich um Fiktion handeln. Es kommt nicht darauf an, ob das historische Vorbild des Films, der Mathematiker John Forbes Nash Jr., seine Probleme wirklich auf diese Weise in den Griff bekam, entscheidend ist, dass es möglich wäre.

12 Vgl.: Herbert Schnädelbach: Philosophie. In: Ekkehard Martens, Herbert Schnädelbach (Hrsg.): *Philosophie. Ein Grundkurs.* Band 1. Rowohlt, Reinbek bei Hamburg 1985, Überarbeitete und erweiterte Neuausgabe 1991. S. 37–76.

Abschließend ein letztes Beispiel: Während eines Aufenthalts in Zentralafrika berichtete mir ein örtlicher Mediziner, dass er wiederholt Europäer behandeln musste, obwohl diese nur von einer ungiftigen Schlange gebissen worden waren. Dieser Bericht ist gut geeignet, um Konstruktivismus zu verdeutlichen. Offenbar ist die Assoziationskette Schlange, Afrika und Biss so wirkungsmächtig, dass behandlungsbedürftige Symptome entwickelt werden. Allerdings ist auch der Umkehrschluss erhellend. Wenn ich weit entfernt von menschlicher Hilfe das Gift einer Schwarzen Mamba oder eines Inlandtaipans injiziert bekomme, werde ich sterben. Das ist auch dann so, wenn ich die Schlange für ungiftig halte, als Glücksbringer verehre oder den Biss – aus welchem Grund auch immer- gar nicht bemerke. Mein Tod ist objektiv unvermeidbar und wir wissen alle, dass dies so ist.

Ähnlich wie mit datenbasierten physikalischen Tatsachen verhält es sich mit von Menschen geschaffenen Fakten wie Gesetzen, Titeln, Besitzverhältnissen, Theorien usw. Diese mögen perfekt oder fehlerhaft, wünschenswert oder verwerflich, legitim oder illegitim sein, aber sie existieren. Darüber hinaus kann sich auch in ihnen Wahrheit manifestieren. Eine wahre Aussage artikuliert einen Sachverhalt, der unabhängig von der Aussage existiert. Tatsachen sind „zeitlos wahr, unabhängig davon wahr, ob irgendjemand [sie] für wahr hält."[13]

Zugegeben, es besteht keine letzte Gewissheit darüber, ob wir nicht einem Irrtum erliegen. Gleichwohl existieren Evidenzen von unterschiedlicher Qualität. Die Aussage „Auf dem Mond büßt Carl Peters" ist nur schwer als wahr zu akzeptieren. Es mangelt schlicht an Belegen. Die These „Carl Peters hat im heutigen Tansania vielen Menschen Gewalt angetan" wird hingegen von zahlreichen voneinander unabhängigen Quellen bestätigt.

Ebenso ist es richtig, dass menschliche Kommunikation fehleranfällig ist. Einander richtig zu verstehen wird erschwert durch Sprachbarrieren, kulturelle Prägungen und individuelle Assoziationsketten. Wir alle tragen sehr verschiedene Blickwinkel an Ereignisse oder Aussagen heran. Daraus folgt aber nicht, dass korrektes Verständnis unmöglich ist. Ist etwa die Menschheitsgeschichte nur als Aneinanderreihung von Missverständnissen zu verstehen? Entsteht bei jeder Übersetzung in eine andere Sprache ein vollkommen neues Werk ohne Übereinstimmung mit der ursprünglichen Aussage? Für Hilary Putnam ist dies nicht überzeugend.

---

13 Frege 2003: S. 48.

> That conceptions differ does not prove the impossibility of ever translating anyone ‚really correctly' as is sometimes supposed; on the contrary, we could not say that conceptions differ and how they differ if we couldn't translate.[14]

Natürlich wird alles noch einmal komplizierter, wenn wir nicht um deskriptive, sondern um normative Erkenntnisse ringen. Daraus folgt jedoch nicht, dass Werte und Normen beliebige Konstruktionen wären.

Die Ethik Immanuel Kants war eines der letzten Systeme, die beanspruchten, das Gesetz der Moral endgültig und objektiv begründet zu haben. Immerhin meinte Kant das Sittengesetz als synthetischen, praktischen Satz a priori, also ohne Rückgriff auf kulturelle Erfahrungen ableiten zu können. Bis heute lassen sich starke Argumente dafür anführen, dass dies auch wirklich gelungen ist. Gleichwohl lässt sich auch anzweifeln, ob eine derart reine praktische Vernunft, also die Fähigkeit moralische Erwägungen in gänzlicher Abstraktion von persönlichen und kulturellen Prägungen zu realisieren, möglich ist. Letztbegründet ist sie ebenso wenig wie alle anderen Prämissen der großen ethischen Systeme. Dennoch folgt daraus nicht, dass moralische Forderungen prinzipiell gleichberechtigt seien. Es lassen sich noch immer bessere von schlechteren Argumenten unterscheiden. Die notwendigen Kriterien sind längst expliziert.[15] „[Normen] sollten daher auf keine Voraussetzungen zurückgreifen, von denen von vornherein klar ist, dass sie nur ein Bruchteil der Verständigen – etwa die Angehörigen einer bestimmten Religion oder Konfession- akzeptiert, nachvollzieht oder versteht."[16]

Gute Argumente sind konsistent und kohärent, d.h. sie bestehen aus logischen Ableitungen, die sich widerspruchsfrei in ein System von Aussagen einfügen. Wenn gilt: Alle Tiere sind gleich (P1) und Schweine sind Tiere (P2), dann ist die These „Schweine sind gleicher" nicht mit P1 kompatibel. Das Paradoxon bzw. der politische Betrug sind logisch unverkennbar. Alle Hexen sind Frauen (P1), ergo (Konklusion) sind alle Frauen Hexen. Schon Grundschulkinder erkennen, dass es sich hierbei um einen falschen Umkehrschluss handelt. Es fehlt die zweite Prämisse (P2), die besagen müsste, dass die Menge aller Frauen und die Menge aller Hexen identisch sind. Wer im Namen von Frieden und Barmherzigkeit zu den Waffen ruft, erzeugt eine erklärungsbedürftige Inkohärenz. Wer behauptet, Frauen, People of Color oder welche Zielgruppe gerade diskriminiert werden soll, seien nicht intelligent genug, um

---

14 Hilary Putnam: *Reason, Truth and History*. Cambridge University Press, Cambridge 1998. S. 117.

15 Holm Tetens: *Philosophisches Argumentieren*, Verlag C.H. Beck, München 2004. S. 23.

16 Dieter Birnbacher: Religion und Religionskritik – eine Einführung. In: *Zeitschrift für Didaktik der Philosophie und Ethik* (*ZDPE*) 1/2018. S. 3–8.

Verantwortung zu übernehmen, ignoriert eindeutige Befunde. Kohärente Argumentationen verweben hingegen eine möglichst große Anzahl von Aspekten, Daten und Positionen zu einem widerspruchsfreien „Netz der Begründung“[17].

Gute Argumente sind intersubjektiv und interkulturell. Sie können zwischen Menschen sehr unterschiedlicher Prägung ausgetauscht und verstanden werden. Das Gebot, beim Lachen nicht die Zähne zu zeigen, ist verlässlich nur aus der kulturellen Innenperspektive als angemessen zu verstehen. Das Tötungsverbot als notwendige Voraussetzung eines friedlichen Miteinanders zu begreifen, bedarf hingegen keiner kulturellen Prägung. Die Stigmatisierung von Grausamkeit, Diebstahl, Lüge und dergleichen ist in nahezu allen menschlichen Gemeinschaften zu finden. Wer seine Rechtfertigung auf der Basis einer Argumentation aufbaut, darf darauf hoffen, auch dann verstanden zu werden, wenn sein Gegenüber einem anderen kulturellen Kontext entstammt, einer fremden Religion angehört oder ein anderes Geschlecht besitzt.

Wir sind uns einig, dass Menschenleben nicht leichtsinnig gefährdet werden sollten (P1).
Methode A erreicht Ziel X unter Gefährdung von Menschenleben und Methode B ohne Gefährdung von Menschenleben (P2).
Ergo ist Methode B besser als Methode A (K).

Diese Argumentation ist intersubjektiv und interkulturell vermittelbar. Sie ist damit um Längen besser als das nachfolgende Beispiel:

Im Berg T wohnt ein Gott, der keine dunklen Wolken mag (P1).
Heute sind dunkle Wolken aufgezogen (P2).
Der Gott lässt sich durch den Tod von Jungfrauen besänftigen (P3)
Ergo müssen wir eine Jungfrau opfern (K).

Zwar ist unser zweites Beispiel logisch folgerichtig, aber P1 und P3 entbehren jeder interkulturell vermittelbaren Evidenz.

Gute Argumente sind reziprok. Rainer Forst unterscheidet die Reziprozität der Inhalte und die der Gründe. Die Reziprozität der Gründe betont, dass die eigenen Wertvorstellungen und Weltverständnisse nicht als selbstverständlich vorausgesetzt werden dürfen. Es handelt sich also erneut um die Forderung

---

17 Vgl. Julian Nida-Rümelin: Veritas Filia Temporis. In: Ders.: *Humanistische Reflexionen.* Suhrkamp, Frankfurt am Main 2016; Klaus Goergen: Einleitung. In: Dieter Birnbacher, Klaus Goergen, Markus Tiedemann (Hrsg.): *Normative Integration. Kulturkampf im Klassenzimmer und netzgeprägte Schülerschaft*. Schöningh, Paderborn 2021. S. VII.

nach intersubjektiver und interkultureller Vermittelbarkeit. Die Reziprozität der Inhalte besagt, „dass niemand seinem Gegenüber bestimmte Forderungen verwehren darf, die er selbst erhebt."[18] Wenn ich einen Maschendrahtzaun will, darf ich selbigen meinem Nachbarn nicht verwehren. Wer Religionsfreiheit einfordert, kann strenggenommen nicht gegen Meinungsfreiheit klagen usw.

Gute Argumente sind allgemein. Gemeint ist situationsunabhängige Prinzipientreue. Die Gültigkeit und Verständlichkeit eines guten Arguments sind unabhängig von wechselnden sozialen Situationen oder persönlichen Präferenzen.

Wir teilen die Überzeugung, dass der Missbrauch von Menschen ein Übel ist. (P1)
Sklaverei ist ein Missbrauch von Menschen (P2)
Ergo ist Sklaverei ein Übel (K).

Dieser Schluss gilt allgemein. Er ist weder an eine zeitliche Epoche, noch an eine persönliche Perspektive gebunden. Seine Gültigkeit ist unabhängig von der Tatsache, ob die aktuelle Rechtsprechung Sklaverei billigt oder nicht. Ebenso unerheblich ist es, ob ich mich in der Rolle eines potentiellen Sklaven oder eines Sklavenhalters befinde. Sklaverei ist moralisch falsch und sie war es zu allen Zeiten.

Ethische Argumente höherer Ordnung ermöglichen eine Einbeziehung des Anderen. Diese von Jürgen Habermas entliehene Bezeichnung[19] steht sowohl für Berücksichtigung, als auch für Partizipation. Ideale Diskursbedingungen sind hierfür nicht erforderlich. Aktive Partizipation ist nicht immer möglich. Dies gilt beispielsweise für Unmündige oder ungeborene Generationen. Gleichwohl stellt sich die Frage, inwieweit diese Anderen wenigstens bestmöglich berücksichtigt werden. Des Weiteren ist die Deliberation so zu gestalten, dass die Hürden für die aktive Partizipation möglichst gering sind. Ist die Teilnahme an Vorbedingungen wie Geschlecht oder Hautfarbe gebunden, bedürfen die dort ausgetauschten Argumente einer kulturellen Innenperspektive oder existiert ein exkludierender Subtext, so sind die Ergebnisse von geringer ethischer Qualität.

18 Rainer Forst: *Toleranz im Konflikt: Geschichte, Gehalt und Gegenwart eines umstrittenen Begriffs*. Suhrkamp, Frankfurt am Main 2012. S. 171.

19 Vgl.: Jürgen Habermas: *Die Einbeziehung des Anderen. Studien zur politischen Theorie.* Suhrkamp, Frankfurt am Main 1996.

Gemessen an der Einbeziehung des Anderen lassen sich vier qualitative Stufen unterscheiden. Die höchste Stufe ethischer Legitimation wäre eine universale Moral a priori. Ein Konzept, dass von allen vernunftbegabten Wesen verstanden und anerkannt werden muss. Kant war davon überzeugt, genau dies geleistet zu haben. Leider ist seine Beweisführung nicht unangreifbar. Der Status einer Letztbegründung kann nicht zugesprochen werden.

Die unterste Stufe der Rechtfertigung kann eigentlich nur von hartgesottenen Egoisten oder Personen mit einem sehr optimistischen Menschenbild als moralisch angesehen werden. Es handelt sich um Handlungen und Entscheidungen, die durch unsere Triebe und Neigungen dominiert werden. Eine Einbeziehung des Anderen findet nicht statt. Oft ist nicht einmal das persönliche Selbstverständnis mit den resultierenden Handlungen kompatibel.

Auf der zweiten Ebene der ethischen Hierarchie dominieren Konzeptionen des guten Lebens, wie sie sich in Kulturen, Religionen und Lebensformen manifestieren. Da es sich in der Regel um kollektive Entwürfe handelt, versammeln sich hier viele Menschen hinter gemeinsamen Vorstellungen von Gut und Böse. Gleichwohl bleibt die ethische Verbindlichkeit auf den Radius jener beschränkt, die diese Konzeption des Guten teilen. Strenggenommen handelt es sich um eine Versammlung von Gleichen, nicht um eine Einbeziehung von Anderen. Auch ein externes Regulativ fehlt. Aus einer gemeinsamen Innenperspektive kann ein brutaler Kreuzzug ebenso gut begründet werden wie humanistische Hilfeleistung.

Die dritte Ebene steht für eine echte Einbeziehung des Anderen und damit für den zentralen ethischen Qualitätsunterschied. Es handelt sich um Konzeptionen der Gerechtigkeit, die sich darum bemühen, unterschiedliche Lebensentwürfe und Vorstellungen vom guten Leben miteinander zu vereinen. *Your Pursuit of Happiness – my Pursuit of Happiness*. Thomas Jefferson war wohl bewusst, dass Gerechtigkeit nicht aus individuellen oder kollektiven Konzeptionen des Guten abgeleitet werden darf, aber diese gleichwohl ermöglichen muss.[20] Ein Zustand, in dem die Willkür des einen mit der Willkür des anderen nach einem allgemeinen Gesetz der Freiheit zusammen vereinigt werden kann.[21] Für diese Ebene ist die Einbeziehung des Anderen konstitutiv.

Sofern also die höchste Stufe der Moral, ein Sittengesetz a priori, unerreicht bleibt, folgt daraus nicht, dass auch die Unterscheidung der anderen Qualitätsstufen ethischer Argumentation hinfällig wären. Eine kohärente Ethik,

---

20 Vgl.: Thomas Jefferson, *Brief an Major John Cartwright vom 05.06.1824*, online abrufbar unter: http://www.let.rug.nl/usa/presidents/thomas-jefferson/letters-of-thomas-jefferson/jefl278.php [Letzter Aufruf 15.08.2022].

21 Vgl.: Kant: AA VI, S. 230.

verstanden als widerspruchsfreie Einbeziehung möglichst vieler Informationen und Perspektiven[22], ist weiterhin möglich. Insbesondere der qualitative Aufstieg von rein zufälligen Präferenzen über Konzeptionen des Guten hin zu Konzeptionen der Gerechtigkeit lassen sich anhand der oben genannten Kriterien darstellen.

Auf diese Weise ist es auch möglich, die angebliche Gleichberechtigung von Narrativen zu durchbrechen. Mein Urgroßvater war Teil der sogenannten ‚Schutztruppe' in der Kolonie Deutsch-Südwestafrika. Für den unternehmungsfreudigen Müller scheint dies eine Gelegenheit gewesen zu sein, der spießigen Enge des Kaiserreichs zu entkommen. Seine abenteuerlichen Schilderungen aus dem „wilden Afrika" wurden über Generationen Teil der Familiennarration. Erst als Schüler der 10. Klasse erfuhr ich, dass mein Urgroßvater unmittelbar nach dem Völkermord an den Herero und Nama im heutigen Namibia tätig war. Die Überlebenden dieses Genozids erzählen mit Sicherheit eine ganz andere Geschichte über die Jahre 1908 und 1909. Als Repräsentanten subjektiven Erlebens sind beide Erzählungen gleichermaßen wahr im Sinne von real. Aber es gibt sehr gute Gründe dafür, dass die Berichte der Opfer wichtiger, relevanter und repräsentativer für das reale Geschehen sind und Dominanz verdienen. Die Ermordung von 40.000 bis 60.000 Herero, sowie etwa 10.000 Nama[23] ist sowohl ein empirisches Ereignis als auch ein normatives Verbrechen, welches durch physikalische Evidenz und elementarste ethische Prinzipien belegt wird. Dies zu leugnen und von gleichberechtigten Narrativen zu sprechen, zeugt von Ignoranz, Realitätsverlust oder Böswilligkeit.

Die geschilderten epistemischen und normativen Hierarchien halten fest an den Prämissen der Aufklärung. Objektivität existiert und Rationalität ermöglicht den Menschen dieser nahezukommen.

Niemand kann gezwungen werden die Existenz von Rationalität, die Existenz von Tatsachen oder die Qualitätsunterschiede zwischen besseren und schlechteren Argumentationen anzuerkennen. Allerdings gibt es auch keinen Anlass entsprechenden Positionen Gleichberechtigung zu gewähren. Sie sind weder gut begründet, noch decken sie sich mit unser täglichen Lebenspraxis. „Außerhalb des philosophischen Seminarraums werden alle wieder zu Realisten."[24]

---

22 Dietmar von der Pfordten: Moralischer Realismus? Zur kohärentistischen Metaethik Julian Nida-Rümelins. Brill/mentis, Paderborn 2015.

23 Vgl.: George Steinmetz: *Von der „Eingeborenenpolitik" zur Vernichtungsstrategie: Deutsch-Südwestafrika, 1904*. In: *Peripherie: Zeitschrift für Politik und Ökonomie in der Dritten Welt.* Band 97–98, 25. Jg., 2005. S. 195.

24 Julian Nida-Rümelin: *Unaufgeregter Realismus. Eine politische Streitschrift.* Brill/mentis, Paderborn 2015. S. 138.

Daher gilt für die epistemischen, wie für die normativen Prinzipien der Aufklärung: Sie sind nicht letzt-, aber bestbegründet.

2.3 Freiheit: Nicht absolut, aber transzendental

Wer die mögliche Existenz von Tatsachen und Argumenten höherer Ordnung akzeptiert, kann noch immer bestreiten, dass der menschliche Geist die Freiheit besitzt, sich an diesen zu orientieren. Auch damit wäre eine wichtige Prämisse der Aufklärung in Gefahr. Was nützt es, wenn wir bessere und schlechtere Argumente theoretisch unterscheiden können, all dies aber keinerlei Auswirkungen auf unser Wollen und Handeln hat? Wo bliebe die von der Aufklärung so hartnäckig verteidigte Würde des Menschen, wenn dieser ein determiniertes Ding ist? Wer die Willensfreiheit bestreitet, macht aus Kants „Du kannst, weil du sollst“ ein „Du solltest, aber du kannst eben nicht“.

Die Angriffe auf die Willensfreiheit sind so alt wie die Philosophie selbst und entstammen ganz wesentlich ihrer szientistischen Selbstkritik. Stoiker und Epikureer stritten in einer atemberaubend modern anmutenden Debatte darum, wie ein durch die Bewegung von Atomen determinierter Kosmos Raum für Freiheit lassen könne. Schopenhauer und Nietzsche vertraten den Standpunkt: Der Mensch kann tun was er will; er kann aber nicht wollen was er will.[25] Für Marx ist jedes Urteil über die Welt geprägt durch einen ideologischen Überbau, der seinerseits aus dem ökonomischen Unterbau, den Produktionsprozessen, hervorgeht. Freud sah den Menschen als eine durch unbewusste Prozesse gesteuerten Kreatur an. Neurologen wie Gerhard Roth, Wolfgang Prinz oder Wolf Singer glauben die Mechanik der Willensbildung beobachten zu können. Von Gerhard Roth stammt die oft zitierte These: „Nicht mein bewusster Willensakt, sondern mein Gehirn hat entschieden!“[26]

Allerdings übersehen viele dieser Einwände, wie bescheiden die Freiheitsidee der Aufklärung trotz allen Pathos gedacht wird. Kant schrieb das wahrscheinlich wichtigste Buch der Philosophiegeschichte, die *Kritik der reinen Vernunft*, weil er primär eine Frage beantworten wollte: Ist Freiheit wenigstens theoretisch widerspruchsfrei zu denken möglich? Wäre die Antwort negativ

25 Vgl.: „Du kannst thun was du willst: aber du kannst, in jedem gegebenen Augenblick deines Lebens, nur ein Bestimmtes wollen und schlechterdings nichts Anderes, als dieses Eine.“, Arthur Schopenhauer: *Die beiden Grundprobleme der Ethik*. Joh. Christ. Hermannsche Buchhandlung, Frankfurt am Main 1841. S. 24.

26 Gerhard Roth: Worüber dürfen Hirnforscher reden – und in welcher Weise? In: Christian Geyer (Hrsg.): *Hirnforschung Und Willensfreiheit*. Suhrkamp, Frankfurt am Main 2004. S. 73.

ausgefallen, so hätte sich die weitere Beschäftigung mit Sittlichkeit, Pflicht und Würde erübrigt. Werke, wie die *Kritik der praktischen Vernunft* oder die *Metaphysik der Sitten*, wären nie geschrieben worden. Das tatsächliche Ergebnis war ebenso eindeutig wie bescheiden: Ja, Freiheit lässt sich widerspruchsfrei denken, allerdings nur als Möglichkeit, nicht als praktische Gewissheit oder soziale Handlung. Die Bescheidenheit blieb bestehen, obwohl Kant in nachfolgenden Schriften zu zeigen vermochte, dass die theoretische Möglichkeit auch praktische Relevanz zu entfalten vermag. Dennoch bleibt die Natur der Freiheit stets transzendental. Sie kann theoretisch und praktisch als möglich gedacht werden. Ihre faktische Realität bleibt indes schon deshalb unbewiesen und unwiderlegt, weil Gründe keine physikalische Erscheinung haben. Was wir messen, beobachten oder fühlen, sind die Dispositionen, die zur Realisierung von Gründen beitragen können oder die Handlungen, die aus Gründen erfolgen. Die Gründe selbst bleiben intelligibel.

Die Qualität dieser transzendentalen Freiheitsidee hatte grandiose Konsequenzen. Sie reichen vom Strafrecht über Gewaltenteilung bis zur Menschenwürde. „Dem Schutz der Menschenwürde liegt die Vorstellung vom Menschen als einem geistig–sittlichen Wesen zugrunde, das darauf angelegt ist, sich in Freiheit selbst zu bestimmen und zu entfalten.“[27] Gleichwohl ist der Umfang der potenziellen menschlichen Freiheit stets sehr bescheiden eingeschätzt worden. Das „Krumme Holz“ aus dem der Mensch sei, bietet wenig Anlass dafür, auf eine uneingeschränkte Herrschaft der Vernunft zu hoffen. Ohnehin ist die Vorstellung eines absolut freien Willens absurd. Ein absolut freier Wille müsste auch frei von uns sein. Genau genommen wäre es nicht unser Wille. Es wäre eine metaphysische Instanz, die sich unser bemächtigt.

> Nehmen wir an, Sie hätten einen unbedingt freien Willen. Es wäre ein Wille, der von nichts abhinge: ein vollständig losgelöster, von allen ursächlichen Zusammenhängen freier Wille. Ein solcher Wille wäre ein aberwitziger, abstruser Wille. Seine Losgelöstheit nämlich würde bedeuten, dass er unabhängig wäre von Ihrem Körper, Ihrem Charakter, Ihren Gedanken und Empfindungen, Ihren Phantasien und Erinnerungen. Es wäre, mit anderen Worten, ein Wille ohne Zusammenhang mit all dem, was Sie zu einer bestimmten Person macht. In einem substantiellen Sinn des Wortes wäre er deshalb gar nicht Ihr Wille.[28]

Selbstverständlich ist die Entstehung eines freien Willens an biologische und soziale Determinanten gebunden. Sie müssen gezeugt, geboren, ernährt, erzogen und gebildet worden sein, um einen freien Willen zu entwickeln.

---

27 BVerfG, Urteil des Zweiten Senats vom 30. Juni 2009 – 2 BvE 2/08 –, Rn. 1–421. Absatz 364.

28 Peter Bieri: *Das Handwerk der Freiheit. Über die Entdeckung des eigenen Willens.* Fischer, Frankfurt 2003. S. 230.

Allerdings schließt all dies nicht aus, dass Sie sich dann über alles erheben können, wozu man Sie vielleicht im Laufe des gesamten Prozesses konditionieren wollte. Es ist unwahrscheinlich und selten, aber nicht unmöglich. Selbstverständlich kann jede beobachtete Handlung aus der Außenperspektive als unfreies Reiz-Reaktionsschema gedeutet werden. Das ändert aber nichts daran, dass wir uns aus der Innenperspektive als frei erleben können. Dies ist vor allem dann der Fall, wenn wir uns gegen unsere Wünsche und Neigungen und für unsere moralischen Überzeugungen entscheiden. Welche der beiden Perspektiven öfter einer Illusion entspricht, bleibt offen. Selbstverständlich sind wir immanenten Beeinflussungen ausgesetzt. Gleichwohl hat die Evolution mit unserem Gehirn ein Organ hervorgebracht, das zu erstaunlichen sprachlichen Abstraktionen in der Lange ist. „Wie wäre es, wenn alle so handeln wie du?" Diese Frage verstehen schon sehr kleine Kinder. Die Aufforderung, die Perspektive eines neutralen Beobachters einzunehmen, ein utilitaristisches Glückskalkül durchzurechnen oder die Gültigkeit eines Sittengesetzes a priori zu erwägen, sind weitere Schritte auf dieser Abstraktionsleiter. Natürlich sind sie anspruchsvoll, aber sie sind offensichtlich möglich. Zu welchen Abstraktionen unser Hirn in der Lage ist offenbart sich in so einfachen Ausdrücken wie ‚egal' oder ‚gleichgültig'. Angenommen wir wären vollständig determiniert. Es gäbe also immer einen dominanten, neigungsgesteuerten Impuls. Wie kommt es dann zu diesen Begrifflichkeiten? Wenn diese Begriffe aber ein Gleichgewicht der Determinanten beschreiben und Menschen dennoch Entscheidungen treffen, liegt der Schluss nahe, dass unser neuronales System aus der Vogelperspektive auf die eigenen Motive zu schauen vermag.

Selbstverständlich lassen sich in unserem Gehirn Aktivitäten messen, bevor wir eine Entscheidung treffen. Das berühmte Libet-Experiment wird von vielen Neurologen als ultimative Widerlegung der Willensfreiheit gewertet. Tatsächlich kann im motorischen Zentrum des Gehirns die neuronale Bereitschaft für eine Bewegung durchschnittlich 50 ms vor der bewussten Entscheidung zur Ausführung der Bewegung gemessen werden. Allerdings war für Libet selbst die Willensfreiheit damit keineswegs widerlegt. Mehrere Folgeexperimente bestätigten ihn in der Annahme, dass neuronale Strukturen zwar eine Prädisposition bewirken, dem Bewusstsein aber eine Art Veto-oder Kontrollfunktion zukäme.[29] Sogar zur Korrektur von bereits eingeleiteten Handlungen bestünde ein Zeitfenster von ca. 100 ms.[30] Diese Befunde passen gut

---

29 Benjamin Libet: Unconscious cerebral initiative and the role of conscious will in voluntary action. In: *The Behavioral and Brain Sciences*, 8, 1985. S. 529–566.

30 Matthias Schultze-Kraft, Daniel Birman, Marco Rusconi, Carsten Allefeld, Kai Görgen, Sven Dähne, Benjamin Blankertz, John-Dylan Haynes: Point of no return in vetoing

zu mehreren philosophischen Theorien. Harry G. Frankfurter unterscheidet zwischen Wünschen erster und zweiter Stufe.[31] Volitionen erster Stufe sind das unfreie Verlangen nach Befriedigung unserer Neigungen oder Triebe. Volitionen zweiter Stufe repräsentieren ein prinzipielles Wollen und ermöglichen eine normative Beurteilung von Wünschen der ersten Ebene. Beispielsweise können wir den starken Impuls verspüren, gewalttätig zu handeln. Gleichzeitig ist es möglich, diesen Drang zu verurteilen und uns selbst zum Verzicht zu nötigen. In diesem Fall bestünde der Wunsch zweiter Ordnung, eine zivilisierte Persönlichkeit zu sein. Selbstverständlich fallen solche Konzepte nicht vom Himmel. Ein Mindestmaß an Rationalität ist unverzichtbar, um von den Neigungen erster Ordnung abstrahieren zu können. Auch die bloße Einsicht in die ethische Güte der Gewaltfreiheit genügt nicht. Nur ein naiver Platonismus nahm an, dass die Erkenntnis des Guten automatisch ein gutes Verhalten nach sich zieht. Nach Aristoteles bedarf es eines langen Trainings, um etwas, das als wünschenswert erkannt wurde, auch zum Bestandteil des eigenen Charakters werden zu lassen. Peter Bieri spricht von einem *Handwerk der Freiheit*, in dem es darum geht, den eigenen Willen zweiter Ordnung zu formen. Nach Frankfurter besitzt eine Person einen Willen, genau dann, wenn sie Wertvorstellungen zweiter Stufe hat und wünscht, dass diese handlungsleitend werden.

Messbare Hirnaktivitäten vor bewussten Willensakten sind somit weder erstaunlich noch mit der Annahme von Freiheit inkompatibel. Natürlich ist Hirnaktivität eine notwendige Voraussetzung für bewusste, wie für unbewusste Entscheidungen. Hirntote haben keinen Willen. Menschliche Entscheidungen werden nicht von einem freischwebenden Geistwesen getroffen. Sie bedürfen eines funktionsfähigen neuronalen Netzwerkes. Allerdings ist die Bereitstellung einer Aktivität nicht identisch mit der Entscheidung über deren Ausführung. Determination liegt nur dann vor, wenn die Bereitstellung auch den Inhalt der Entscheidung alternativlos vorschreibt. Genau dies wurde bisher von keinem Experiment belegt und wird nach Ansicht von Autor*innen wie Brigitte Falkenburg oder Peter Roth auch niemals bewiesen werden können.[32]

Hirnscreening, Hormonspiegel und Psychoanalyse lassen erstaunlich zuverlässige Prognosen zu. Beispielsweise lässt sich belegen, dass jemand aufgrund mangelnder Intelligenz, eines Übermaßes an Aggression oder dem Fehlen

---

movements. In: William T. Newsome (Hrsg.): *Proceedings of the National Academy of Sciences of the United States of America*, 113(4), 2016. S. 1080–1085.

31 Harry G. Frankfurt (1971): Freedom of the Will and the Concept of a Person. In: *Journal of Philosophy* 68. S. 5–20.

32 Vgl. u.a.: Peter Rohs: Geist und Gegenwart. Entwurf einer analytischen Transzendentalphilosophie. Brill/mentis, Paderborn 2016. S. 159–160; Brigitte Falkenburg: Mythos Determinismus: Wieviel erklärt uns die Hirnforschung? Springer, Berlin 2012.

von Vorstellungskraft nur eingeschränkt urteils- und schuldfähig ist. Allerdings zeigt dies eben nur, dass diese Person keine oder nur eingeschränkte Willensfreiheit besitzt. Die Möglichkeit, dass andere Menschen durchaus Herr ihrer Entscheidungen sind, ist damit nicht vom Tisch. Machen wir ein kurzes Gedankenexperiment: Sie sind Schiffbrüchiger und zwei Inseln sind exakt gleich weit von Ihnen entfernt. Am Strand der ersten Insel läuft ein hungriger Löwe auf und ab. Am zweiten Stand befindet sich ein hungriger Mensch mit einer Keule. Die Mehrheit von uns würde zum Menschen schwimmen. Die Chance dort verschont zu bleiben, ist sehr gering, aber sie existiert. Ein Mensch kann sich dafür entscheiden, neben Ihnen zu verhungern, ein Löwe nicht.

Ein weiterer Aspekt sollte besonders betont werden. Das Freiheitsverständnis der Aufklärung konzentriert sich auf Entscheidungen aus moralischen Gründen. Strenggenommen kann Freiheit nur durch die Unterwerfung in eine selbstauferlegte, moralische Pflicht Realität erlangen. Die Aufklärung hat nie bestritten, dass unsere Triebe, Instinkte und Neigungen unfrei sind. Was wir uns wünschen, unsere Präferenzen erster Ordnung, werden durch ein komplexes biologisches, physikalisches und soziales Netzwerk determiniert. Die Freiheitsthese besagt lediglich, dass wir das Potential besitzen, uns zu diesen Konditionierungen normativ zu verhalten. Im Libet-Experiment sollen Probanden einen Finger heben oder ruhen lassen. Für die Bewertung dieser Optionen existieren keine ethischen Kriterien, sie besitzen keine moralische Relevanz. Eine Entscheidung nach (moralischen) Gründen kann es also gar nicht geben und es ist nicht erstaunlich, dass ein vollständig determinierter Prozess beobachtet wird.

Erst dann, wenn Neurologen beobachten können, wie das Gehirn eine ethische Erörterung vornimmt, ohne dass dies der Person bewusst ist, wäre die Annahme einer Willensfreiheit obsolet. Dafür wäre beispielsweise zu zeigen, wie sich das Gehirn für ein utilitaristisches Nutzenkalkül und gegen ein deontologisches Sittengesetz entscheidet, ohne dass die Person sich entsprechender Abwägungen bewusst ist. Derzeit erscheint ein solcher Nachweis unvorstellbar.[33]

Es bestehen also gute Gründe, um an einem bescheidenen Konzept transzendentaler Freiheit festzuhalten. Die erste Natur des Menschen ist animalisch und unfrei. Allerdings vermögen Personen sich zu ihrer eigenen Natur zu verhalten und ihre zweite Natur zu kultivieren. Genau dieser Prozess beschreibt und bestätigt die Bedingung der Möglichkeit der Freiheit.

---

33 Christian Geyer (Hrsg.): *Hirnforschung und Willensfreiheit. Zur Deutung der neuesten Experimente*. Suhrkamp, Frankfurt am Main 2004.

2.4 Ethischer Universalismus: Europäisch, aber nicht eurozentristisch

Eurozentrismus, verstanden als kulturchauvinistische Dominanz des sogenannten Westens, ist ein Übel. Er hat den ideologischen Boden für die Verbrechen des Kolonialismus bereitet und macht noch immer blind für eine gerechte Weltwirtschaft oder die Wertschätzung von Andersartigkeit und kultureller Vielfalt.

Angeblich begründet vor allem der ethische Universalismus der Aufklärung genau diese Tradition. Tatsächlich ist die kulturelle Toleranz der Aufklärung begrenzt. Menschenrechte, Gleichberechtigung, Republikanismus oder Gewaltenteilung werden nicht als mögliche Alternative, sondern als Gebot einer allgemeinen praktischen Vernunft verstanden. Patriarchate, Klassengesellschaften oder Erbmonarchien werden als objektiv reformbedürftig angesehen. Dabei spielt es keine Rolle in welchen Erdteilen sich die selbigen befinden. Will hier also doch eine Kultur alle anderen dominieren?

Nein! Solange wir an der Prämisse festhalten, dass objektive Tatsachen und Argumente höherer Ordnung existieren und die menschliche Vernunft zu deren Erkenntnis in der Lage ist, lautet die Antwort: nein und nochmals nein! Die Essenz der Aufklärung besteht darin, durch Vernunft und Selbstkritik kulturelle Prägungen zu überwinden und eine universell gültige Rechtfertigung anzustreben. Wie oben gesehen, gibt es weit bessere Argumente dafür an dieser Prämisse festzuhalten, als diese aufzugeben. Zugegeben, es droht ein Zirkel. Die Katze beißt sich in den Schwanz. Schließlich entstammt die Vorstellung, dass es überhaupt kriteriengeleitete Begründungen geben soll selbst dem rationalen Paradigma der Aufklärung. Genau deshalb kann es ja keine Letztbegründung geben.

Dennoch besteht kein Anlass, Aufklärung und Vernunft als „eurozentristisches Machwerk eines postkolonialistischen Unterdrückungssystems"[34] zu verstehen. Mindestens die vier folgenden Einwände erscheinen angemessen:

Erstens ist nicht einzusehen, warum klassische Autoren des Postkolonialismus wie Charles W. Mills oder Achille Mbembe als Ankläger des ethischen Universalismus gelesen werden müssen. Liest man beispielsweise *Black Rights/ White Wrongs*[35] oder die *Kritik der schwarzen Vernunft*[36], so lassen sich folgende Kernaussagen formulieren: Die Kraft des ethischen Universalismus hat

34 Die Formulierung entstammt einem Flyer, mit dem im Jahr 2014 in der Mensa der Freien Universität Berlin zu einer Demonstration gegen die Menschenrechte aufgerufen wurde.

35 Charles W. Mills: *Black Rights/White Wrongs: The Critique of Racial Liberalism.* Oxford University Press, Oxford 2017.

36 Achille Mbembe: *Kritik der schwarzen Vernunft.* Suhrkamp, Berlin 2013.

es nicht vermocht, den Kolonialismus eines ökonomisch verkürzten Liberalismus zu verhindern. Kollektive Erfahrungen der Herabwürdigung wirken fort und können aus der Außenperspektive schwer oder gar nicht nachvollzogen werden. Kapitalistische Ausbeutungsprozesse bestehen weiterhin, wobei die Kategorie „Rasse" zunehmend als „Klasse" verstanden werden kann. Die beschriebenen Ungerechtigkeiten lassen sich nur durch einen neuen, globalen Humanismus überwinden.

Mit der Ausnahme der Gleichsetzung von „Rasse" und „Klasse" ist diesen Aussagen in Gänze zuzustimmen. Allerdings ist jeder Humanismus, ob alt oder neu, nicht ohne Aufklärung und ohne Rationalität und ethischen Universalismus zu realisieren.

Zweitens wäre eine Behauptung, nach der nur Europäer rational seien, sowohl rassistisch als auch unplausibel. Genau diese Figur hat Rassismus, Apartheit und Überlegenheitswahn erst ermöglicht. Wer allen Ernstes behauptet, Menschen aus nicht-weißen Kulturen würden nicht über die gleiche rationale Kapazität verfügen, hat nicht verstanden, dass er über die Dialektik seiner angeblichen Toleranz stolpert. Darüber hinaus ist eine derartige Aussage empirisch schlicht falsch. Rationale Analysen, das Austauschen von Gründen oder die Erwartung von Rechtfertigung sind keine singulär europäischen Phänomene. Wenn eine Person X versprochen hat, eine Mauer von vier Metern zu bauen, aber die Arbeit nach zwei Metern einstellt, dann wird rund um den Globus eine Rechtfertigung erwartet. Diese kann unterschiedlicher Natur sein: „Seht her, ich habe alle Steine verbaut. Eine Fortsetzung war objektiv unmöglich!", „Die Arbeit ist dermaßen schwer, dass es ungerecht wäre, mich ohne Hilfe weiterarbeiten zu lassen!", „Mir ist das grüne Spaghetti-Monster erschienen. Es verlangt, dass ich mir beim nächsten Vollmond einen Backenzahn ziehe. Erst dann darf die Arbeit fortgesetzt werden." Einige dieser Rechtfertigungen lassen sich von allen Menschen verstehen, andere nur aus der Innenperspektive einer Kultur. Einzelne werden vielleicht von niemandem nachvollzogen werden können. Entscheidend ist etwas anders: Das Geben und Nehmen von Gründen ist eine anthropologische Konstante. Es handelt sich um die Bedingung der Möglichkeit von menschlicher Gemeinschaft überhaupt. Zudem ist uns allen die zwingende Kraft logischer Schlüsse geläufig. X ist von hinten erdolcht worden. Y war nachweislich seit Tagen die einzige Person mit Kontakt zu X. Zu allen Zeiten, in allen Kulturkreisen und Religionsgemeinschaften wird Y verdächtigt werden. Rechnen, Schach spielen, elementare Logik: all dies ist an verschiedenen Stellen der Erde entwickelt worden und kann von jedem durchschnittlich begabten Mitglied der Menschheit beherrscht werden. Mehr noch: Sie beruhen auf fundamentalen Strukturen, die für das Denken der Gattung Mensch konstitutiv sind. Anders ausgedrückt:

In der Tradition Gottlob Freges wird zwischen Vorstellungen und Gedanken unterschieden. Vorstellungen sind Produkte des individuellen Bewusstseins und können von anderen nicht verlässlich reproduziert werden. Meine Vorstellung von einer Romanheldin wird sich stets von der Ihren unterscheiden. Gedanken hingegen sind die Manifestationen von identischen Einsichten, die von verschiedenen Subjekten zu unterschiedlichen Zeiten und wechselnden Orten hervorgebracht werden können. Beispiele wären die Funktionen des Rades, Arithmetik oder Kriterien für gerechtes Teilen. Wenn aber Gedanken im Sinne Freges existieren, dann besteht auch die Möglichkeit zur intersubjektiven und interkulturellen Verständigung.

Drittens gilt es zwischen der Genese und der Gültigkeit des ethischen Universalismus zu unterscheiden. Es handelt sich um zwei gänzlich verschiedene Kategorien. Ja, die Aufklärung entwickelte sich primär in Europa. Das bedeutet allerdings mitnichten, dass die gewonnenen Einsichten jenseits von Gibraltar ihre Gültigkeit verlieren. Zahlreiche Autoren, von Aristoteles über Leibniz bis Reichenbach, haben hinreichend belegt, dass die lokale und methodische Genese einer Erkenntnis von dessen Anspruch auf Gültigkeit zu unterscheiden ist. Der „Entdeckungszusammenhang" mag chaotisch, lokal oder zufällig gewesen sein. Entscheidend für den Wahrheitsanspruch bleibt der „Begründungs- bzw. Rechtfertigungszusammenhang". Wilhelm Conrad Röntgen entdeckte die nach ihm benannten *x-rays* oder Röntgenstrahlen durch eine zufällige Beobachtung. Ähnliches gilt für Alexander Flemming und die Entwicklung des Penicillins. Die Umstände der Entdeckung sind jedoch nur amüsante Anekdoten. Für die epistemische Relevanz ist entscheidend, dass die Prozesse verstanden, analysiert und erklärt wurden. Ein aktuelles Beispiel: Die CRISPR/Cas-Methode (engl. *Clustered Regularly Interspaced Short Palindromic Repeats*) wird unser aller Leben verändern. Nehmen wir einmal an, Emmanuelle Charpentier und Jennifer Doudna hätten diese Methode nicht im penibler Grundlagenforschung in Berlin und Kalifornien entwickelt, sondern zufällig und im betrunkenen Zustand im Labor eines chinesischen Kollegen in Peking entdeckt. Was würde das ändern? Wären die Ergebnisse unter diesen Rahmenbedingungen etwa unbrauchbar? Für die Beurteilung der technischen Machbarkeit und der normativen Implikationen ist nicht der Entdeckungszusammenhang, sondern der rationale Rechtfertigungszusammenhang ausschlaggebend. Zudem kommt wohl niemand auf die Idee zu behaupten, dass der Einsatz von CRISPR nur in Berlin, Kalifornien oder eben Peking möglich sei.

Zugegeben, normative Ansprüche wie Menschenrechte sind etwas Anderes als naturwissenschaftliche Prozesse. Dennoch gilt: Genese hat a priori keine Auswirkungen auf den Geltungsbereich. Wenn wir aber a posteriori argumentieren, dann sollten wir auch genauer hinsehen. An den Menschenrechten lässt sich dies gut verdeutlichen. Zunächst gilt, dass sich auch außereuropäische Wurzeln der Menschenrechte finden lassen. Der Kyros-Zylinder, die älteste uns bekannte Proklamation von Menschenrechtsideen, stammt bekanntlich aus Babylon.[37] Die Goldene Regel, die Grundidee von Fairness und Reziprozität, findet sich in nahezu allen Sprachen und Menschheitskulturen.[38] Sodann ist das Adjektiv „europäisch" oder „weiß" eine wahrlich grobe Verallgemeinerung. Die ersten Diskussionen um universale Menschenrechte verdanken wir der philosophischen Schule der Stoa. Zu diesem Zeitpunkt um 300 v. Chr. existierte keine europäische Identität und die Lebenswirklichkeit eines Germanen war von jener der Griechen ebenso weit entfernt, wie die der meisten anderen Erdenbewohner. Die Mentalität eines Ägypters oder einer Frau aus Babylon war jener der attischen Philosophen wahrscheinlich sogar näher als die unseres Germanen. Nach der oben vertretenen Logik wären Menschenrechte also nur griechisch, nein eigentlich nur athenisch.

Als fast 2000 Jahre später die Aufklärer der Moderne begannen für universelle und egalitäre Menschenrechte zu argumentieren, standen sie einem mächtigen Gegner gegenüber: dem organisierten Christentum. Es sollte nicht vergessen werden, dass die Menschenrechte gegen und nicht durch die Kirchen erkämpft wurden. Papst Pius VI. verurteilte offiziell die Erklärung der Menschen- und Bürgerrechte von 1789 aufgrund deren Unvereinbarkeit mit der christlichen Naturrechts-Lehre. Bischöfe wurden demonstrativ aus Frankreich abgezogen. Allerdings dürfte kaum bezweifelt werden, dass das Christentum zu den prägendsten Bestandteilen der europäischen Identität zählt. Nach der oben vertretenen Logik wären Aufklärung und Menschenrechte also antieuropäisch gewesen. Der Konflikt besteht übrigens fort: Bis heute hat der Vatikan die Menschenrechtscharta der Vereinten Nationen nicht unterzeichnet. Eine naheliegende Diagnose wäre, dass die europäische Identität einen gehörigen Anteil Schizophrenie in sich trägt. Ebenso naheliegend ist der Schluss, dass zwischen lokaler Genese und universalem Anspruch unterschieden werden muss. Die Genese der Aufklärung ist primär europäisch. Ihre Prinzipien sind es nicht.

Viertens sind die normativen Grundsätze der Aufklärung keine Bedrohung, sondern der einzig wirksame Schutz kultureller Vielfalt. Noch einmal:

---

37 Rykle Borger: Der Kyros-Zylinder. In: Otto Kaiser (Hrsg.): *Texte aus der Umwelt des Alten Testaments.* Band 1: *Alte Folge.* Gütersloher Verlagshaus, Gütersloh 1985. S. 407–410.

38 Heinz-Horst Schrey, Hans-Ulrich Hoche: Regel, goldene. In: Joachim Ritter, Karlfried Gründer (Hrsg.): *Historisches Wörterbuch der Philosophie. Band 8,* Schwabe & Co., Basel 1992. S. 450–464.

Unbestritten ist, dass unter dem Deckmantel von Aufklärung und Menschenrechten schlimmste Untaten und Übel begangen und verbreitet wurden. Ausbeutungsstrukturen aller Art, Dekadenz, die Zerstörung natürlicher Ressourcen: die Liste ist lang. Allerdings handelt es sich um eine unverschämte Tarnung und nicht um die Menschenrechte selbst. Wenn sich ein Trickbetrüger als Polizist ausgegeben hat, bleibt es dennoch falsch, die richtige Polizei fortzuschicken.

Der ethische Universalismus der Aufklärung ist das einzige zuverlässige Instrument, um die oben genannten Übel zu geißeln. Die Aussage, dass alles kulturrelativ sei und jeder doch machen solle, was er wolle, kommt einer Absolution für Unterdrückung und Grausamkeit gleich. Die Forderung nach universellen Menschenrechten, nach Selbstbestimmung und Freiheit bewirken hingegen einen Rechtfertigungszwang. Besonders Unterdrückern kam diese Anforderung stets ungelegen. Es ist daher wenig erstaunlich, dass die Werte der Aufklärung eine wichtige Rolle im Prozess der De-Kolonialisierung gespielt haben.[39]

Darüber hinaus haben Autoren wie John Rawls oder Otfried Höffe überzeugend dargelegt, dass die Menschenrechte nicht nur interkulturell verstanden, sondern auch interkulturell gewollt werden.

John Rawls verdanken wir eines der bekanntesten Gedankenexperimente der Geistesgeschichte, den *Veil of Ignorance* oder *Schleier des Nichtwissens*.[40] Nehmen wir an, wir alle werden morgen neu geboren. Wir wissen nichts über unsere zukünftige Identität. Wir können alt oder jung, gesund oder krank, klug oder förderbedürftig, weiblich oder männlich sein. Auch über unseren sozialen Stand, Einkommensmöglichkeiten und alles andere ist nichts bekannt. Allerdings haben wir jetzt die Gelegenheit, die Regeln der zukünftigen Gesellschaft festzulegen. Nach Rawls ist jeder Teilnehmer an diesem Gedankenexperiment dazu gezwungen, von seiner konkreten Konzeption des Guten zu abstrahieren. Vielleicht habe ich bisher die Regeln meiner rassistischen und frauenfeindlichen Gesellschaft nicht hinterfragt. Kann ich diese Regeln aber auch für die Welt von Morgen wünschen, wenn die Option besteht, dass ich als farbige Frau wiedergeboren werde? Vielleicht habe ich bisher mein Privileg als Millionenerbe fraglos genossen. Werde ich aber auch morgen gegen eine Erbschaftssteuer sein, wenn die Möglichkeit besteht, dass ich auf staatliche Sozialleistungen angewiesen bin? Sofern die Regeln für die zukünftige Gesellschaft kollektiv entschieden werden, entsteht eine herrschaftsfreie

---

39 Steven Jensen: *The Making of International Human Rights: The 1960s, Decolonization, and the Reconstruction of Global Values*, Cambridge University Press, Cambridge 2016. S. 334 ff.

40 John Rawls: *A Theory of Justice*. Harvard University Press, Cambridge 1971. S. 118 ff.

Diskursgemeinschaft. Schon aus strategischem Eigeninteresse ist jeder an allen Meinungen, Perspektiven und Informationen interessiert. Idealistisch gesprochen entstehen durch den *Veil of Ignorance* intelligible Persönlichkeiten im Sinne Kants und eine Gesetzgebung „der reinen praktischen Vernunft".[41] Etwas nüchterner ließe sich ein notwendig aufgeklärtes Eigeninteresse[42] diagnostizieren.

Für unseren Zusammenhang sind vor allem zwei Aspekte von Bedeutung. Zum einen gilt: Wenn alle Menschen aus allen Kulturen der Erde das Gedankenexperiment verstehen und durchführen können, dann ist rationale Abstraktion auch in Fragen der Ethik kein europäisches Spezifikum, sondern eine anthropologische Konstante. Zum anderen beschreiben die hinter dem Schleier des Nichtwissens beschlossenen Regeln universelle Gerechtigkeit. Nach Rawls beschließen Menschen hinter dem *Veil of Ignorance* übrigens als erstes für jedermann ein gleiches Recht auf das umfangreichste System gleicher Grundfreiheiten, das mit dem gleichen System für alle anderen verträglich ist[43]. Zu diesem Freiheitsprinzip gehören nach Rawls vor allem die Unverletzlichkeit der Person, der Schutz vor Willkür, das Recht auf politische Partizipation, sowie Rede-, Gedanken-, Gewissens- und Versammlungsfreiheit. Kurz: Die Teilnehmer am Gedankenexperiment vertreten die Prinzipien der Aufklärung. Sie beschließen die Menschenrechte.

Ottfried Höffe baut seine Verteidigung des ethischen Universalismus und der Menschenrechte auf einem anthropologischen Minimalismus auf. Unabhängig davon, wie unterschiedlich unsere individuellen Lebensentwürfe sein mögen, wir können uns darauf einigen, dass wir alle leibliche, rationale, soziale und politische Wesen sind. Die Berücksichtigung der daraus resultierenden Grundbedürfnisse ergibt noch keine spezielle Konzeption des guten Lebens. Vielmehr handelt es sich um die notwendigen Bedingungen der Möglichkeit von wünschenswertem Leben überhaupt.

„Als transzendental ist das anzusprechen, was man bereits implizit bejaht, insofern man schon immer will, wenn man irgendetwas will; transzendental heißt die Bedingung dafür, dass man gewöhnliche Interessen überhaupt haben und verfolgen kann."[44]

---

41 Kant: AA V, S. 33.

42 Stefan Gosepath: *Aufgeklärtes Eigeninteresse – Eine Theorie theoretischer und praktischer Rationalität*. Suhrkamp, Frankfurt am Main 1992.

43 „Each person is to have an equal right to the most extensive total system of equal basic liberties compatible with a similar system of liberty for all", Rawls 1971, S. 266.

44 Vgl.: Otfried Höffe: Menschenrechte. In: Ders. (Hrsg.), *Vernunft und Recht. Bausteine zu einem interkulturellen Rechtsdiskurs*. Suhrkamp, Berlin 1996. S. 77.

Um die eigenen Vorstellungen eines gelungenen Lebens praktizieren zu können, bedarf es der Handlungsfähigkeit. Handlungsfähigkeit ist aber nur möglich, wenn die oben genannten Grundbedürfnisse geschützt sind. Wer hier zustimmt und gleichzeitig zu einem Minimum an Wechselseitigkeit bereit ist, kommt zu der Einsicht, dass Menschen sich wechselseitig die Unversehrtheit der Grundbedürfnisse versprechen sollten. Höffe spricht von einem transzendentalen Tausch. Die Menschenrechte sind genau das.

Anders ausgedrückt: Um selbstbestimmt sein zu können, um die eigene Kultur oder die eigene Vorstellung eines gelungenen Lebens praktizieren zu können, bedarf es der Handlungsfähigkeit. Die Missachtung unserer leiblichen, sozialen, rationalen und politischen Grundbedürfnisse zerstört diese Handlungsfähigkeit. Menschenrechte schützen die Grundbedürfnisse. Ergo schützen sie unsere Handlungsfähigkeit. Ergo: wer anders sein will, will ethischen Universalismus, will Menschenrechte.

Es gilt zu verstehen, „dass es zum Stammesdenken nur eine Alternative gibt: Universalismus."[45]

2.5 Rassismus: Trotz, nicht durch die Aufklärung

Eigentlich ist die Sache ganz einfach. Aufklärung fordert kritisches Denken und verlangt nur das zu akzeptieren, was wissenschaftlichen Standards genügt. Rassismus als normatives Konzept ist eine Ideologie ohne jede wissenschaftliche Legitimation. Aufklärung ist daher keine Ursache von Rassismus, sondern deren wirkungsmächtigste Prävention. Zudem darf Aufklärung nicht als Synonym für alle Phänomene der Neuzeit verstanden werden (vgl. Kapitel 3.1). Der Wissensdrang der Aufklärung wirkte wie ein Katalysator auf moralische und juristische Befreiungsbewegungen, ebenso wie auf technische Innovationen. Letztere bereitete auch den Boden für die europäische Expansion und die Unterdrückung anderer Völker. Aufklärung ist jedoch weder mit diesen Phänomenen identisch, noch für deren Übergriffe verantwortlich. Selbiges gilt für die unerfreuliche Tatsache, dass die Wissenschaftsgeschichte voller Beispiele für eine fehlgeleitete Vernunft und für ideologische Verirrungen sind. Diese Einsicht wird auch dadurch nicht relativiert, dass zahlreiche Repräsentanten der Aufklärung rassistische Äußerungen getätigt haben. Eine heilsame Medizin wird nicht dadurch schlecht, dass ihre Erfinder selbst erkrankt waren.

---

45 Susan Neiman: Widerstand der Vernunft. Ein Manifest in postfaktischen Zeiten. Ecowin, Salzburg 2017. S. 57.

2020 entbrannte in Deutschland eine Debatte darüber, ob die Denkmäler für Immanuel Kant abzubauen wären. Hintergrund war eine erhöhte Sensibilität für rassistische Traditionen und Strukturen, welche sich an amerikanischen Vorbildern orientierte. Zusammen mit vielen anderen Vorfällen hatte die verstörende Polizeigewalt gegen George Floyd erneut verdeutlicht, wie tief Rassismus auch in angeblich nach Aufklärungsprinzipien organisierten Gesellschaften verwurzelt ist. Das Entsetzen schärfte das Bewusstsein für die Repräsentation im öffentlichen Raum. In der Tat sind heroische Darstellungen von Sklavenhändlern oder Südstaatengenerälen auf amerikanischen Plätzen ähnlich schwer verständlich wie Wehrmachtsgeneräle als Namensgeber von Bundeswehrkasernen. Abbau oder Umwandlung sind geboten. Allerdings verlangt jede Reform des öffentlichen Raums der Differenzierung, der Kritik und Selbstkritik. Claus Philipp Maria Schenk Graf von Stauffenberg war ein Wehrmachtsgeneral und ein leidenschaftlicher Nationalist[46], aber eben auch der Hitlerattentäter des 20 Juli 1944. Thomas Jefferson war Sklavenhalter, aber eben auch der Verfasser der Unabhängigkeitserklärung, die nach Jeffersons eigenem Urteil Sklaverei als Übel entlarvte. Wer hier keinen Anlass zur Differenzierung sieht, gerät in einen Bildersturm, der von jenen dumpfen Motiven gespeißt wird, die eigentlich überwunden werden sollten.

Auch um Immanuel Kant, die Ikone der Aufklärung, ist eine Rassismusdebatte entbrannt.[47] Der Fall ist daher besonders geeignet, um für eine differenzierte Betrachtung der Problematik zu werben.

Drei Fragen bedürfen der Klärung: 1. Sind Teile der kantischen Schriften als rassistisch zu bewerten? 2. Ist Kant als Person und die kantische Philosophie in Gänze als rassistisch anzusehen? 3. Welche Konsequenzen sind für die Denkmalpflege oder die Gestaltung des Bildungskanons zu ziehen?

Beginnen wir mit dem ersten Fragekomplex.

Insbesondere die Mitschriften zu Kants Vorlesung über Anthropologie sind ein unerfreulicher Fundus:

> Die Menschheit ist in ihrer größten Vollkommenheit in der Rasse der Weißen. Die gelben Indianer haben schon ein geringeres Talent. Die Neger sind weit tiefer, und am tiefsten steht ein Teil der amerikanischen Völkerschaften.[48]

---

46 Wolfgang Venohr: *Stauffenberg: Symbol des Widerstands*. 3. Auflage. Herbig, München 2000. S. 278.

47 Vgl.: https://www.bbaw.de/mediathek/archiv-2020/kant-ein-rassist-interdisziplinaere-diskussionsreihe [Letzter Aufruf 15.08.2022].

48 Kant: AA IX, S. 312.

Wenn das kein Rassismus ist, was dann? Alle Versuche, zu verteidigen oder zu relativieren, stehen auf tönernen Füßen.

Es ließe sich anführen, dass Kant in seinen anthropologischen Ausführungen nicht beansprucht, gesicherte Erkenntnisse zu präsentieren, sondern darauf hinweist, nur den damaligen Stand der Forschung zusammenzufassen. Tatsächlich wurden den Studierenden allerlei skurrile Absurditäten vermittelt: „Die Neger werden weiß geboren außer ihren Zeugungsgliedern und einem Ringe um den Nabel, die schwarz sind. Von diesen Theilen aus zieht sich die Schwärze im ersten Monate über den ganzen Körper."[49] Hinzu kommt, dass viele Aussagen einer Vorlesung aus dem Jahre 1772 entstammen und somit neun Jahre vor der Erstausgabe der *Kritik der reinen Vernunft* und dem Beginn der Kritischen Philosophie datiert sind. In gedruckter Form wurde die Vorlesung erst 1802 von Friedrich Theodor Rink auf der Basis von Notizen und Mitschriften herausgegeben. Kant starb knapp zwei Jahre später und hat zu diesem Zeitpunkt nicht mehr publiziert und wohl auch nicht mehr lektoriert. Bereits ab 1801 war Ehregott Andreas Christoph Wasianski mit der Verwaltung und Ausräumung von Kants Arbeitszimmer betraut worden.

Leider vermögen diese Einwände nur bedingt zu überzeugen. Kant hat nicht nur den Abdruck seiner angeblichen Zitate genehmigt, er verzichtete auch auf Kommentar oder Klarstellung. Zudem sprechen auch besser dokumentierte Frühwerke wie *Von den verschiedenen Rassen der Menschen* von 1775 oder *Beobachtungen über das Gefühl des Schönen und Erhabenen* von 1764 eine ähnliche Sprache. In Letztgenannter wird schwarzen Afrikanern jedes „Gefühl, welches über das Läppische stiege" abgesprochen.[50] Es besteht also kein Anlass von einer vereinzelten intellektuellen Eskapade zu sprechen. 1785, die Kritik der reinen Vernunft war bereits seit vier Jahren erschienen, bediente Kant die angesehene Berlinische Monatsschrift mit einer weiteren Abhandlung über Menschenrassen.[51] Die Behauptung, der Beginn der Transzendentalphilosophie habe jede rassistische Terminologie umgehend beendet, entspricht bedauerlicher Weise nicht der Quellenlage. 1788 erschien nicht nur die *Kritik der praktischen Vernunft*, sondern auch die Schrift „Über den Gebrauch teleologischer Principien in der Philosophie", in welcher die indigenen Völker Amerikas als unfähig für jede „Cultur" klassifiziert werden. Da hilft es wenig, wenn Kant auch den biologischen Zusammenhang zwischen Anlage, Isolation und Anpassung erläutert und in erstaunlicher Weise vielen Aspekten

---

49 Ebd.

50 Kant: AA II, S. 253.

51 Kant: Bestimmung des Begriffs einer Menschenrace. In: *Berlinische Monatsschrift* 06 (November 1785). S. 390–417.

der darwinschen Lehre vorausgreift. Der Begriff der *Race* entspricht in diesen Passagen einer naturwissenschaftlichen Beschreibung von Phänotypen und Kant ergänzt, dass „die Menschen nicht bloß zu einer und derselben Gattung, sondern auch zu einer Familie“[52] gehören. Allerdings ist das Rassismus- Problem damit nicht gelöst. Wer der Prämisse einer gemeinsamen Abstammung und eines gemeinsamen Telos zustimmt, kann dennoch unterschiedliche Wertigkeiten von Individuen und Gruppen proklamieren. Selbst wenn als Ziel der Geschichte eine republikanische Völkerfamilie angenommen wird, muss daraus keine Gleichwertigkeit aller aktuellen menschlichen Erscheinungen und Lebensformen resultieren. Sofern die unterschiedlichen Progressionen nicht als kulturelle oder historische Epochen, sondern als Ausdruck geistiger und mentaler Fähigkeiten der jeweiligen Bevölkerung definiert werden, entstehen rassistische Muster. Die Unfähigkeit zur Kultur wird als kollektive Eigenart einer geographisch und phänotypisch definierten Menschengruppe zugeschrieben. Genau das nennt man Rassismus.

Ebenfalls von geringer Überzeugungskraft sind Argumentationen, die Kant als Kind seiner Zeit entschuldigen. Natürlich, Kant war ein Zeitgenosse von James Cook. Die wertschätzende Erforschung anderer Völker und Kulturen war Mangelware. Humboldt kehrte erst im Todesjahr Kants nach Europa zurück. Heinrich Barth wurde erst 17 Jahre später geboren. Selbst in der Hafenstadt Königsberg könnte Kant niemals einem Menschen mit dunkler Hautfarbe begegnet sein.

Na und? Von einem geistigen Titan wie Kant darf beileibe mehr erwartet werden. Er hätte es besser wissen und lehren können. Unwissenschaftliche Berichte lassen sich auch dann entlarven, wenn sie nicht mit eigenen Erfahrungen abgeglichen werden können. Zudem standen alternative Deutungen zur Verfügung, alternative Sichtweisen waren zugänglich. Rousseau, dessen Portrait als einziges in Kants Arbeitszimmer hing, hat bekanntlich ein vielleicht naives, aber positives Bild vom ‚Edlen Wilden‘ gezeichnet und dabei keine rassistischen Unterscheidungen gepflegt („Der Wilde lebt in sich selbst, der zivilisierte Mensch, immer außerhalb seiner selbst, lebt nur in der Meinung der anderen, und es ist, um es so zu formulieren, ausschließlich ihr Urteil, aus welchem er das Gefühl für seine eigene Existenz bezieht“).[53] Christian Wolff, den Kant als „den großen Wolf“ verehrte, hatte bereits 1721 in seiner *Rede über*

52 Kant: AA II, S. 430.

53 „[L]e sauvage vit en lui-même; l’homme sociable, toujours hors de lui, ne sait vivre que dans l’opinion des autres, et c’est, pour ainsi dire, de leur seul jugement qu’il tire le sentiment de sa propre existence“, Jean-Jaques Rousseau: Discours sur l’origine et les fondemens de l’inegalité parmi les hommes. 1755. S. 181.

die praktische Philosophie der Chinesen[54] an der Universität Halle einen Skandal ausgelöst. Zentral war die Behauptung, dass die chinesische Gesellschaft, obwohl heidnisch, dem christlichen Europa mindestens ebenbürtig sei. Kant hätte auch von Anton Wilhelm Amo hören und vielleicht auch lesen können. Amo war 1700 auf dem Gebiet des heutigen Ghana geboren worden und lehrte als Philosoph der Aufklärung an den Universitäten Halle, Wittenberg und Jena. An der Universität Halle stellte er 1729 unter anderem seine Streitschrift über die *Rechtsstellung der Mohren in Europa*[55] vor. Ja, Kant hätte es besser wissen sollen.

Allerdings hat sich die zweite Frage damit nicht erledigt. Ist Kant als Person und die kantische Philosophie in Gänze als rassistisch anzusehen? Mindestens zwei Aspekte verdienen Berücksichtigung: Der Erste ist die Notwendigkeit der Kontextualisierung. Der Begriff des Rassismus dürfte Kant unbekannt gewesen sein, und die Klassifizierung von Menschenarten konnten nicht mit den Schrecken des zwanzigsten Jahrhunderts in Verbindung gebracht werden. Zudem zeigt die Mikroanalyse der Schriften, dass Kant den Wahrheitsanspruch seiner problematischen Aussagen wiederholt relativiert, und betont, dass für sie nur eine „leidliche Richtigkeit könne verlangt werden".[56] Ebenso wird der Eindruck stereotyper Vorurteile bezüglich aller Vertreter eines Phänotyps gestört. Dies geschieht etwa, wenn Kant die First Nations Kanadas als Spartaner der neuen Welt mit „erhabenen Gemüthscharakter"[57] beschreibt.

Der zweite Aspekt wiegt wesentlich schwerer und betrifft das Wesen und die Systematik des kantischen Gesamtwerkes.

Gleich zu Beginn ist festzuhalten, dass Kants philosophischer Kosmos um die Möglichkeit und Bedeutung synthetischer Sätze a priori kreist. Erfahrungswissenschaften, wie Ethologie oder Biologie, präsentieren hingegen Beobachtungen und Schlüsse a posteriori, die nach Kants Verständnis immer wieder falsifiziert und verifiziert werden müssen. Besonders wichtig ist auch, dass der Begriff der „Race" ohne jede systematische Funktion für das kantische Hauptwerk ist. In den drei Großen Kritiken wird dieser Begriff, laut Eisler Kantlexikon, kein einziges Mal verwendet. Noch wichtiger ist indes etwas Anderes:

Warum verurteilen wir heute die Diskriminierung, den Missbrauch und die Erniedrigung von Menschen? Weil Menschen eine Würde und keinen

---

54 Vgl. Christian Wolff, Michael Albrecht (Übers.): Oratio de sinarum philosophia practica – Rede über die praktische Philosophie der Chinesen. Meiner Verlag, Hamburg 1985.

55 Diese Schrift gilt als verloren. Ein zeitgenössischer Hinweis auf ihren Inhalt findet sich in: Wöchentliche Hallische Frage- und Anzeigungs-Nachrichten. 28. November 1729. S. 271–274.

56 Kant AA II, S. 244.

57 Kant AA II, S. 252.

Preis besitzen.[58] Jedes Wesen, dass Kraft seiner Vernunft zwischen Sein und Sollen zu unterscheiden vermag, ist Träger einer zwar nur potenziellen, aber absoluten Freiheit zum Guten. Als *causa noumenon* vermag der Mensch sich über die Determination seiner Triebe, sowie über seine Prägungen und Vorurteile zu erheben und das moralisch Gebotene zu erkennen und zu befolgen. Diese Würde ist unter allen Umständen zu achten, weshalb es kategorisch verboten bleibt, einen Menschen als reines Mittel zum Zweck zu missbrauchen. „Handle so, dass du die Menschheit sowohl in deiner Person, als in der Person eines jeden anderen jederzeit zugleich als Zweck, niemals bloß als Mittel brauchst."[59]

Der letzte Absatz mag pathetisch klingen, aber diese Ableitung bildet das kohärenteste Bollwerk gegen Rassismus und Unterdrückung überhaupt – und sie stammt von Immanuel Kant. Es handelt sich nicht um Glaubenssätze, sondern um eine über Jahrzehnte streng wissenschaftlich entwickelte Systematik. Die dümmlichen und rassistischen Äußerungen aus verschiedenen, kleinen Schriften stehen also im krassen Gegensatz zu jener kategorischen Verteidigung der Menschenwürde, die Kant in seinen Hauptwerken entwickelt.

In seiner wichtigen Abhandlung *Kant's Untermenschen* argumentiert Charles W. Mills, dass Kant nur Weiße als Personen angesehen habe, weshalb der Schutz der Menschenwürde für andere „Rassen" entfalle.[60] Alice Hasters konnte ergänzen: „Die Idee des Menschen, der nur durch Wissen zu seiner Vollkommenheit gelangen konnte, funktionierte bei Kant über Abgrenzung. Die Weißen waren klug, weil die Schwarzen es nicht waren. [...] Klingt meines Erachtens nach nämlich nicht so sehr nach Menschenfreund, Friede und Fortschritt"[61].

Allerdings enthält das kantische Hauptwerk keine einzige entsprechende Formulierung. Vielmehr werden moralische Kategorien wie Würde, Verantwortung, Bürger- und Weltbürgerrechte explizit der gesamten Menschheit als einer „Species vernünftiger Erdwesen"[62] zugeschrieben. Dies anzuerkennen, ist ein Gebot der analytischen und der hermeneutischen Fairness.

58 Kant AA IV, S. 434–441.

59 Kant: AA IV, S. 429.

60 Charles W. Mills: Kant's Untermenschen. In: *Race and Racism in Modern Philosophy*. 2001. S. 169–193.

61 Alice Hasters: *Was weisse Menschen nicht über Rassismus hören wollen aber wissen sollten.* hanserblau, München 2020. S. 55.

62 Kant: AA VII, S. 331.

> Nun sage ich: der Mensch und überhaupt jedes vernünftige Wesen existiert als Zweck an sich selbst, nicht bloß als Mittel zum beliebigen Gebrauche für diesen oder jenen Willen, sondern muß in allen seinen sowohl auf sich selbst, als auch auf andere vernünftige Wesen gerichteten Handlungen jederzeit zugleich als Zweck betrachtet werden.[63]

An dieser Stelle kann auch die Frage nach Kants persönlichen Überzeugungen in die Überlegung einbezogen werden. Die Konsequenzen, die Kant aus seinen Hauptwerken zog, prägen die moralischen und politischen Forderungen seiner Spätschriften. Es ist kaum vorstellbar, dass persönliche rassistische Vorurteile von diesem Rigorismus verschont geblieben sind.

Eine pauschale Absolution kann und soll indes nicht erteilt werden. Zu oft hat Kant unerträglichen und gefährlichen Unsinn geschrieben. Man denke nur an seine Bewertungen von Homosexualität.[64] Auch rassistische Abstufungen sind durch ethischen Universalismus nicht sofort verschwunden. Wer allen Menschen eine Würde zugesteht, kann dennoch Abstufungen in Begabungen und Tugenden diagnostizieren. Mit Blick auf individuelle Charaktermerkmale handelt es sich um die unproblematische Feststellung von Realitäten. Werden indes gruppenspezifische Merkmale konstruiert schleicht sich der gerade erst verdrängte biologische Rassismus als kultureller Chauvinismus durch die Hintertür zurück. Ein rigoroser Universalismus kantischer Prägung lässt dafür allerdings kaum Spielräume. Alle Mitglieder der menschlichen Gattung haben eine Würde, keinen Preis. Da die Würde nicht ermessen oder abgewogen werden kann, sind auch alle Abstufungen menschlicher Wertigkeit hinfällig. Rassismus, verstanden als normative Hierarchisierung von Menschen aufgrund der realen oder konstruierten Zugehörigkeit zu einer Gruppe, ist mit einem konsequenten ethischen Universalismus kantischer Prägung unvereinbar. Die Stärke dieser Einsicht wird auch dadurch nicht relativiert, dass Kant selbst wiederholt hinter seiner eigenen Theorie zurückblieb.

Nach Pauline Kleingeld bestand eine offensichtliche Inkonsistenz zwischen Kants ethischem Universalismus und seinen persönlichen Vorurteilen. Gleichwohl habe die Rigorosität des ethischen Universalismus nach und nach den Sieg davongetragen.[65] Der Begriff der „Race" wurde von Kant, ebenso wie von den meisten seiner Zeitgenossen, weiterhin verwendet. Eine normative Hierarchie ist ab 1790 aber nicht mehr zu finden. In der Spätschrift von

63 Kant: AA IV, S. 428.

64 Kant: AA VI, S. 333.

65 Kleingeld, Pauline (2007): Kant's Second Thought on Race. In: *The Philosophical Quarterly*, Vol. 57, Ausgabe 229. S. 573–592.

Anthropologie in pragmatischer Hinsicht von 1798, einer Schrift von über 200 Seiten, findet sich nur eine knappe Seite über die Rassen. Auf dieser ist zu lesen, dass Gruppen und Rassen einander nicht immer ähnlicher würden, sondern dass die Natur „Vorrath genug in sich“[66] trüge, um immer neue Individuen zu erschaffen. Dafür aber betont Kant sowohl in der Vorrede, als auch in der längeren Abhandlung über die Gattung, dass die gesamte Menschheit „als mit Vernunftfähigkeit begabtes Thier (*animal rationabile*)“[67] mit technischen, kooperativen und moralischen Fähigkeiten zu verstehen sei.

1795, neun Jahre vor Kants Ableben, erschien die Schrift *Zum ewigen Frieden*. Von defizitären Rassen ist hier nichts mehr zu lesen. Vielmehr formuliert Kant scharfe Kritik an Ausbeutung und Kolonialismus und vertritt ein republikanisches Selbstbestimmungsrecht für alle Völker, sowie ein Weltbürgerrecht.[68] Die Rede ist von einer „Gesellschaft von Menschen, über die Niemand anders, als er selbst, zu gebieten und disponiren hat“.[69]

So mancher Kolonialist hat versucht, sich diesem ethischen Universalismus durch pseudowissenschaftliche Rassentheorien zu entziehen, indem beispielsweise Afrikaner für nicht vernunftbegabt erklärt wurden. Manches dümmliche Zitat mag Kant dabei geholfen haben. Der späte Kant lässt an der Unzulässigkeit derartiger Überlegungen indes keinen Zweifel. Dies gilt für rassistische Kategorisierung ebenso, wie für Ausbeutung oder pseudopaternalistische Bevormundung.

> Ich gestehe, daß ich mich in den Ausdruck, dessen sich auch wohl kluge Männer bedienen, nicht wohl finden kann: Ein gewisses Volk (was in der Bearbeitung einer gesetzlichen Freiheit begriffen ist) ist zur Freiheit nicht reif; die Leibeigenen eines Gutseigentümers sind zur Freiheit noch nicht reif; und so auch, die Menschen überhaupt sind zur Glaubensfreiheit noch nicht reif. Nach einer solchen Voraussetzung aber wird die Freiheit nie eintreten; denn man kann zu dieser nicht reifen, wenn man nicht zuvor in Freiheit gesetzt worden ist (man muß frei sein, um sich seiner Kräfte in der Freiheit zweckmäßig bedienen zu können).[70]

Die Systematik seines Gesamtwerkes hat nicht nur Kant selbst kuriert, es handelt sich um die vielleicht kohärenteste Ableitung ethischen Universalismus. Eine Lehre, die verhaftete. Kultursensible Anthropologen, wie Alexander von Humboldt oder Heinrich Barth, bezeichneten Kant schlicht als „den großen

66 Kant: AA VII, S. 321.
67 Ebd.
68 Vgl.: Kant: AA VIII, S. 360.
69 Kant: AA VIII, S. 344.
70 Kant: AA VI, S. 188.

Geist"[71] und bedienten sich in ihren Urteilen über Sklaverei und Kolonialismus eindeutig kantischen Kriterien.

Das philosophische System Kants als rassistisch zu bezeichnen, entbehrt also einer kohärenten Rechtfertigung. Vielmehr spricht vieles dafür, dass von einer unverzichtbaren Grundlage des Antirassismus zu sprechen gewagt werden kann.

Zur dritten Frage: Welche Konsequenzen können für Lehrpläne oder Denkmalspflege gezogen werden?

Heroisierungen und Idealisierungen sind unangemessen und entfalten selten positive Wirkungen. In jedem Fall widersprechen Sie dem aufklärerischen Appell zum kritischen Denken, dessen leidenschaftlichster Fürsprecher Kant selbst gewesen ist. Zum historischen Kant gehören allerlei skurrile Anekdoten, die in Vergessenheit geraten dürfen. Bei einer dieser Anekdoten handelt es sich zum Beispiel um die Überzeugung, dass man Motten durch das Unterlassen von Lüften loswerden könne. Die Erinnerung daran, dass einer der geistigen Urväter der Aufklärung, des ethischen Universalismus, der Menschenrechte und des Völkerrechts rassistische Vorurteile besaß, muss hingegen wachgehalten werden. Selbiges gilt für die Einsicht, dass er diesen gefährlichen Unsinn Kraft seines Verstandes zu reduzieren vermochte. Es gilt also, das Wissen um Kant zu erweitern, ohne seine Errungenschaften zu diskreditieren. Eine Entfernung aus dem philosophischen Kanon wäre indes fatal. Eine rettende Medizin bleibt auch dann wertvoll, wenn ihr Erfinder zunächst selbst erkrankte. Über Kant als Person mag nun urteilen wer wolle. Seine persönliche Abwendung von rassistischen Vorurteilen bleibt in ihrer zähen Langwierigkeit enttäuschend. Aber: sie war final erfolgreich. Ja, Kant war Rassist, aber er ist es nicht geblieben.

Wem das nicht genügt und wer daher die Demontage von Kant-Denkmälern fordert, der sollte auch Denkmäler zu Ehren von Hans und Sophie Scholl ablehnen. Immerhin waren beide vor ihrem heroischen Einsatz in der Weißen Rose glühende Anhänger des Nationalsozialismus. Erst die Erfahrungen mit der totalitären Lebenswelt, mit Krieg und Kriegsverbrechen, sowie das Studium der Philosophie bewirkten ein Umdenken.

Wird all dies berücksichtigt, so taugen Denkmäler von Kant als Repräsentant des ethischen Universalismus und weniger als Gegenstand, denn als Sammelpunkt für antirassistische Demonstrationen. Sie erinnern an den Schöpfer einer der wichtigsten Begründungen universeller Menschenrechte und an einen alten weißen Mann, der Kraft seines Geistes unwissenschaftliche

71 Vgl.: Eberhard Knobloch: Naturgenuss und Weltgemälde. Gedanken zu Humboldts Kosmos. In: *Internationale Zeitschrift für Humboldtstudien* 5, 09. 2004. S. 30–43.

und unmoralische Vorurteile überwand. Gleich daneben ließe sich ein Denkmal für Anton Wilhelm Amo errichten.[72] Er hätte sich in der Gesellschaft des späten Kants sicher sehr wohlgefühlt.

Ihre gemeinsame Botschaft lautet: „Rassismus ist heilbar!".

2.6 Alternativen: Möglich, aber inhuman

Wie bereits verdeutlicht, vertritt die Aufklärung einen kritischen Realismus. Tatsachen existieren. Es gibt Dinge an sich selbst. Allein unsere Wahrnehmung, die Kategorien unseres Denkens und die Strukturen unserer Sprache können zu mannigfaltigen Verzerrungen und Interpretationen führen. Selbstkritik ist geboten. Gleichwohl gilt: Tatsachen sind schwer zu entdecken und noch schwerer zu beweisen. Aber sie existieren.

Konstruktivismus, Postmoderne und Kulturrelativismus gingen aus der Selbstkritik der Aufklärung hervor und entwickeln eine erstaunliche Dynamik. Es handelt sich um Ideen, die aus dem philosophischen Gedankenlabor entwichen sind und aufgrund ihrer Exotik eine Anziehungskraft und Verbreitung erreichten, die ihnen bei nüchterner Betrachtung nicht zusteht. Nach diesen Theorien existieren keine Tatsachen, alles ist nur Ergebnis einer individuellen oder kollektiven Konstruktion. Es gibt auch keine objektiven Maßstäbe für ein Mehr oder ein Weniger an Objektivität. Alles ist nur relativ zu einem willkürlich gesetzten Bezugssystem. Wissenschaftsorientierung ist eine genauso willkürliche Metaerzählung wie Religion. Kulturen sind nur nach ihren eigenen Maßstäben und Kriterien bewertbar. Sie können und dürfen nicht verglichen werden.

Auf den ersten Blick entsteht die Illusion vorbildlicher Toleranz und vollumfänglicher Akzeptanz des Anderen. Dies mag auch der Grund dafür sein, dass sich diese Konzeptionen so hartnäckig in Linksintellektuellen Kreisen festgesetzt haben. Leider bleibt meist unbemerkt, dass damit Postfaktizität, Identitätswahn, Kulturkampf und einem absurden Toleranzverständnis Tür und Tor geöffnet wird. Wie oben gezeigt, sind die Prämissen der Aufklärung nicht selbstevident. Alternative Deutungen sind durchaus möglich. Wer Konstruktivismus, Postmoderne und Kulturrelativismus das Wort redet, sollte

72 In Berlin wurde immerhin die „Mohrengasse" nach Amo umbenannt. Erstgenannte verdankt ihren Namen übrigens den farbigen Musikern, die der „Soldatenkönig" Friedrich der I dort ansiedelte. Kant hätte also nur Königsberg verlassen müssen um echte Begegnungen mit schwarzen Zeitgenossen zu haben.

allerdings realisieren, dass deren Auswirkungen für demokratische Rechtsstaatlichkeit, Frieden und Toleranz toxisch sind.[73]

Beginnen wir mit den Folgen für demokratische Rechtsstaatlichkeit. Konstruktivismus, Postmoderne und Kulturrelativismus kultivieren eine Geisteshaltung, die sich von Objektivität und rationaler Rechtfertigung verabschiedet. Folgerichtig kann es auch keine objektiven Kriterien zur Beurteilung von Macht und Herrschaft geben. Eine zentrale Errungenschaft der Aufklärung, nämlich die Unterscheidung von legitimer Staatsgewalt und Tyrannei auf der Basis interkultureller Rechtfertigung, wird damit hinfällig. Die von Hobbes begründete Tradition der Vertragstheorie, die über zunehmend ausdifferenzierte Gewaltenteilung bis zu den Vereinten Nationen führte (vgl. Kapitel 2), beruht auf dem Kriterium rationaler Rechtfertigung. Wie oben bereits erwähnt, setzt die Grundsatzkritik von Michel Foucault genau hier an. In einem viel zitierten Interview wird jede Manifestation von Macht und Herrschaft unter Generalverdacht gestellt: „Isn't power a form of warlike domination? Shouldn't one therefore conceive of all problems of power in terms of relations of war? Isn't power a sort of generalized war that, at particular moments, assumes the forms of peace and the state? Peace would then be a form of war, and the state a means of waging it."[74]

Zweifelsohne: dialektische Sprachkonstruktionen sind sehr beeindruckend. Wer nun aber die generelle Diskreditierung jeder Macht bejubelt, sollte sich einige Gegenfragen gefallen lassen: Kann nicht auch ein rhetorisch brillanter Kaiser argumentativ nackt sein? Welchen intellektuellen Wert hat es, Frieden als eine Form des Krieges zu bezeichnen? Ist es nicht eindeutiger und ergiebiger zu fragen, welche Kriterien ein Phänomen erfüllen muss, um die Bezeichnung Frieden zu verdienen? Haben wir nicht gute Gründe um zwischen ziviler Rechtsstaatlichkeit, Gewaltherrschaft und Krieg zu unterscheiden? Mit welchem Argument wird etwa die Differenzierung von Hannah Arendt zwischen legitimer Ermächtigung und Gewalt im Sinne von Überwältigung hinfällig?[75] Besteht nicht die Gefahr, dass die Kritik jeder Form von Macht letztlich keine mehr trifft oder verändert?

Wenn alles Konstruktion ist, dann ist es auch nur konsequent von alternativen Fakten zu sprechen. Noch konsequenter wäre es, Begriffe wie Tatsache,

---

73 Vgl.: Markus Tiedemann, Constanze Tinawi: *Verzerrtes Normalitätsempfinden und toxische Toleranz*. Bundeszentrale für politische Bildung, 2021: https://www.bpb.de/themen/islamismus/dossier-islamismus/343155/verzerrtes-normalitaetsempfinden-und-toxische-toleranz/ [Letzter Aufruf 24.06.2022].

74 Michel Foucault: Truth and Power. In: Colin Gordon (Hg.): *Power/Knowledge: Selected Interviews and Other Writings, 1972–1977*. Pantheon Books, New York 1980. S. 123.

75 Vgl. Hannah Arendt: *Macht und Gewalt*. R. Piper & Co., München 1969.

Faktum oder Objektivität ganz aufzugeben. Natürlich gibt es dann auch keinen zwanglosen Zwang des besseren Arguments mehr, weder im gesellschaftlichen Miteinander, noch vor Gericht oder in der politischen Auseinandersetzung. Für das menschliche Zusammenleben und besonders für demokratische Gesellschaften ist diese Grundhaltung weit destruktiver als die Lüge. Lügen beziehen ihre Identität ex negativo aus der Existenz der Wahrheit. Lügen konstruieren Scheinwahrheiten und können als diese entlarvt werden. Der Lüge kann mit Kritik und Zweifel begegnet werden. Aber „das Spiel des Zweifelns selbst setzt schon die [Möglichkeit der] Gewissheit voraus"[76]. Ohne belastbare Kriterien wird diese Unterscheidung unmöglich. Wahrheit wird ersetzt durch persönliche Empfindung. Welche Interpretation sich durchsetzt, ist keine Frage der Beweisführung, sondern der Macht oder besser der Gewalt. Es handelt sich um eine Rückkehr in Prä-Aufklärungs-Zeiten und zu einem Standardmodell der Menschheit (vgl. Kapitel 4.1.2). Die Überlieferung von Ereignissen, die Legitimität von Herrschaftsansprüchen oder Glaubensinhalten: all dies ist keine Frage des besseren Arguments, sondern der Präsentation oder der schlichten Gewalt oder der Manifestation des Irrationalen.

Mit Blick auf die Regentschaft von Donald Trump kann das Erschrecken gar nicht tief genug sitzen. Von seiner Amtseinführung bis zu den Ergebnissen seiner Abwahl hat sich der 45. Präsident der Vereinigten Staaten geweigert, Belege und Objektivierungsversuche anzuerkennen, die nicht seinen Neigungen entsprachen. Gleichzeitig wurden eigene Proklamationen vor allem durch Behauptung und Emotion bestätigt. Beweise wurden überflüssig. Die Dramatik besteht nicht so sehr darin, dass ein defizitärer Charakter die älteste Demokratie der Neuzeit regierte. Lug und Betrug gab es in allen Generationen zuvor. Neu ist, dass mindestens 72 Millionen Amerikaner bereit waren, einen Mann zum Präsidenten zu wählen, der nicht einmal versuchte, seine antifaktischen Behauptungen als Wahrheit zu tarnen. Sie wählten einen Kandidaten, der kein Regulativ für die eigene Weltdeutung kannte. Ohne Anerkennung von Objektivität besteht weder die Notwendigkeit, noch die Möglichkeit zur Rechtfertigung. Machen wir uns nichts vor, allein den verfassungsrechtlich garantierten Instanzen der USA ist zu verdanken, dass das Land zwischen 2016 und 2020 als demokratischer Rechtsstaat bezeichnet werden kann. Sowohl der Präsident, als auch weite Teile der Bevölkerung hatten sich von diesem Modell verabschiedet. In ihrem Bestseller „Wie Demokratien sterben" weisen Steven Levitsky und Daniel Ziblatt darauf hin, dass es keines blutigen Putsches bedarf, um Demokratien scheitern zu lassen. Auch weniger

76 Ludwig Wittgenstein: Über Gewissheit. In: G.E.M. Anscombe/g.H. von Wright (Hrsg.): *Werkausgabe*. Band 8. S. 144.

spektakuläre Erosionen sind möglich. Dieser Prozess ist durch ein dreifaches Versagen gekennzeichnet. Auf der ersten Stufe versäumen es sowohl die kritische Öffentlichkeit, als auch die politischen Parteien Demagogen und Populisten von politischen Mandaten fernzuhalten. Statt auf Fachkompetenz und Integrität zu bestehen und Extremisten zu isolieren, macht man sich gemein mit unseriösen Versprechungen und irrationalen Anfeindungen. Erlangt ein solcher Demagoge durch demokratische Wahlen die Macht, so beginnt mit dem Untergraben verfassungsrechtlicher Institutionen die zweite Stufe des Verfalls. Richter werden ausgetauscht, Parteien verboten, Informationen eingeschränkt oder kanalisiert, neue Gesetze mit Mehrheitsbeschluss durch die Parlamente gebracht. In Ungarn und Polen sind diese Prozesse mustergültig zu beobachten. Dieser Entkernung vermögen die Institutionen demokratischer Verfassungen nur dann zu widerstehen, wenn sie von einer Gesellschaft mit robusten, demokratischen Normen unterstützt werden. Die Erosion dieser Normen stellt daher auch die letzte Stufe eines demokratischen Untergangs da. Wenn politische Konkurrenten beginnen sich als Feinde zu betrachten, wenn die Akzeptanz von parlamentarischen Verfahren sinkt und politische Meinungsbildung mit einem Gefühl existenzieller Bedrohung verbunden wird, schwinden Achtung und Wertschätzung für die Institutionen der Verfassung.

Die Analyse von Levitsky und Ziblatt weiß zu überzeugen. Die Entwicklungen in Ländern wie Polen oder Ungaren folgen exakt diesen Schemata. In der Türkei oder Russland ist die Zerschlagung demokratischer Strukturen bereits abgeschlossen. Auch für selbstverständlich gehaltene demokratische Systeme zeigen Erosionserscheinungen. Man stelle sich vor, nach der Wahl von Donald Trump wäre 2017 nicht Emmanuel Macron, sondern Marine Le Pen Präsidentin Frankreichs geworden und in Deutschland hätte die AfD nach gescheiterten Koalitionsverhandlungen und Neuwahlen die Parlamentshoheit errungen.

Ein vulgäres Demokratieverständnis ist auch ohne Aufklärung möglich. Trotz möglicher Wahlfälschungen ist davon auszugehen, dass Wladimir Putin von der Mehrheit der russischen Wahlberechtigten gewählt wurde. Er besitzt also ein demokratisches Mandat. Selbiges gilt für Viktor Mihály Orbán, Jarosław Aleksander Kaczyńsk oder Recep Tayyip Erdoğan. Bedroht ist allein die liberale, rechtsstaatliche Demokratie, da es vor allem auf der ersten und zweiten Stufe an einer aufgeklärten Grundhaltung der Bevölkerung mangelt. Bürger und politische Parteien, die sich den Prinzipien der Aufklärung verpflichtet fühlen, tragen eine gesunde Skepsis und Abneigung gegen Demagogen in sich. „Der in diesem Sinne Gebildete weiß zwischen bloß rhetorischen Fassaden und richtigen Gedanken zu unterscheiden. Er kann das, weil ihm zwei Fragen zur zweiten Natur geworden sind: »Was genau heißt das?« und:

»Woher wissen wir, dass es so ist?«".[77] Es sind die Prinzipien der Aufklärung, auf denen liberale Demokratien beruhen, in denen es sich human leben lässt. Die Verfassungsorgane der zweiten Ebene sind selbst Produkt und Ausdruck der Aufklärung. Ohne ein aufgeklärtes Menschenbild schwindet ihre Legitimität. Auf der dritten Ebene tritt der Unterschied zwischen Bourgeois und Citoyen zutage. Sowohl kapitalistischer Gewinnindividualismus, als auch Herdendemokratie sind ohne Aufklärung möglich. In einer Gesellschaft, die sich der Aufklärung verpflichtet fühlt, ist Politik indes mehr als ein Instrument zur Durchsetzung persönlicher Interessen. Politische Wachsamkeit und Partizipation sind zugleich Bürgerpflicht und Garant der Freiheit. Der Citoyen kultiviert das Prinzip der rationalen Rechtfertigung. Er verlangt von sich und anderen das Geben von Gründen und empfindet Wertschätzung für alle Institutionen, die diesen Prozess garantieren.

Wer nun, und das schließt den Bogen, Faktizität und Objektivität relativiert, entzieht dem aufgeklärten Prozess der Rechtfertigung den Boden. Demokratie verstanden als Mehrheitsherrschaft oder Liberalismus verstanden als kapitalistischer Individualismus sind weiterhin möglich. Demokratische Rechtsstaaten beginnen indes zu zerfallen. Postfaktizität und Rechtsstaat sind inkompatibel. Echte Demokratie braucht Wahrheit[78]. Mit den normativen Grundsätzen der Aufklärung verhält es sich nicht anders. Auch sie sind für einen demokratischen Rechtsstaat unverzichtbar.

> Ohne eine inklusive kulturelle Praxis auf der Basis gleicher Anerkennung und gleicher individueller Freiheit, gegründet auf der Idee gleicher Würde jeder Person, unabhängig von ihren jeweiligen Zugehörigkeiten, kann es keine vitale Demokratie geben. Ohne die Leitkultur des Humanismus gibt es keine Demokratie als Lebensform.[79]

Ein weiterer Irrtum besteht darin, Kulturrelativismus als Stütze multikultureller Toleranz anzusehen. Wir erinnern uns: Die Aufklärung betont das Gemeinsame aller Menschen als vernunftbegabte Wesen. Unsere kulturelle Prägung, unsere Hautfarbe, unser Geschlecht: das alles ist sekundär. Wichtig ist, dass wir trotz aller Verschiedenheit eine gemeinsame Vernunft teilen. Wir können gemeinsam um epistemische und moralische Objektivität ringen. Dieser

---

77 Peter Bieri: Wie wäre es, gebildet zu sein? In: Hans-Ulrich Lessing, Volker Steenblock (Hrsg.): *„Was den Menschen eigentlich zum Menschen macht …". Klassische Texte einer Philosophie der Bildung.* Verlag Karl Albert, Freiburg im Breisgau 2010. S. 208.

78 Vgl.: Julian Nida-Rümelin: *Demokratie und Wahrheit.* Verlag C.H. Beck, München 2006.

79 Julian Nida-Rümelin: Demokratie als Lebensform. In: Dieter Birnbacher, Klaus Goergen, Markus Tiedemann (Hg.): *Normative Integration. Kulturkampf im Klassenzimmer und netzgeprägte Schülerschaft.* Bill/Schönigh, Paderborn 2021. S. 41.

Prozess liefert auch genug Argumente, um unsere verschiedenen Lebensentwürfe wechselseitig zu achten oder zu kritisieren. Was dem Anspruch auf intersubjektive Rechtfertigung nicht standhält, hat kein Anrecht auf Fortbestand. Was aber mit guten Gründen gerechtfertigt werden kann, ist zu akzeptieren. Unsere Würde, unsere Rechte als Mensch beziehen wir aus dem Prozess der Rechtfertigung, aus dem Geben und Nehmen von Gründen, nicht aus unserer zufälligen kulturellen, sozialen oder biologischen Identität.

Ganz anders verhält es sich mit Kulturrelativismus und Identitätstheorie. Unter diesen Sammelbegriffen vereinen sich Ideologien und Konzeptionen, die Kulturen, sowie gewachsene und konstruierte Identitätskonzepte nicht nur als mögliche Bezugsgrößen verstehen, sondern diese für prinzipiell wertvoll und schützenswert erklären. Das Gemeinsame der menschlichen Vernunft wird zu Gunsten trennender Identitätsmerkmale vernachlässigt. Das Ergebnis ist ein in alle Richtungen gewaltaffiner Identitätswahn.

Identitätstheorien konstruieren Wertvorstellungen auf der Basis von Zugehörigkeit zu Gruppen. Auf diese Weise negieren Sie eine der zentralsten Errungenschaften der Aufklärung: das Primat des Individuums. Sie sind zutiefst inhuman, denn sie reduzieren den Einzelnen auf die Zugehörigkeit zu einer wie auch immer gearteten Gemeinschaft. Eine Person zu achten, bedeutet ihr das Recht zuzugestehen, die eigene Identität zu definieren und zu kreieren. Rassismus missachtet diese Würde durch die Zuschreibung einer mit Vorurteilen behafteten Identität. Aber in einem Antirassismus, der Personen prinzipiell als diskriminiert, unterdrückt und benachteiligt einstuft, greifen ähnliche Mechanismen. „Im Grunde genommen berauben wir sie dadurch genau jenes Privilegs, das wir anderen Wesen, indem wir sie als Personen ansehen, grundsätzlich zugestehen."[80] Identitätskonzepte gehen in der Regel mit Gruppenzwang und Exklusion einher. In Dresden lernte ich Personen kennen, denen vorgeworfen wurde, ihre Homosexualität nicht offensiv genug zu leben und damit die Identität ihrer Gruppe zu missachten. Ein skandinavischer Student von mir wurde in Berlin massiv angefeindet, weil er Ohrringe trug, die ursprünglich von polynesischen Ethnien getragen wurden. Der Vorwurf: Kulturelle Aneignung.[81] Vor allem aber richten sich Identitätskonzepte gegen die Idee einer prinzipiellen Gleichheit.

---

80 Ursula Renz: Was denn bitte ist kulturelle Identität? Eine Orientierung in Zeiten des Populismus. Schwabe Verlag, Basel 2019. S. 45.

81 Vgl.: Hengameh Yaghoobifarah: Fusion Revisited: Karneval der Kulturlosen – Bis in zwei Jahren. Vielleicht auch bis nie. In: Missy Magazine, 2016 https://missy-magazine.de/blog/2016/07/05/fusion-revisited-karneval-der-kulturlosen/ [Letzter Aufruf 15.08.2022].

Ein Weltbild, dass den Gegensatz zwischen Einheimischen und Zuwanderern, zwischen Muslimen und Nicht-Muslimen, zwischen Weiß und Schwarz zum zentralen Erklärungsvehikel erhebt, zementiert selbigen. „So global sein Anspruch sein mag, so entschieden muss dieses Denken sich gegen eine Vorstellung von der Menschheit als einer in sich gleichen Gemeinschaft wenden.“[82]

Wer Kultur, Geschlecht oder andere Identitäten zum Maßstab unserer ethischen oder politischen Orientierung erhebt, sollte wissen mit wem er in einem Boot sitzt. Nicht zufällig nennt sich eine der erfolgreichsten rechtsextremen Bewegungen unserer Tage *Identitäre Bewegung*. Es wäre ein interessantes Experiment, Thesen von Carl Schmidt ohne Nennung des Autors in linksintellektuellen Kreisen diskutieren zu lassen. Kulturen und Identitäten, so die gemeinsame Überzeugung, sind gewachsene Strukturen, die es zunächst zu akzeptieren gilt. Der Unterschied besteht in den Konsequenzen, die daraus gezogen werden. Rechtsextremes Gedankengut plädiert traditionell für die Organisation in kulturelle homogene Territorien. Linke Kulturrelativisten erhoffen hingegen ein Miteinander a priori zu akzeptierender Identitäten, Lebensentwürfe und Kulturen. Dass auch Rassismus, Frauenfeindlichkeit, Nationalismus oder Faschismus kulturelle Identitätsentwürfe darstellen und ebenso zu akzeptieren wären, wird verdrängt. Ebenso standhaft wird ignoriert, dass die Betonung kultureller Prägungen oder gar biologische Ausstattungen Kernsubstanz des Rassismus sind. Der Kulturrelativismus rechtsextremer und linker Kreise unterscheidet sich hier in einem Punkt: die erstgenannte Gruppe hat den Ansatz konsequent zu Ende gedacht.

> Eine vergleichbar große Bedrohung ist die Identitätspolitik von rechts in Gestalt von Unilateralismus und Nationalismus, aber auch die Identitätspolitik von links, in Gestalt des Multikulturalismus, der unter Demokratie einen Modus Vivendi kultureller Identitäten versteht. In beiden Fällen erodierten die politische Gemeinschaft und die republikanische Praxis in der Demokratie.[83]

Um die Mär vom toleranten Kulturrelativismus weiter zu demaskieren, lohnt es sich den Begriff der Toleranz genauer zu betrachten. Das Konzept der Toleranz gehört zu den wertvollsten Errungenschaften der Aufklärung. Bereits der Wortstamm (lat. tolerare: erleiden, erdulden) weist darauf hin, dass hier ein

82 Thomas E. Schmidt: Ist der Rassismus etwa unüberwindbar? In: *DIE ZEIT* vom 22. Juli 2021. S. 47.

83 Julian Nida-Rümelin: Demokratie als Lebensform. In: Dieter Birnbacher, Klaus Goergen, Markus Tiedemann (Hg.): *Normative Integration. Kulturkampf im Klassenzimmer und netzgeprägte Schülerschaft.* Bill/Schönigh, Paderborn 2021. S. 40.

ungeliebtes Phänomen aufgrund von Argumenten höherer Ordnung zu akzeptieren ist. Dass es diese Argumente höherer Ordnung gibt, ist eine notwendige Prämisse. Intellektuell entspringt die Toleranz der durch die Aufklärung errungenen Unterscheidung zwischen Glauben und Wissen (vgl. Kap. 2.3), deren Notwendigkeit unter anderem durch die menschenverachtenden europäischen Konfessionskriege verdeutlicht worden war. Glaubensvorstellungen entziehen sich einer objektiven Rechtfertigung. Was aber gegenüber dem Anderen nicht als notwendig legitimiert werden kann, darf diesem auch nicht aufgezwungen werden. Eine Praxis, die zwar aufgrund eigener Neigungen, Prägungen oder Interessen aber ohne gute Gründe abgelehnt wird, ist zu tolerieren. Schritt für Schritt wurde deutlich, dass dieses Prinzip auf Religionen, Kulthandlungen, Lebensentwürfe, sexuelle Präferenzen und vieles mehr ausgedehnt werden kann. Gleichwohl kann und darf diese Akzeptanz nicht unbegrenzt sein. Wenn gute Gründe gegen die Akzeptanz von Religionen, Lebensentwürfe, sexuelle Präferenzen, Kulthandlungen usw. vorgebracht werden, können und dürfen diese sehr wohl sanktioniert werden. Anderenfalls verkommt Toleranz zu einem Synonym für Indifferenz oder Nihilismus. Anspruch auf Toleranz erfordert ebenfalls gute Gründe. Rainer Forst spricht von der Pflicht zur allgemeinen und reziproken Rechtfertigung.[84] Toleranz hat demnach drei notwendige Komponenten. Die Ablehnungskomponente mag entstehen, wie sie wolle. Sie wird gespeist durch unsere persönlichen Präferenzen. Die Akzeptanzkomponente macht die empfundene Ablehnung nicht ungeschehen, unterwirft sich aber Argumenten höherer Ordnung. Die Akzeptanz ist aber keinesfalls unbegrenzt. Anderenfalls würde sich die Toleranz in Indifferenz auflösen. Die Akzeptanz reicht eben nur so weit, wie intersubjektive Gründe den Anspruch der ungeliebten Praxis untermauern. Allerdings existiert auch eine Zurückweisungskomponente. Diese greift immer dann, wenn die fragliche Praxis nicht intersubjektiv gerechtfertigt werden kann und Argumente höherer Ordnung eine Ablehnung begründen.

Schnell wird ersichtlich, wie anspruchsvoll echte Toleranz ist. Sie besteht gerade nicht in blinder Akzeptanz des Anderen. Rationale Kritik ist keine Beleidigung, sondern demonstriert die Anerkennung als vernunftbegabtes Wesen. Echte Toleranz ist mehr als Koexistenz. Ihr Kern ist die Verpflichtung auf reziproke und allgemeine Rechtfertigung. Die Anerkennung von Argumenten höherer Ordnung ist hierfür existenziell. Genau deshalb sind Konstruktivismus und Kulturrelativismus auch keine Quellen der Toleranz, sondern deren Totengräber.

---

84 Vgl. Rainer Forst: *Toleranz im Konflikt*. 4. Auflage, Suhrkamp, Frankfurt am Main 2003. §1 S. 31ff, §30 S. 588ff.

Aktuell häufen sich die Beispiele, dass jede Zurückweisung, ja jede Kritik an anderen Kulturen oder Identitätskonzepten im Namen eines degenerierten Toleranzverständnisses unter Generalverdacht gestellt wird. Die Besitzerin einer Boutique wird als islamophob bezeichnet, weil Sie sich weigert, eine Verkäuferin mit Kopftuch einzustellen. Kritiker der Knabenbeschneidung werden mit dem Vorwurf des Antisemitismus belegt.[85]

Argumente werden indes nur selten angehört. Dies liegt unter anderem daran, dass der Kulturrelativismus die Gültigkeit von Argumenten auf den Kontext ihrer kulturellen und historischen Genese beschränkt. Diese Grenzen nicht zu akzeptieren und auf intersubjektive und interkulturelle Vermittelbarkeit zu insistieren, gilt als Überwältigung, als Eurozentrismus oder Kulturchauvinismus. Andere Lebensformen, Sitten und Gebräuche lassen sich nur aus der Innenperspektive und anhand dort generierter Kriterien verstehen und bewerten. Immer wieder führe ich Diskussionen mit Studierenden darüber, ob Europäern ein normatives Urteil über kulturelle Praktiken in anderen Teilen der Welt zusteht. In diesen Streitgesprächen wird beispielsweise der Begriff Genitalverstümmelung als Bezeichnung für das Abtrennen und Zunähens des weiblichen Genitals für unzulässig erklärt, da er bereits eine eurozentristische Bewertung impliziere. Angemessen sei allein der neutrale Ausdruck *Female Cutting*[86]. Ganz ähnlich verhalte es sich mit dem Verkauf von Kindern oder Arbeitskräften, die eben tief in der jeweiligen Kultur verankert seien. Die Tatsache, dass die Misshandlungen von Frauen, Eroberungskriege oder Sklavenhandel in allen Kulturen tief verankert sind und dementsprechend dann auch Dreieckshandel, Kolonialismus und Chauvinismus nicht verurteilt werden dürften, wird in der Regel ignoriert. Auch der Hinweis darauf, dass auch die UNESCO Toleranz keinesfalls unbegrenzt verstanden wissen will, verfängt selten.

In der Erklärung zur Toleranz vom 16. November 1995 steht zu lesen:

> 1.2 Toleranz ist nicht gleichbedeutend mit Nachgeben, Herablassung oder Nachsicht. Toleranz ist vor allem eine aktive Einstellung, die sich stützt auf die Anerkennung der allgemeingültigen Menschenrechte und Grundfreiheiten anderer. Keinesfalls darf sie dazu missbraucht werden, irgendwelche

85 Vgl. Roger Collier: Ugly, messy and nasty debate surrounds circumcision. In: *CMAJ: Canadian Medical Association Journal = journal de l'Association medicale Canadienne*. Vol. 184/1, 2012. S. 25–26.

86 Auch auf Universitäten Tagungen lassen sich Beiträge finden, die zumindest den sozialen Status von Beschneiderinnen und die Gefahr einer Dominanz westlicher Medizin als Argument akzeptieren. https://www.gender.hu-berlin.de/de/publikationen/gender-bulletin-broschueren/bulletin-texte/texte-28/bulletin-texte-28 [Letzter Aufruf 15.08.2022].

> Einschränkungen dieser Grundwerte zu rechtfertigen. Toleranz muss geübt werden von einzelnen, von Gruppen und von Staaten.[87]

Die UNESCO, so das Gegenargument, sei als Teil der Vereinten Nationen von der dort herrschenden Dominanz einzelner Nationen und Kulturkreise geprägt. Ergo besitzt die UNESCO auch keine moralische Autorität. Die Hoffnung, dass im Rahmen der Vereinten Nationen nicht nur nationale Interessen, sondern auch universelle Werte verhandelt werden, wird ebenfalls verworfen, da universelle Werte aus Sicht des Kulturrelativismus nicht existieren.

Die Konsequenz ist ein moralisches *anything goes*.[88] Man mag dies konsequent nennen. Mit Toleranz hat es aber nichts zu tun. Toleranz ohne Grenzen verliert jeden moralischen Wert, ja sie verkehrt sich in ihr Gegenteil.

Wenige haben die negative Dialektik einer unbegrenzten, angeblichen Toleranz mit spitzerer Feder entlarvt als Pascale Bruckner. Bruckner spricht vom „Paradoxon des Multikulturalismus“. Dieser besteht darin, allen Gemeinschaften die gleiche Behandlung zu gewähren, nicht aber den Menschen, aus denen sie sich zusammensetzen, da diesen die Möglichkeit verweigert wird, sich von ihren eigenen Traditionen loszusagen“.[89] Ein ethisches Grundprinzip der Aufklärung lautet, dass allein Individuen Träger von Primärrechten sind. Gemeinschaften sind nur wertvoll, wenn Sie zum Wohle der Individuen beitragen, aus denen sie sich zusammensetzen. Dies gilt für Staaten, Sportvereine, Kulturkreise und Familien. All diese Institutionen sind nicht sakrosankt. Individuen haben das Recht, sich von ihnen loszusagen und müssen im Härtefall vor ihnen geschützt werden. Wer nun meint, dieses Prinzip im Namen des Kulturrelativismus aufgeben zu müssen, wird ein Opfer negativer Dialektik. Bruckner bezeichnet diese als „Rassismus der Antirassisten“[90].

Wie jede Diskriminierung, besteht auch Rassismus im Kern in der normativ abwertenden Reduktion des Individuums auf seine Zugehörigkeit zu einer Gruppe. Gelegentlich erscheint die Menschheitsgeschichte wie eine einzige, grauenvolle Abfolge dieser Verbrechen. Die jüngere deutsche Geschichte hat mit dem Holocaust das grauenvollste Beispiel hervorgebracht.

---

87 UNESCO: Erklärung von Prinzipien der Toleranz, erarbeitet von den teilnehmenden Mitgliedsstaaten der 28. UNESCO Generalkonferenz, Paris 28.10.–16.11.1995.

88 Nur am Rande sei erwähnt, dass Feyerabends Credo einen methodischen Wissenschaftsanarchismus fordert und sich nicht auf gesellschaftliche oder ethische Fragestellungen bezog.

89 Pascal Bruckner: Fundamentalismus der Aufklärung oder Rassismus der Antirassisten? In: Thierry Chervel, Anja Seeliger (Hrsg.): *Islam in Europa. Eine internationale Debatte.* Suhrkamp, Frankfurt a. M. 2007. S. 55–74.

90 Ebd.

Die Menschenrechte von Millionen wurden ohne Berücksichtigung der Individualität allein aufgrund einer tatsächlichen oder angeblichen Zugehörigkeit zu ausgemachten Feindgruppen mit Füßen getreten. Die Faustregel dieses Verfolgungsrassismus lautet: *Wir verletzen deine Menschenrechte, weil du einer bestimmten Gruppe angehörst!* Um diese Barbarei nie wieder entstehen zu lassen, muss peinlich darauf geachtet werden, ethnische oder kulturelle Gruppen nicht zu diskriminieren. Ein dramatischer Fehler ist es indes, kulturelle Gemeinschaften, Religionen oder Identitätskonzepte a priori für wertvoll und schützenswert zu erklären. Übersehen wird, dass neben dem Verfolgungsrassismus auch ein Unterlassungsrassismus möglich ist. Die Faustregel des Unterlassungsrassismus lautet: *Wir schützen deine Menschenwürde nicht, weil du einer bestimmten Gruppe angehörst!* Auch in diesem Fall wird ein Individuum auf seine Zugehörigkeit zu einer Gruppe reduziert.

Stellen wir uns drei junge Menschen vor. Einem Jungen wird gegen dessen Willen und ohne medizinische Indikation ein Körperteil entfernt. Ein minderjähriges Mädchen wird ungefragt an einen unbekannten Mann verheiratet und ein weiteres Kind wird von wichtigen Bildungsinhalten wie Sexualkunde oder Biologieunterricht ferngehalten.

Und nun stellen wir uns weiterhin vor, die Namen der Betroffenen wären Max, Susanne und Luisa.

Hand aufs Herz: Haben Sie anders klingende Namen erwartet? Ist der Grad Ihrer moralischen Empörung nun ein anderer? Existiert in Ihnen der Gedanke, dass bei anders klingenden Namen die Sache zwar bedauerlich, aber eben nicht zu ändern sei? Sind Sie vielleicht sogar der Ansicht, dass Ihnen in diesem Fall kein Urteil zusteht? Wenn dem so ist, hat sich der Rassismus der Antirassisten bereits in Ihrem Denken eingenistet. Eine Gesellschaft, die Menschen aufgrund ihrer kulturellen Zugehörigkeit nicht den gleichen Schutz angedeihen lässt, ist nicht tolerant, sondern immanent rassistisch.

Bleibt zu erwähnen, dass Konstruktivismus, Postfaktizität und Kulturrelativismus sich auch auf Frieden und Völkerverständigung keinesfalls positiv auswirken.

Samuel P. Huntington war entschiedener Kulturrelativist. Die Kultur des Westens, so eine seiner Kernthesen, dürfe als „einzigartig", nicht aber als „universal" verstanden werden.[91] Die Belehrungen oder gar Kolonialisierung anderer Kulturkreise entbehrten daher jeder Rechtfertigung und müssten als „unmoralischer Imperialismus" abgelehnt werden.[92]

---

91 Samuel P. Huntington: *Kampf der Kulturen – The Clash of Civilizations. Die Neugestaltung der Weltpolitik im 21. Jahrhundert*. Siedler, München 1996. S. 513.

92 Ebd. S. 511.

Sofern vom Kulturkreis des Westens die Rede ist, ist diesen Aussagen in Gänze zuzustimmen.

Die kapitalistische Konsumgesellschaft westlicher Prägung ist in der Tat weder alternativlos noch allgemeingültig. Eine gewaltsame Expansion entbehrt jeder moralischen Grundlage. Allerdings differenziert Huntington nicht zwischen Lebensformen, Wirtschaftssystemen, religiösen Traditionen und ethischen Rechtfertigungsdiskursen. Daher werden auch die Errungenschaften der Aufklärung unter die relativen Kulturgüter des Westens subsumiert. Dass die Essenz der Aufklärung genau darin bestand, sich von der kulturellen Prägung zu lösen und nach Objektivität zu streben, wird dabei ignoriert. Nach Huntington scharen sich Menschen um die Symbole, Religionen und Traditionen ihrer Kulturen. International teilt sich die Welt in acht Kulturkreise auf, an deren Grenzen Bruchlinienkonflikte und Kriege entstehen. Einer Universalisierung der Weltgemeinschaft stünden vor allem das Fehlen einer Weltsprache und einer Weltreligion entgegen.[93] Für Huntington ist ethischer Universalismus bestenfalls die Illusion einer, in Anspielung auf das Weltwirtschaftsforum, als „Davos-Kultur"[94] bezeichneten Bildungselite.

Kants Idee von einem epistemischen und ethischen Weltbürgertum, einem Völkerbund und gewaltfreier Konfliktlösung wird kurzerhand zu Grabe getragen.

Wer hier mitgeht, sitzt in der Huntington-Falle. Was bleibt, wenn das Streben nach einer weltbürgerlichen Vernunft über Bord geworfen wird? Der Kampf der Kulturen!

> Wer glaubt, dass Wahrheit nur Macht ist, dass Ideale nur Interessen verschleiern, wird schnell zu dem Schluss kommen, dass lediglich die Interessen des eigenen Stammes zählen.[95]

2.7 Take it or leave it

In seinen berühmten Vorlesungen über Ethik kommt Ernst Tugendhat auf das Problem der Letztbegründung zu sprechen. Nach Tugendhat setzt jede Moral die Bereitschaft voraus, „kooperatives Wesen sein zu wollen". Diese Grundsatzentscheidung ist die notwendige Voraussetzung jeder Ethik. Wer hingegen Verständigung und Rechtfertigung keinen Wert zugesteht, ist für moralische

93 Ebd. S. 76.

94 Ebd. S. 78.

95 Susan Neiman: *Widerstand der Vernunft. Ein Manifest in postfaktischen Zeiten.* Ecowin, Salzburg. 2017. S. 57–58.

Argumentationen unzugänglich. Es handelt sich, so könnte man sagen, um die *Walking Dead* der Moral.

„Take it or leave it", lautet Tugendhats prägnante Zusammenfassung.[96]

Mit der Aufklärung verhält es sich nun recht ähnlich. Die Prämissen und Ideale der Aufklärung sind nicht mit Notwendigkeit bewiesen, sehr wohl aber hinreichend belegt. Die Kohärenz ihrer Rechtfertigung ist der aller anderen Konzeptionen um Längen überlegen. Natürlich lässt sich an dieser Stelle einwenden, dass sich hier ein System nach seinen eigenen Regeln zum Sieger erklären. Dass Kohärenz wertvoll ist, dass es Argumente höherer Ordnung gibt und dass sich diese durch Intersubjektivität, Reziprozität, sowie Allgemeinheit auszeichnen, sind Einsichten, die die Aufklärung selbst hervorgebracht hat.

Nur, wenn wir Rationalität und das Geben von Gründen als anthropologische Konstante auffassen und der Vernunft zutrauen, Kriterien für die Güte der eigenen Argumente zu entwickeln und aus diesen das eigene normative Primat abzuleiten, handelt es sich nicht um einen Zirkelschluss. Vielmehr befinden wir uns an jener Stelle, an der, nach Kant, die reine Vernunft kraft Einsicht in objektive Sittlichkeit praktisch wird.

Allerdings muss auch das nicht akzeptiert werden. Selbst wenn die Existenz einer allgemeinen menschlichen Vernunft zugestanden wird, folgt daraus kein normativer Anspruch. Aus dem Faktum einer Disposition folgt nicht deren normative Überlegenheit. Wer argumentiert, dass wir einander Gründe schulden und dass rationale Rechtfertigung besser ist als die Orientierung an Gefühlen, Traditionen oder Religionen, greift auf jene Rationalität zurück, die er rechtfertigen will.

Hier ist in der Tat jener Moment erreicht, an dem sich nach Wittgenstein „der Spaten zurückbiegt".[97] Tiefer können wir in unserer Suche nach intersubjektiver Rechtfertigung nicht graben.

Was bleibt ist der Verweis auf die Empirie. Sind die Naturwissenschaften, das Schachspiel oder die Mathematik nicht Beleg genug für eine gattungsübergreifende Rationalität? Wieso sollten Wesen, die gemeinsam über naturwissenschaftliche Prinzipien streiten können, dies nicht auch in moralischen Kontexten tun? Das Ideal des neutralen Beobachters mag eine Idee des Aufklärers Adam Smith gewesen sein. Einen neutralen Schiedsrichter kennen und anerkennen die Sportarten und Wettstreite nahezu aller Kulturkreise. Belegen nicht Institutionen wie die Vereinten Nationen, dass rationale Rechtfertigung bereits global praktiziert wird? Existiert eine einzige Gesellschaft, die sich nicht an den Prinzipien der Aufklärung orientiert und auch nur annäherungsweise

96 Ernst Tugendhat: *Vorlesungen über Ethik*, Suhrkamp, Frankfurt am Main 1993. S. 89.
97 Ludwig Wittgenstein: *Philosophische Untersuchungen*, §217.

als gerecht, frei und gewaltarm angesehen werden kann? Spricht es nicht für sich selbst, dass die Mehrheit aller Menschen sich wünscht in jenen Ländern zu leben, die durch die Aufklärung geprägt wurden?

Auch diese rhetorischen Fragen müssen nicht verfangen. Wer sich an Emotionen oder religiösen Traditionen orientiert, wird Gesellschaften bevorzugen, die seine Bedürfnisse befriedigen und rationale Kritik verachten. Die Tatsache, dass seine Wahl für uns nicht nachvollziehbar gemacht werden kann, während wir unsere Wahl ihm gegenüber zu begründen vermögen, ist in seinen Augen ein Unterschied aber kein Qualitätsmerkmal.

Allerdings lehrt die Erfahrung, dass unser eben konstruierter, irrationaler Traditionalist von anderen sehr wohl Rechtfertigung einfordert. Wer aber von anderen Gründe verlangt, kann deren Wert nur schwer ignorieren. Nach Hans Otto Apel hat derjenige, der den Diskurs bestreitet, selbigen bereits durch seine Argumentation bestätigt. Das Rad der Rationalität beginnt sich zu drehen.

Die Zusammenfassung dieses Kapitels ist daher recht einfach. Weder die epistemischen noch die normativen Grundannahmen der Aufklärung sind über jeden Zweifel erhaben. Dennoch kann zu ihrer Rechtfertigung ein dichtes „Gewebe aus Motiven und Gründen" angeführt werden[98] und ihre Errungenschaften sind ebenso beeindruckend, wie wünschenswert. Inhumane Entwicklungen sind nicht Ergebnis eines Strebens nach Objektivität und Aufklärung, sondern entstehen aus deren Vernachlässigung. Vielmehr bedarf es der Aufklärung, um diese Übel überhaupt kritisieren zu können. Es erscheint daher nur fair, den Begründungszwang umzudrehen. Alternative Modelle einer epistemischen und normativen Welterklärung können nicht als notwendig falsch widerlegt werden. Gleichwohl erreichen deren Grundannahmen einen deutlich geringeren Grad an Kohärenz und intersubjektiver Vermittelbarkeit. Vor allem aber vermögen Sie nicht zu zeigen, wie auf ihrer Grundlage jemals ein humanes Zusammenleben bestanden hat oder bestehen könnte.

Das finale Urteil über die Aufklärung ließe sich mit Ernst Tugendhat und Tina Turner zusammenfassen:

Take it or leave it. It's not perfect, but it is simply the best.

98 Ernst Tugendhat: *Vorlesungen über Ethik*, Suhrkamp, Frankfurt am Main 1993. S. 28.

KAPITEL 3

Vergänglichkeit

Wenn Aufklärung, wie oben behauptet, das Beste ist, was die Menschheit je hervorgebracht hat, stellt sich natürlich die Frage, warum sie erneut ein Ende findet. Ursächlich hierfür sind sowohl die Natur des Menschen, als auch die innere Struktur der Aufklärung und die historischen Rahmenbedingungen. Um den Prozess besser verständlich zu machen, sollen im Folgenden daher permanente und aktuelle Stressfaktoren vorgestellt werden, die den Niedergang der Aufklärung vorantreiben.

3.1 Die ewige Konkurrenz

Wer meint, die Aufklärung habe mit ihrem liberalen Freiheitsverständnis eine unwiderstehliche Anziehungskraft auf ihrer Seite, irrt. Freiheit ist eine atemberaubende Schönheit, aber sie ist streng und anspruchsvoll. Für wen Glück und Lust an erster Stelle stehen, macht um die Freiheit besser einen Bogen.

Auf den ersten Blick wird die Konkurrenz zwischen Glück und Freiheit oftmals übersehen. Wollen wir nicht alle beides? Ist das eine nicht notwendige Bedingung des Anderen? Handelt es sich wohlmöglich um Synonyme? Eine genauere Betrachtung offenbart jedoch erstaunliche Reibungsverluste, unter gewissen Bedingungen sogar eine Dichotomie.

In seinem 1974 erschienenem Werk *Anarchy, State and Utopia* entwarf Robert Nozick ein berühmtes Gedankenexperiment. Stellen wir uns eine Erlebnismaschine vor, die durch neuronale Stimulation des Gehirns alle erwünschten Erfahrungen zu simulieren vermag. Ein Anschluss ist für Monate und Jahre möglich. Zuvor können die erwünschten Erlebnisse aus Katalogen ausgewählt werden. Während der Simulation fehlt jedes Bewusstsein für die ursprüngliche Identität. Alles erscheint hundertprozentig real. Sie können sein, wer Sie sein wollen und erleben, was sie wollen. Ihr echter Leib erleidet unterdessen keinen Schaden. Nach Ende der Simulation können Sie gehen oder eine neue Simulation folgen lassen.[1]

Die Konstruktion des Gedankenexperiments hat zwei wesentliche Aspekte. Zum einen wird ein wichtiger Unterschied zwischen Freiheit und Glück verdeutlicht. Glück verstanden als Lust vermag auf der Basis von Illusion oder

1 Robert Nozick: *Anarchy, State, and Utopia.* Basic Books, New York 1974. S. 42–45.

 | DOI:10.30965/9783969752852_004

Doxa zu existieren. Freiheit verstanden als Autonomie braucht Authentizität, Wahrheit, Episteme. Zum anderen zwingt das Gedankenexperiment zu einer Klärung der persönlichen Prioritäten. Wenn Sie a) Glück als den größtmöglichen Wert verstehen und b) selbiges über Lustempfindungen definieren, spricht alles dafür, sich anschließen zu lassen. Sie können eine Heldin, ein grandioser Liebhaber, ein verehrter Musiker und eine berühmte Ärztin gleichzeitig sein. Was hat die Realität Ihres persönlichen Lebens schon zu bieten, was nicht um ein Vielfaches von der Erlebnismaschine übertroffen werden könnte? Die Antwort lautet: Freiheit. Wenn Sie Freiheit höher schätzen als Glück, lassen Sie sich nicht anschließen. Wie schade, beides ist einfach nicht zu bekommen! Die grandiosen Glückserlebnisse der Maschine erfordern die Aufgabe der Freiheit. Eine Entscheidung für die Freiheit bedeutet auf Glückserlebnisse zu verzichten. Vielleicht entscheiden Sie sich mit dem Brustton der Überzeugung für Autonomie und Selbstbestimmung, aber mal ehrlich: Die Versuchung der Maschine ist nicht von der Hand zu weisen.

Dabei bedarf es keines futuristischen Szenarios, um zu verstehen, dass Glück und Freiheit nicht selten als Konkurrenten auftreten. Glück ist das höchste Gut des menschlichen Strebens. Niemand hat dies deutlicher herausgearbeitet als Aristoteles. Für ihn ergibt sich der Stellenwert des Glücks sowohl aus empirischen Erhebungen als auch durch eine metaphysische Systematik. Fragt man die Menschen, was sie zu erreichen sehnen und wonach sie streben, so lautet die finale Antwort stets Glück. Wenn man zudem davon ausgeht, dass alle Bewegung, alles Streben und Bemühen darauf abzielt, einen idealen Zustand zu erreichen, so erscheint Glückseligkeit die beste Beschreibung für diesen Zustand zu sein. Die meisten Güter, die wir anstreben, streben wir in der Regel nicht um ihrer selbst willen an. Wir wünschen uns Schönheit und Klugheit, um bewundert zu werden und Reichtum, um begehrte Dinge tun oder erwerben zu können. Ein Ende dieses Strebens ist nur zu denken, wenn wir ein höchstes Gut erreichen, welches keine weiteren Wünsche offenlässt. Als einziger Kandidat für dieses höchste Gut kommt nur die Glückseligkeit in Frage. Wer glückselig ist, der will nichts Anderes als das, was er gerade erlebt. Es existiert kein Impuls etwas zu verändern oder nach Neuem zu streben. Ein Zustand, den wir nur sehr selten und nur in orgastischer Kürze erlangen, aber uns alle auf Dauer wünschen. Es mag darüber gestritten werden, worin das Glück besteht, aber nicht darüber, dass wir es alle wollen.

Der Wert der Freiheit ist hingegen keinesfalls so selbstverständlich. Wahrscheinlich würden die meisten Menschen Freiheit zunächst als notwendigen Bestandteil des Glücks ansehen: ohne Freiheit kein Glück. Allerdings stellt sich rasch die Frage, ob ein Freiheitsgefühl oder substanzielle Autonomie gemeint ist. Segeln kann beispielsweise ein kolossales Gefühl von Freiheit vermitteln. Strenggenommen hat diese Erfahrung aber recht wenig mit der

Abwesenheit von Determination zu tun. Es handelt sich vielmehr um ein Lustgefühl, das von einer besonderen Art der Fortbewegung hervorgerufen wird. Freiheit im essenziellen Sinn bedeutet, sich selbst als Ursache der eigenen Entscheidungen und Handlungen zu erfahren. Nur dann, wenn nicht Triebe, Instinkte, sowie psychologische oder soziale Indoktrination unser Entscheiden und Handeln bestimmen, ist der Begriff der Freiheit angemessen. Zugang zu dieser Freiheit bietet kein Segelboot, sondern einzig und allein eine nach Objektivität strebende Vernunft. Nur durch sie ist es möglich, sich nicht nur in der Welt, sondern auch zur Welt und somit auch zu sich selbst zu verhalten. Wenn es gelingt, erhebt sich der Mensch über die physikalische und soziale Determination. Ein wahrlich würdevolles Geschehen, nur schade, dass dieser Akt so wenig zu euphorischen Glückszuständen beiträgt. Nirgends wird dies deutlicher als in der kantischen Moralphilosophie. Echte Moralität ist nach Kant durch die Abwesenheit oder sogar die Überwindung persönlicher Neigungen gekennzeichnet. Ein Ansatz, der Friedrich Schiller zwar theoretisch überzeugte, aber in seinem Rigorismus in die Verzweiflung trieb. „Gerne dien ich den Freunden, doch tu ich es leider mit Neigung. Und so wurmt es mir oft, daß ich nicht tugendhaft bin.“[2] Der Mensch, so Kant, ist in der Lage, die moralische Pflicht durch reine Vernunftstätigkeit a priori, also ohne Rückgriff auf Erfahrungen, zu erkennen. Die Befolgung der durch die Vernunft identifizierten Pflicht ist Freiheit. Nur sie erhebt den Menschen über die Zugkräfte von Natur und Gesellschaft. Glück spielt dabei keine Rolle. Was moralische Pflicht ist, nimmt keinerlei Rücksicht auf Bedürfnisse oder Sehnsüchte. Wir alle kennen Situationen, in denen sich unsere Wünsche und das moralisch Gute konträr gegenüberstehen. Moralisches Verhalten, so Kant, macht bestenfalls des Glückes würdig, mit realem Glück hat dies wenig zu tun. Wenn wir von moralisch vorbildlichem Verhalten erfahren, so sind wir schnell der Ansicht, dass die Verantwortlichen es verdient hätten, glücklich zu werden. Allerdings lehrt die Erfahrung, dass zumindest ein lustvolles Leben dem moralischen Schuft weit leichter zugänglich ist, als jenen, die versuchen, ihre moralischen Pflichten zu befolgen.

Genau hier droht eine Überforderung sowohl der einzelnen, menschlichen Psyche, als auch für die Organisation von Gesellschaften. *Sapere aude* ist bekanntlich der Wahlspruch der Aufklärung. Gefordert werden Urteilskraft, Mündigkeit und Autonomie. Von Glück oder Lust ist keine Rede. Die Aufklärung ist nicht glück- oder lustfeindlich. Im Zweifelsfall verlangt sie aber stets eine Entscheidung zu Gunsten von Vernunft und Freiheit.

---

2 Friedrich Schiller: Xenien – 388. Gewissensskrupel. In: *Sämtliche Werke*, Band 1. Hanser Verlag, München 1962. S. 299.

Kant diagnostizierte für die übergroße Mehrheit der Menschheit eine selbstverschuldete Unmündigkeit. Ursächlich ist nicht ein Mangel an Verstand, „sondern der Entschließung und des Mutes“[3]. Es ist eben deutlich bequemer und sorgloser, Entscheidungen den Autoritäten und Traditionen zu überlassen, als sich der vollen Verantwortung für das eigene Leben und für die gesellschaftliche Entwicklung zu stellen. Erich Fromm schrieb von der „Flucht vor der Freiheit“[4], da diese keinesfalls immer beglückend, sondern auch belastend und verängstigend sein kann. Von der Geburt bis zur Bahre werden wir immer wieder mit der einschüchternden Erfahrung konfrontiert, dass die Welt riesig und unkontrollierbar ist, während wir vergleichsweise klein und machtlos bleiben. Gleichwohl ist es möglich, sich durch Liebe und Arbeit in ein positives Verhältnis zur Welt zu setzen. Gewiss, die Welt ist groß und beängstigend, aber ein Teil der Welt liebt mich und wird von mir geliebt. Ich begrüße also sowohl meine Existenz, als auch die Existenz der Welt. Ja, der Fluss ist wild und einschüchternd, aber ich vermag eine Brücke zu bauen. Es stimmt: die fremde Kultur verunsichert mich, aber ich vermag die Sprache zu erlernen und mir ein Verstehen zu erarbeiten. Ja, Machtmissbrauch ist ein echtes Problem, aber wir können Gewaltenteilung organisieren. Diese Prozesse aus Liebe und Arbeit ermöglichen den „reifen Menschen“[5], der die Freiheit nicht fürchtet, sondern schätzt. Allerdings handelt es sich um eine große emotionale und intellektuelle Leistung, die auch nach Fromm von nur wenigen erbracht wird. Die Mehrheit der Menschen strebt ungebrochen danach, ihre Lustbedürfnisse zu befriedigen und ihre Angst vor der Freiheit zu kompensieren.

Viktor Emil Frankl wurde nicht müde, die politischen Gefahren zu betonen, die aus einer Flucht vor der Freiheit resultieren:

> Im Gegensatz zum Tier sagt dem Menschen kein Instinkt, was er muß, und im Gegensatz zum Menschen in früheren Zeiten, sagt ihm keine Tradition mehr, was er soll – und nun scheint er nicht mehr recht zu wissen, was er eigentlich will. So kommt es denn, daß er entweder nur will, was die anderen tun – und da haben wir den Konformismus –, oder aber er tut nur, was die anderen wollen, von ihm wollen – und da haben wir den Totalitarismus.[6]

---

3 Kant: AA VIII, S. 35.

4 Erich Fromm: Die Flucht vor der Freiheit. In: Rainer Funke (Hrsg.): *Gesamtausgabe in zwölf Bänden*, Bd. I: Sozialpsychologie. DVA, Stuttgart. S. 299–314.

5 Erich Fromm: Die autoritäre Persönlichkeit. In: *Deutsche Universitätszeitschrift*. 12. Jg. Nr.9/1957. S. 3.

6 Viktor E. Frankl: Der Wille zum Sinn. Ausgewählte Vorträge über Logotherapie. Piper, München 1997. S. 24.

Die politische Theorie der Aufklärung war stets darum bemüht, das Streben nach Glück nicht aus den Augen zu verlieren. Das Verlassen des Naturzustands und der Abschluss des Gesellschaftsvertrags entstehen nach Hobbes zwar durch eine Vernunfteinsicht, aber sie verfolgen das strategische Interesse, ein friedlicheres und glücklicheres Leben zu ermöglichen. Bekanntlich zählt die Präambel der amerikanischen Unabhängigkeitserklärung neben *Life* und *Liberty* auch den *Pursuit of Happiness* zu den *unalienable Rights*. Allerdings geht das Projekt der Aufklärung weit über reziproke Ermöglichung unterschiedlicher Lebensformen und Glücksauffassungen hinaus. Die aufgeklärte Gesellschaft ist mehr als die friedliche Konkurrenz von Glücksbestrebungen. Sie verlangt nach dem Citoyen, dem mündigen, verantwortungsbewussten und informierten Bürger. Nur mit ihm lässt sich ein belastbares, Freiheit garantierendes System von *checks and balances* am Leben erhalten. Die Praxis des mündigen Staatsbürgers ist aber keinesfalls ein lustvolles Geschäft. Es verlangt nach Selbstdisziplin, Energie, Ausdauer und Mäßigung. Genau hier verliert das Konzept an integrativer Kraft. Seine Attraktivität bleibt nur dann bestehen, wenn persönliche und politische Autonomie als notwendiger Bestandteil eines erstrebenswerten Daseins angesehen werden bzw. im Zweifelsfall das Primat innehat. Die Geschichte lehrt, dass Armut und Unterdrückung die Ideen der Aufklärung und den Drang nach Freiheit beflügeln können. Für die dauerhafte Wertschätzung dieser Prinzipien gilt dies nicht. Die Französische Revolution wäre ihren Idealen vielleicht treu geblieben, wenn mit der Verabschiedung der Erklärung der Menschen- und Bürgerrechte von 1789 auch die Lebensmittelknappheit verschwunden wäre. Stattdessen stellten Hunger und Krieg die neu errungene Freiheit sogleich in Frage. In Zeiten existenzieller Bedrohungen haben immer wieder Menschen ihre Freiheit für ein Mehr an Sicherheit und Wohlstand geopfert. Das Problem stellt sich aber auch in weniger dramatischen Zeiten. Auch ein Zuviel an Wohlstand und Sicherheit vermag die Freiheit zu gefährden. In diesem Punkt teilt die Aufklärung das Schicksal aller Errungenschaften, die als natürlich gegeben wahrgenommen werden. Tritt dieser Zustand ein, sinken die emotionalen Bindungskräfte. Die Vorteile der Freiheit werden als selbstverständliches Anrecht verstanden, während die damit verbundenen Pflichten als Zumutung empfunden werden (vgl. Kapitel 4.3.2). Schnell wird deutlich, dass der langfristige Erhalt der Aufklärung ökonomischer und politischer Sicherheit bei gleichzeitigem Bewusstsein für die Kostbarkeit der Freiheitsrechte bedarf. Ein Zustand, der schwer zu erringen und mindestens ebenso schwer zu erhalten ist. Sobald eine kritische Masse ihr persönliches, meist ökonomisches Wohlergehen höher schätzt als Freiheit, ist die Lebensform der Aufklärung verloren.

Der wirtschaftliche Erfolg des sogenannten liberalen Westens hat dieses Problem viel Jahrzehnte verbergen können. Ein weiterer Faktor war der abschreckende Charakter der real existierenden politischen Alternativen. Im Vergleich zu den totalitären Regimen des zwanzigsten Jahrhunderts, die auf ein dominantes Heilsnarrativ bestanden und einen geringen Lebensstandard ermöglichten, erschienen die liberalen Gesellschaften als Hort der Freiheit und des Glücks.

Aktuell tritt die Ambivalenz von Glück und Freiheit jedoch zunehmend deutlicher zu Tage. Der Kapitalismus, der den liberalen Gesellschaften einen beträchtlichen ökonomischen Erfolg ermöglichte, kennt nur die Wertschätzung für die freien Kräfte des Marktes. Bürgerliche oder gar moralische Freiheiten sind bestenfalls von sekundärer Bedeutung. Lebenselixier des Kapitalismus ist hingegen die stetig wachsende Befriedigung von realen oder fiktiven Glücksbedürfnissen via Konsum. Lange Zeit hat die politische Konzeption der Aufklärung diesen Mechanismus als einen *Pursuit of Happiness* geschützt. Jetzt ist die Konfrontation allerdings unvermeidlich. Freiheit manifestiert sich durch Vernunftgebrauch und deren Aussage ist naturwissenschaftlich und moralisch eindeutig: Wir müssen unserer lustorientiertes Konsumverhalten massiv einschränken, wenn die „Permanenz echten menschlichen Lebens auf der Erde“[7] erhalten bleiben soll. Sofern dieses Gebot der Vernunft unstrittig ist, stellt sich die spannende Frage, ob die Gesellschaft die Kraft besitzt, das Primat der Freiheit zu realisieren. Es existieren Anlässe zur Hoffnung. Die Bewegung *Fridays for Future* mag viele Motive vereinen. Gleichwohl ist festzustellen, dass hier eine Generation auf der Basis wissenschaftlicher Erkenntnisse darum ringt, dass ihre ökonomische Zukunft von geringerer Qualität sein möge als die ihrer Eltern. Eine beeindruckende moralische Leistung, die eindeutig mit dem Narrativ der stetigen ökonomischen Progression bricht. Allerdings reicht das entgegengesetzte Spektrum der Gesellschaft von den Gelbwesten in Frankreich über die „Umweltpolitik“ der AfD in Deutschland bis hin zu libertären Ökonomen an zahlreichen internationalen Universitäten.[8] Auch diese Kräfte führen einen, wenn auch vulgären, Freiheitsbegriff ins Feld. Gemeint ist das Recht, preiswert zu konsumieren. Ein Kompromiss zwischen den beiden Flügeln der Gesellschaft ist nur begrenzt möglich. Im Kern stehen sich Freiheit im Sinne des vernunftorientierten Verantwortungsbewusstseins und

---

7 Hans Jonas: Das Prinzip Verantwortung – Versuch einer Ethik für die technologische Zivilisation. Suhrkamp, Frankfurt 1984. S. 36.

8 Vgl.: Nils Markwardt: *Pappkameraden des Ökopaternalismus*. In: Zeit Online https://www.zeit.de/kultur/2019-01/umweltpolitik-klimawandel-klasse-sozialpolitik-vereinbarkeit?page=5 [Letzter Aufruf 05.10.2022].

das konsumorientiere Glücksstrebens einander unversöhnlich gegenüber. Diese Konfrontation ist in liberalen Gesellschaften neu. Bisher hatten die entfesselten Kräfte individueller Gestaltungsmöglichkeiten sowohl das Bedürfnis nach moralischer und politischer Freiheit, als auch nach steigender Lebensqualität erfüllt. Das Joint Venture-Prinzip zwischen ethischem, politischem und wirtschaftlichem Liberalismus stößt an seine Grenzen und es wird sich zeigen, was die viel beschworenen Bekenntnisse zur Freiheit wirklich wert sind (vgl. Kapitel 4.3).

Derweilen arbeiten autoritäre Staaten daran, sich als lebenswerte Alternative zu präsentieren und die normative Leitfunktion liberaler Bürgerrechte zu relativieren. Nach Clive Hamilton und Mareike Ohlberg ist China seit Jahrzehnten darum bemüht, „Menschenrechte mit chinesischen Charakteristika" zu verbreiten. Mit Erfolg: 1991 veröffentlichte das Informationsbüro des Staatsrats der Volksrepublik China seine erste Erklärung zum Thema Menschenrechte. In diesem wurde die Bedeutung „sozialer und wirtschaftlicher Rechte" in den Mittelpunkt gestellt, während individuelle und politische Freiheitsrechte erwartungsgemäß vernachlässigt wurden.[9] Was zwei Jahre nach dem Massaker auf dem Tian'anmen-Platz wie blanker Zynismus wirkte, wurde seither durch geschickte Öffentlichkeitsarbeit verbreitet. Vom 13. bis 20. August 2018 fand in Peking der XXIV. Weltkongress für Philosophie statt. Tausende von Philosophinnen und Philosophen ließen sich von der guten Organisation, den gediegenen Hotels und dem gelungenen Kongresszentrum anlocken. Die Eröffnung fand in der großen Halle des Volkes am Tian'anmen-Platz statt. Chinesische Medien berichteten wahrheitsgemäß darüber, dass Philosophinnen und Philosophen aus aller Welt unter dem Titel „Learning to be Human" nach Peking angereist seien. Von einer kontroversen Plenumsdebatte zum Thema Menschenrechte wurde nicht berichtet. Wie auch, es gab sie nicht.

Im persönlichen Gespräch vertraten zwei chinesische Kollegen freimütig die folgende Position: „Der westliche Liberalismus ist gescheitert. Er verlangt seinen Bürgern zu viel ab. Was die Menschen wirklich wollen, ist persönliches Glück und ökonomischen Aufstieg. Solange dies gewährleistet wird, ist politische Selbstbestimmung eher störend."[10]

Die Expansion dieser Ansichten ist bereits weit fortgeschritten. In den Jahren 2018–2021 war ein heroischer Kampf der Bevölkerung von Honkong gegen den Verlust ihrer bürgerlichen Freiheiten zu beobachten. Menschen aller Bevölkerungsschichten setzten ihr persönliches Glück aufs Spiel, um

9 Informationsbüro des Staatsrats der Volksrepublik China: *Human rights in China*, Beijing 1991. https://www.china.org.cn/e-white/7/index.htm [Letzter Aufruf 05.10.2022].

10 Das Zitat ist allein aus der Erinnerung des Autors wiedergegeben.

ihr Recht auf Mitbestimmung, Meinungsstreit, Informationssuche, kurz auf anstrengende Selbstbestimmung zu verteidigen. Die Führung in Peking zeigte sich wenig beeindruckt. Zum einem, weil die sogenannte „Freie Welt“ erbärmlich wenig Protest artikulierte und damit indirekt das Primat der Ökonomie bestätigte. Zum anderen, weil kaum Gefahr bestand, dass der Funken der Freiheit sich ausbereitete. In Festlandchina scheint das Streben nach politischer Freiheit weitgehend erloschen zu sein.

Für die ewige Konkurrenz zwischen Freiheit und Glück ergibt sich hieraus eine unbequeme Überlegung: Vielleicht ist das chinesische Modell der Natur des Menschen näher als die anspruchsvolle Idee der Aufklärung. Vielleicht ist die Orientierung an Vernunft und Verantwortung zu Ungunsten von Lust und Befriedigung zwar als individuelle Glanzleistungen möglich, aber für Gesellschaften eine Überforderung. Vielleicht hat die Entfaltung von Freiheit gegenüber dem Streben nach Glück schlicht das Nachsehen.

3.2 Das Reproduktionsproblem

Es gehört zu den tragischen Elementen der Menschheitsgeschichte, dass die edelste aller Gesellschaftsformen eine geringe Produktivität besitzt.

Die klassischen Philosophen des achtzehnten Jahrhunderts wähnten die Menschheit auf einem zwar mühsamen aber stetig ansteigenden Weg zu Vernunft, Selbstbestimmung und Freiheit. Die Idee von einer Geschichte in weltbürgerlicher Absicht[11] lebte von der Vorstellung einer weltweiten Expansion der Freiheitsprinzipien durch die stetig wachsende Kraft der Vernunft. Zweifel waren von Anfang an berechtigt. Historische Belege für ein Scheitern von Aufklärungsbewegungen reichen von der griechischen Antike über die französischen Jakobiner oder die Weimarer Republik bis in das Europa der Gegenwart. Gleichzeitig demonstrierten Kolonialismus und Totalitarismus wie rasch Irrationalität und Inhumanität zu dominieren vermögen.

Die Hoffnungen, dass eine an Aufklärung orientierte Lebensform unwiderstehliche Anziehungskraft entwickelt, hat sich bisher nicht bestätigt. Selbst dort, wo die Prinzipien der Aufklärung seit Generationen zu den Fundamenten der Gesellschaft gerechnet werden, bleibt deren Bestand stets gefährdet.

Das Problem beginnt bereits mit der biologischen Reproduktion. Gesellschaften, die sich an den Idealen der Aufklärung orientieren, haben sehr

---

11 Kant: AA VIII, S. 15.

geringe Fertilitätsraten.[12] Natürlich ist hierfür vorrangig der ökonomische Erfolg dieser Gesellschaften verantwortlich, der Kinder unter anderem als Altersversicherung überflüssig macht. Aber auch die Überwindung von festgelegten Geschlechterrollen, Familienkonzepten und Lebenswegen haben ihren Beitrag geleistet. All dies darf mit guten Gründen bejubelt werden. Fakt ist aber auch, dass bei einer Reproduktionsrate von unter 2,1 eine Gesellschaft rein mathematisch verschwinden wird.[13]

All dies wäre eigentlich kein Problem, schließlich leidet unser Planet an Überbevölkerung. Zuwanderung vermag die entstehenden Lücken aufzufüllen und gleichzeitig andere Regionen der Erde zu entlasten. Allerdings ist Zuwanderung in eine tendenziell aufgeklärte Gesellschaft nicht gleichbedeutend mit deren Reproduktion. Wenn es richtig ist, dass das Ringen um Objektivität und Verantwortung aus einem anspruchsvollen Bildungsprozess erwächst, so muss dieser früh beginnen. Zuwanderung erfolgt mehrheitlich durch Erwachsene. Selbstverständlich können auch diese für die Ideale und die Praxis der Aufklärung gewonnen werden, allein der Aufwand ist ungleich höher als bei Kindern, deren Lernfähigkeit ausgeprägter und deren bisherige Weltsicht weniger gefestigt ist.

Doch selbst wenn hinreichend Kinder beizeiten ein entsprechendes Bildungsprogramm durchlaufen, kann der Fortbestand der Aufklärung nicht garantiert werden.

Ein Grund hierfür ist, dass die Ideale der Aufklärung nur geringe massenpsychologische Trägheit besitzen. In seinem Hauptwerk *Psychologie der Massen* von 1895[14], verdeutlicht Gustave Le Bon, wie sehr geteilte, irrationale Überzeugungen die kollektive Identität prägen und gerade deshalb unbewusst von den Massen verteidigt werden. Ideologien prägen nicht selten das Denken mehrerer Generationen. Religionen überdauern sogar Jahrtausende ohne jede rationale Rechtfertigung. Aufklärung eignet sich indes weder als Religion, noch als Ideologie und vermag daher nur schwer im kollektiven Bewusstsein

---

12 Die Geburtenraten ausnahmslos aller EU-Mitgliedsstaaten liegen beispielsweise sowohl unter dem globalen Durchschnitt von 2,4, als auch unter dem für die Stabilisierung einer Bevölkerung notwendigen Schwellenwert von 2,1 (Vgl.: United Nations, Department of Economic and Social Affairs, Population Division: *World Population Prospects 2022*).

13 *„Die Reproduktion einer Bevölkerung ist gewährleistet, wenn die Geburtenziffer dauerhaft den Wert 2,1 hat.*“, Bundeszentrale für politische Bildung: *Geburten* https://www.bpb.de/kurz-knapp/zahlen-und-fakten/soziale-situation-in-deutschland/61550/geburten/ [Letzter Aufruf 15.08.2022].

14 Gustave Le Bon, Rudolf Eisler (Übers.): *Psychologie der Massen.* 2. Auflage, Dr. Werner Klinkhardt Verlag, Leipzig 1912.

Wurzeln zu schlagen. Nach Le Bon findet die bildhafte, simple und dogmatische Wiederholung Eingang in die „Massenseele“[15]. Das Streben nach Freiheit und das Ringen um Objektivität erfüllen diese Kriterien gerade nicht. Sie taugen weder zur Euphorie, noch zur Hysterie. Es handelt sich um Tugenden, die an den mühsamen Prozess der rationalen Rechtfertigung gebunden sind. Zudem ist ein Primat des Individuums gegenüber dem Kollektiv für das Ideal der Mündigkeit konstitutiv. Norbert Elias verstand daher den gesamten Zivilisationsprozess als eine Überwindung kollektiver Identitäten zu Gunsten individueller Identität.[16] Auf eine emotionale Verwurzelung in der „Massenseele“ darf die Aufklärung also nicht hoffen.

Der Fortbestand aufgeklärter Lebensformen kann allein durch die Mündigkeit möglichst vieler Individuen gewährleistet werden. Aktivierung, Pflege und Erhalt dieser Prinzipien sind zeitraubend und kostspielig. Bildungssysteme wollen finanziert werden. Bildungssubjekte benötigen nicht nur Betreuung und Zeit, um Lesen, Rechnen und Schreiben zu erlernen, sondern auch Muße, um Kreativität und Urteilskraft zu entfalten. Es ist daher keine Übertreibung, wenn Ekkehard Martens von der vierten Kulturtechnik humaner Lebensgestaltung spricht.[17]

Selbst ein Zuviel an Wohlstand und Sicherheit vermag die Freiheit zu gefährden. In diesem Punkt teilt die Aufklärung das Schicksal aller Errungenschaften, die als Selbstverständlichkeit wahrgenommen werden. Tritt dieser Zustand ein, sinken die emotionalen Bindungskräfte (vgl. Kapitel 3.3.3). Schnell wird deutlich, dass der langfristige Erhalt der Aufklärung ökonomischer und politischer Sicherheit bei gleichzeitigem Bewusstsein für die Kostbarkeit der Freiheitsrechte bedarf. Ein Zustand, der schwer zu erringen und mindestens ebenso schwer zu erhalten ist.

Die fragile Produktivität aufgeklärter Gesellschaften verdichtet sich in dem erstmals 1964 formulierten Diktum des Verfassungsrechtlers und Rechtsphilosophen Ernst-Wolfgang Böckenförde:

> Der freiheitliche, säkularisierte Staat lebt von Voraussetzungen, die er selbst nicht garantieren kann. Das ist das große Wagnis, das er, um der Freiheit willen, eingegangen ist. Als freiheitlicher Staat kann er einerseits nur bestehen, wenn sich die Freiheit, die er seinen Bürgern gewährt, von innen her, aus der moralischen Substanz des einzelnen und der Homogenität der Gesellschaft, reguliert. Anderseits kann er diese inneren Regulierungskräfte nicht von sich aus, das

15 Ebd. S. 10ff.

16 Norbert Elias: *Über den Prozeß der Zivilisation.* Verlag Haus zum Falken, Basel 1939.

17 Vgl.: Ekkehard Martens: Philosophie als Kulturtechnik humaner Lebensgestaltung. In: Julian Nida-Rümelin, Irina Spiegel, Markus Tiedemann (Hrsg.): *Handbuch der Philosophie und Ethik. Band I: Didaktik und Methodik.* 2. Auflage. Schöningh, Paderborn 2017. S. 41–47.

> heißt mit den Mitteln des Rechtszwanges und autoritativen Gebots zu garantieren suchen, ohne seine Freiheitlichkeit aufzugeben und – auf säkularisierter Ebene – in jenen Totalitätsanspruch zurückzufallen, aus dem er in den konfessionellen Bürgerkriegen herausgeführt hat.[18]

Zwei Säulen tragen freiheitliche Gesellschaften. Eine von Gewaltenteilung geprägte Verfassung und eine aktive, kritische und selbstkritische Bürgerschaft. Die Epochen der Aufklärung haben grandiose Verfassungen hervorgebracht. Gleichwohl bieten alle Angriffsflächen für Machtmissbrauch. Das galt für die Kombination der Paragraphen 25, 48 und 53 der Weimarer Verfassung und das gilt für das Zuschneiden von Wahlbezirken in den Vereinigten Staaten von Amerika. Doch selbst wenn Konstruktionsfehler vermieden oder behoben werden, Verfassungen allein vermögen den Fortbestand einer freien, rationalen und mündigen Gesellschaft nicht zu garantieren.

Ein Grund hierfür ist das Autoritätsdefizit, dass allen säkularen Staatsformen zukommt. Die politische Ordnung vermag sich nicht auf ein transzendentes „höheres Recht"[19] zu berufen, sondern bezieht ihre Legitimation aus jener bürgerlichen Freiheit, die sie selbst zu etablieren und zu erhalten versucht. Nach Hannah Arendt bemühen sich Republiken, dieses Defizit mit einem fast sakralen Gründungsmythos zu kompensieren. Dies gilt für das antike Rom, ebenso wie für die Vereinigten Staaten von Amerika.[20]

Allerdings vermögen auch diese emotionalen Aufladungen Respekt und Wertschätzung nicht zu garantieren. Am 06.01.2021 stürmte ein gewaltbereiter Mob das Kapitol der Vereinigten Staaten in Washington D.C., um die förmliche Bestätigung der Präsidentschaftswahlen von 2020 zu verhindern. Fünf Personen starben, 56 wurden verletzt. Parlamentarierinnen und Parlamentarier mussten in Sicherheit gebracht werden, die Parlamentssitzung wurde unterbrochen. All dies erfolgt nicht obwohl, sondern weil die Verfassungsorgane zwischen 2016 und 2020 eine massive Erosion der Demokratie verhindert hatten.

> „Eine [aufgeklärte] Demokratie lebt nicht nur vom Funktionieren rechtsstaatlicher Verfahren und Institutionen, sondern sie braucht eine demokratische Gesinnung ihrer Bevölkerung, eine lebensweltliche Verankerung ihrer normativen Prinzipien, soll sie nicht zur leeren Hülle werden, die von

18 Ernst Wolfgang Böckenförde: Die Entstehung des Staates als Vorgang der Säkularisation. In: *Recht, Staat, Freiheit. Studien zur Rechtsphilosophie, Staatstheorie und Verfassungsgeschichte.* Suhrkamp, Frankfurt 1991. S. 92–114.

19 Hannah Arendt: *Über die Revolution.* Piper, München 1963. S. 238.

20 Ebd. S. 236.

antidemokratischen Kräften mühelos weggeblasen werden kann."[21] Erforderlich ist ein „Bürgersinn", durch den „sich als ‚Individuen' verstehende Akteure bewusst und mit ‚wertrational' durchdachten guten Gründen für die ‚Verfassung' der jeweiligen Gesellschaft einsetzen und sie in Denken, Fühlen und Handeln unterstützen."[22]

Diese bürgerliche Gesinnung bildet die substanzielle Grundlage aufgeklärter, freiheitlicher Gesellschaften, ohne von diesen garantiert werden zu können. In letzter Instanz beruht alle Hoffnung auf Bildung. Doch gerade hier offenbart sich die erschreckende Fragilität des Aufklärungsprojektes. Gerade weil das Handwerk der Freiheit immer wieder neu erlernt werden muss, genügt es, eine einzige Generation zu vernachlässigen, zu verunsichern oder zu manipulieren. Gleichzeitig ist die Erziehung zur Mündigkeit ungleich schwerer und aufwendiger als Indoktrination und Manipulation. Der Mensch ist vernunftbegabt, nicht vernunftaffin. Selbst wenn sich Vernunft und autonome Urteilskraft entfaltet haben und eine verlässliche Immunität gegen Vorurteile, Fanatismus und Dogmatismus ermöglichen, können ihre Träger nur gar zu leicht zum Schweigen gebracht werden. Thomas Rentsch hat diesen Gedanken während einer Weihnachtsfeier im Jahr 2016 atemberaubend prägnant illustriert. Sinngemäß lautet der Gedankengang wie folgt: Man vergegenwärtige sich wie viel Ressourcen, Liebe, Mühe und Fürsorge in die Versorgung, Erziehung und Bildung eines mündigen Menschen geflossen ist und dennoch bedarf es nur eines kurzen Moments der Skrupellosigkeit, um ihm die Gurgel umzudrehen.

3.3 Die Selbstzerstörungstendenzen der Freiheit

Der Gebrauch der Vernunft ist eine notwendige Voraussetzung von Freiheit. Ohne Vernunft ist eine Orientierung an Gründen, das Ringen um Rechtfertigung, das autonome Verhalten zur Welt nicht möglich. Leider ist aber Vernunft allein kein hinreichender Garant für diese Tugenden. Es gibt viele Spielarten, die Vernunft zu gebrauchen und längst nicht alle kultivieren Freiheit, Verantwortung und Humanität. Mehr noch: Die Freiheit trägt stets den Keim ihrer Selbstzerstörung in sich.

---

21 Klaus Goergen: Einleitung. In: Dieter Birnbacher, Klaus Goergen, Markus Tiedemann (Hrsg.): *Normative Integration. Kulturkampf im Klassenzimmer und netzgeprägte Schülerschaft*. Schöningh, Paderborn 2021. S. VII.

22 Hartmut Esser: Integration und ethnische Schichtung. In: *Arbeitspapiere – Mannheimer Zentrum für Europäische Sozialforschung*, 40/2001. S. 3.

3.3.1 *Die instrumentelle Verkürzung*

Fritz Haber war ein beeindruckend kluger und gebildeter Mann. Im Jahr 1918 wurde er mit dem Nobelpreis für Chemie ausgezeichnet. Die Würdigung seiner 1911 patentierten Erfindung scheint überaus berechtigt. Eine Ernährung der heutigen Erdbevölkerung ohne die, zusammen mit Carl Bosch entwickelte, katalytische Synthese von Ammoniak erscheint unmöglich. Millionen von Biographien verdanken Fritz Haber zumindest indirekt ihre Existenz. Leider ist Fritz Haber aber nicht nur der Mann, der „aus Luft Brot gemacht“[23] hat, sondern auch der wissenschaftliche Vater deutscher Giftgaseinsätze während des Ersten Weltkrieges. Unter klarer Missachtung der Haager Landkriegsordnung von 1899 entwickelte und leitete Haber den Einsatz von Chlorgas und Phosgen als erste „Massenvernichtungsmittel der Weltgeschichte“[24]. Für seinen Einsatz wurde Fritz Haber zum Hauptmann ernannt. Er erhielt damit den höchsten Rang, der einem jüdischen Bürger außerhalb der kämpfenden Truppe möglich war. Hermann Haber nahm sich 1946 das Leben, als er realisierte, dass die Entwicklungen seines Vaters auch die Grundlage für Zyklon B und den millionenfachen Mord in deutschen Konzentrationslagern gelegt hatten. Seine Mutter Clara Immerwahr geißelte bereits 1915 die Aktivitäten ihres Mannes, als „Perversion der Wissenschaft“, bevor sie sich mit dessen Dienstwaffe das Leben nahm.[25]

Die Formulierung von Clara Immerwahr geißelt die Essenz eines rein instrumentellen Vernunftgebrauchs. Wissenschaften und Rationalität sind nicht an sich pervers, aber sie können pervertiert werden. Wissenschaft stellt notwendig zwei Fragen: „Was ist das?“ und „Was ist möglich?“. Allein Ethik und Aufklärung bestehen zudem auf die Fragen: „Wie soll es sein?“ und „Was soll ich tun?“. Kant hat die Unterscheidung von hypothetischem und kategorischem Denken zum Wesenskern der Moral erhoben.[26] Das Ausblenden der ethischen Perspektive reduziert Wissenschaft auf mechanische und funktionale Machbarkeit.

Die immensen Gefahren einer rein instrumentalisierten Vernunft zu bestreiten, grenzt an historische und soziale Ignoranz. Wie in Kapitel 2.3 gezeigt, wirkten normative Errungenschaften der attischen Aufklärung in der römischen Welt fort. Dies gilt unter anderem für den Republikanismus und das Rechtssystem. Die Perfektionierung der instrumentellen Vernunft war indes deutlich langlebiger und erfolgreicher. Sie fand ihren Ausdruck

---

23 A. Hermann: Haber und Bosch: Brot aus Luft – Die Ammoniaksynthese. In: Physikalische Blätter 21, 1965. S. 168–171.

24 Margit Szöllösi-Janze: *Fritz Haber 1868–1934. Eine Biographie*. Verlag C.H. Beck, München 1998. S. 317.

25 Ebd. S. 397.

26 Kant: AA III. S. 522.

in Organisationseinheiten, Logistik und Militärtechnik. Die Verbrechen des zwanzigsten Jahrhunderts sind u.a. deshalb so schockierend, weil sie auch von rationaler Kalkulation und wissenschaftlicher Präzision vorangetrieben wurden. Nach Horkheimer und Adorno ist der „Zusammenbruch der bürgerlichen Zivilisation“ die Herrschaft des Faktischen gegenüber dem Normativen, das Primat der Macht gegenüber dem Individuum, in der Dialektik der Aufklärung angelegt.[27] Eine Gefahr, die auch außerhalb totalitärer Herrschaftsformen zum Tragen kommt. Nach Carl Friedrich von Weizsäcker leben wir in einem wissenschaftlich-technischen Zeitalter[28]. Dessen Dynamik neigt dazu, sich vom Bewusstsein für Verantwortung und ethische Implikationen abzukoppeln. Dies gilt für den Einsatz von Waffentechnik, wie für das Einkaufsverhalten im Supermarkt. Hinzu kommen eine noch nie dagewesene Qualität und Quantität des Machbaren. Wenige Gedanken haben das wissenschaftlich-technische Zeitalter präziser beschrieben als Günther Anders These vom Ende der hypothetischen Fragen. Auch Platon und Aristoteles hätten ein interessantes Streitgespräch darüber führen können, ob die Menschheit sein soll. Allerdings wäre ihr Disput rein hypothetischer Natur gewesen. Für uns handelt es sich um eine ganz praktische Frage. Wir leben in der „Endzeit“. Nicht, weil das Ende unmittelbar bevorstehen muss, sondern, weil wir es jederzeit herbeiführen können.[29] Für Hans Jonas war dies der Anlass nach einem neuen kategorischen Imperativ Ausschau zu halten, einen „Imperativ, der auf den neuen Typ menschlichen Handelns passt und an den neuen Typ von Handlungssubjekt gerichtet ist [...]: „Handle so, dass die Wirkungen deiner Handlung verträglich sind mit der Permanenz echten menschlichen Lebens auf Erden“.[30]

Dabei ist die technische Entwicklung nicht hintergehbar. Wir benötigen die Technik, um die Probleme, die wir durch Technik hervorgerufen haben, mit Technik zu kontrollieren. Das gilt für die Ruinen von Tschernobyl und Fukushima, ebenso wie für den Klimawandel. Gleichzeitig fehlen sowohl zweifelsfreie Evidenzen, als auch unbestrittene moralische Kategorien, um die Folgen unserer Entscheidungen und Handlungen in Gänze überblicken zu können. Nach Ulrich Beck ist die Menschheit unvermeidlich vor Risikoabwägungen gestellt, ohne über hinreichendes naturwissenschaftliches und moralisches

27 Max Horkheimer, Theodor W. Adorno: Dialektik der Aufklärung. In: Max Horkheimer: *Gesammelte Schriften*. Bd. 5. Fischer, Frankfurt am Main 1987. S. 16, 25.

28 Carl Friedrich von Weizsäcker: Der Mensch im wissenschaftlich-technischen Zeitalter. In: *Ausgewählte Texte*. Goldmann, München 1987.

29 Günther Anders: *Die atomare Drohung*. Verlag C.H. Beck, München 1981.

30 Hans Jonas: *Das Prinzip Verantwortung – Versuch einer Ethik für die technologische Zivilisation*. Suhrkamp, Frankfurt 1989. S. 36.

Wissen zu verfügen.[31] Die Corona-Pandemie hat die Beschaffenheit einer globalen wissenschaftlich-technischen Risikogesellschaft erneut verdeutlicht. Das Ersinnen von technischen und logistischen Lösungen gehört zur Existenzfrage der Menschheit. Gleichzeitig bedarf es dringend einer Grundsatzreflexion darüber, welche Probleme auf welche Weise gelöst werden sollen und dürfen.

Eine auf instrumentelle Machbarkeit verkürzte Vernunft ist bedrohlich. Sie bedroht die gesamte Menschheit. Etwa, wenn Personen über Atomwaffen verfügen, denen ein fiktives Jenseits erstrebenswerter scheint als ein Fortbestehen des Diesseits, oder wenn ungebremster Massenkonsum sehenden Auges die Existenzgrundlagen kommender Generationen zerstört. Die Einfallstore für eine instrumentelle Verkürzung der Vernunft sind zahlreich. Für Religionen und politischen Totalitarismus ist nur eine Vernunft akzeptabel, die nach bestmöglicher Umsetzung vorgegebener Ziele und Wahrheiten strebt. Vernunft als Grundsatzkritik ist für diese Ideologien hingegen toxisch. Aber auch ökonomische Dynamiken weisen entsprechende Muster auf. Der Gott des Kapitalismus heißt Gewinnmaximierung. Ihm werden beeindruckende Opfer gebracht: Die Existenzgrundlagen der eigenen Kinder, persönliche Lebenszeit, natürliche Ressourcen, soziale Beziehungen. Die Instrumentelle Vernunft erweist sich als fleißiger Diener dieser Gottheit. Sie ersinnt Effizienzsteigerungen und Produkte zur Befriedigung von Bedürfnissen, die ihrerseits zunächst erfunden werden müssen.

Sich der instrumentellen Verkürzung zu erwehren, bleibt atemberaubend anspruchsvoll und mühsam. Erforderlich sind Argumentations-, Ideologie-, Gesellschafts- und Selbstkritik. Derartige Tugenden hat bisher nur das Selbstverständnis der Aufklärung hervorgebracht. Die Tatsache, dass die oben beschriebenen Übel nicht verhindert werden konnten, belegt nicht, dass Aufklärung und das Streben nach Objektivität falsch sind. Sie belegt nur, wie fragil das Projekt ist und wie leicht eine Pervertierung gelingt.

3.3.2 *Aufstand der Massen*

Es sollte bereits deutlich geworden sein, dass Aufklärung ein ambitioniertes, seltenes und im besten Sinne des Wortes elitäres Projekt darstellt.

Ziel der Aufklärung ist es, möglichst viele Menschen politisch zum Citoyen, kommunikativ zum kompetenten Sprecher und moralisch zum autonomen Vernunftwesen zu erheben. Man stelle sich eine Weltbevölkerung vor, die ausschließlich aus mündigen Bürgern besteht, welche sich in politischen

---

31 Ulrich Beck: Risikogesellschaft. Überlebensfragen, Sozialstruktur und ökologische Aufklärung. In: *Aus Politik und Zeitgeschichte.* Beilage zur Wochenzeitung Das Parlament, 1989. S. 4–7.

und moralischen Fragen am zwanglosen Zwang des besseren Argumentes ausrichten. Eine herrliche Utopie! Gleichwohl waren die Aufklärer aller Zeiten nicht naiv. Nach Kant darf die Geschichte der Menschheit nur als unendlicher Annäherungsprozess an den weltbürgerlichen Zustand gedacht werden. Ein schneller oder gar endgültiger Erfolg sei nicht zu erwarten. Das „Krumme Holz" der menschlichen Natur, um in Kantischer Bildsprache zu bleiben, ist zu träge, um sich schnell und umfassend für die Anstrengungen der Mündigkeit gewinnen zu lassen. Eine mündige, aufgeklärte Existenz ist bestenfalls einer stetig wachsenden Elite vorbehalten. Für zahlreiche Autoren von Aristoteles bis zu José Ortega y Gasset ist Elite eine normative und keine soziale oder gar ökonomische Kategorie. *„Adel erkennt man am Anspruch an sich selbst, an den Verpflichtungen, nicht an den Rechten. — Noblesse oblige."*[32] Es handelt sich um Charaktere, denen Gemeinwohl wichtiger ist als persönliche Vorteile, und die Tugenden, wie Selbstdisziplin, Ausdauer und Verantwortungsbereitschaft kultivieren. Dieser Elitebegriff unterscheidet sich deutlich von einem vielfach zu beobachtenden Begriffsverständnis, welches ökonomisch oder politisch privilegierte Schichten bezeichnet.[33] „Entgegen der landläufigen Annahme ist es nicht die Masse, sondern der große Einzelne, der seinem Wesen nach in Dienstbarkeit lebt. Sein Leben ist ihm schal, wenn er es nicht im Dienst für etwas Höheres verbraucht."[34]

Gewiss kann bei diesen Ausführungen der Vorwurf eines naiv-platonischen Idealismus erhoben werden. Allerdings sind kategoriale Unterscheidungen nicht hinfällig, nur weil sich keine lupenreinen, empirischen Beispiele finden lassen. Auffällig ist zudem die Nähe zur kantischen Pflichtethik, einem Produkt der Aufklärung, das ebenfalls in der sozialen Realität nicht zweifelsfrei identifiziert werden kann.

> Den auserlesenen oder hervorragenden Menschen dagegen kennzeichnet die innere Notwendigkeit, von sich fort zu einer höheren, objektiven Norm aufzublicken, in deren Dienst er sich freiwillig stellt.[35]

Das Wirken der so verstandenen Elite ist schon deshalb edel, weil es durch Verbreitung der Aufklärung auf Überwindung des eigenen Sonderstatus

---

32 José Ortega Y Gasset: *Der Aufstand der Massen.* Rowohlt Taschenbuch Verlag, Hamburg 1970. S. 66f.

33 Für eine genaue Differenzierung vgl.: Rainer Paris: Autorität- Führung- Eliten: Eine Abgrenzung. In: Stefan Hradil, Peter Imbusch (Hrsg.) *Oberschichten- Eliten- Herrschende Klassen.* Opladen: Leske + Budrich (Reihe Sozialstrukturanalyse; Bd. 17) 2003. S. 55–72.

34 Gasset: S. 66.

35 Ebd.

gerichtet ist. Jeder für diese Ideale gewonnene Mensch verringert die Anzahl der Unmündigen und die Besonderheit der Elite.

Leider wartet die Menschheit nicht passiv darauf, endlich aufgeklärt zu werden. Es handelt sich nicht um einen schlafenden Steinbruch, aus dem nach und nach immer mehr mündige Juwelen herausgearbeitet werden können. Besser geeignet ist die Metapher eines Ozeans, der friedlich daliegen kann, sich aber auch zu gewaltigen und gewalttätigen Wellenbergen auftürmen lässt. Menschenmengen, die sich hinter einer gemeinsamen Idee, einem Ziel oder einer Führung versammeln, gehören zu den wirkungsmächtigsten Faktoren der Weltgeschichte. Politikwissenschaft, Psychologie und Philosophie sprechen vom Phänomen der Masse.

Gustav Le Bon, der Vater der Massenpsychologie, war davon überzeugt, dass die Entwicklung zu einer selbstbestimmten Persönlichkeit durch den Eintritt in eine Masse um mehrere Stufen zurückgeworfen wird. Freud spricht vom „Herabsinken zum Massenindividuum“[36]. Andere Autoren, wie Erich Fromm oder Theodor W. Adorno, verstehen die Vereinigung mit der Masse vor allem als Kompensation charakterlicher Defizite. Einig sind sich nahezu alle Autoren darin, dass Massen zahlreiche Eigenschaften aufweisen, die den Idealen der Aufklärung entgegenwirken. Le Bon nennt u.a. „Triebhaftigkeit, Reizbarkeit, Unfähigkeit zum logischen Denken, Mangel an Urteil und kritischem Geist [und] Überschwang der Gefühle“.[37] Er beschreibt die Entstehung einer Art Massenseele als den Teil, in dem der Einzelne jede Fähigkeit zum selbstbestimmten Urteil verliert. Leider ist die Geschichte reich an Beispielen für hysterischen oder ideologischen Massenwahn.

Dabei müssen sich Massen keinesfalls stets destruktiv auswirken. Auch heroische und humane Taten sind möglich. Alles hängt davon ab, in welche Richtung die Masse gelenkt wird. Aus diesem Grund kann sich die aufgeklärte Elite auch nicht von der Masse zurückziehen. Zum einen wäre dies ein Verrat an der eigenen Überzeugung, die ja jedem Menschen das Potential zur Mündigkeit zuschreibt und zum anderen würde sonst die destruktive Kraft der Masse sich selbst überlassen. Dabei gerät die Aufklärungsarbeit in Paradoxien. Eine Anleitung zur Selbstbestimmtheit enthält unvermeidlich einen Restanteil Fremdbestimmung (vgl. Kapitel 4.3.3). Solange die Massen zur Aufklärung motiviert und angeleitet werden müssen, ist ihr Status nicht überwunden. Sie handeln bestenfalls gemäß den Idealen der Aufklärung, aber nicht aufgeklärt.

---

36 Sigmund Freud: *Massenpsychologie und Ich-Analyse.* Internationaler Psychoanalytischer Verlag GmbH, Leipzig, Wien, Zürich 1921. S. 89.

37 Gustave Le Bon, Rudolf Eisler (Übers.): *Psychologie der Massen.* Alfred Kröner Verlag, Stuttgart 1982. S. 19.

Auf das Einwirken zu verzichten, würde indes bedeuten, Irrationalität und Unmündigkeit freie Entfaltung zu gewähren. Ebenso wie die Erziehung zur Mündigkeit ist nicht nur die Verbreitung, sondern auch der Fortbestand der Aufklärung stets mit Elementen entmündigender Vorgabe behaftet. Solange die Masse Masse ist, aber nicht bleiben soll, bedarf es elitärer Autoritäten. Wünschenswerte Autoritäten, so Erich Fromm[38], haben die Tendenz zur Selbstauflösung. Eine gute Lehrerin bemüht sich, den Wissensunterschied zwischen den Schülern und ihr sukzessiv zu verringern. Ähnlich verhält es sich mit den Eliten der Aufklärung. Auch ihr Wirken ist auf Überwindung des eigenen Sonderstatus gerichtet. Jeder für die Ideale der Aufklärung gewonnene Mensch lässt die Masse schwinden und verringert die Besonderheit der Elite.

Die an der Aufklärung orientierten Gesellschaften der Neuzeit waren außergewöhnlich erfolgreich darin, große Anteile der Bevölkerung für eine zumindest partiell elitäre Lebensform zu gewinnen. Die Konstruktion mit der dies geschieht, kann als *asymmetrische Symmetrie* bezeichnet werden. Dabei handelt es sich um eine fragile Konstruktion aus Gleichheit an Rechten und Zugängen bei gleichzeitiger Ungleichheit von Expertise und argumentativer Rechtfertigung. John Rawls hat in seiner Theorie der Gerechtigkeit Grundsätze formuliert nach denen Ungleichheiten akzeptabel sind. Hierzu gehört das „gleiches Recht auf das umfangreichste System gleicher Grundfreiheiten [...], das mit dem gleichen System für alle anderen verträglich ist", sowie „Positionen und Ämtern [...], die jedem offen stehen."[39] In der asymmetrischen Symmetrie der Moderne gilt dies nicht nur für soziale und ökonomische Ungleichheiten, die Rawls besonders beschäftigten, sondern auch für politische und soziale Gestaltungsansprüche. Wer politische Verantwortung trägt, ist vor dem Gesetz nicht besser als jene, die diese Belastung scheuen. All jene die bereit sind, sich diesen Anforderungen zu stellen, müssen auch die Gelegenheit haben, sich zu qualifizieren und um Zustimmung zu werben. Allerdings gilt auch: Expertise ist besser als Laientum, Wissen wertvoller als Meinung und begründete Rechtfertigung wichtiger als bloßes Proklamieren. Unser Wissen um Geschichte, Politik und Psychologie liefert guten Grund dafür, dass Demokratie die beste aller möglichen Staatsformen ist. Aber Wissen selbst ist nicht demokratisch.[40] Die asymmetrische Symmetrie der modernen, an Aufklärung orientierten Gesellschaft beruht auf Gleichberechtigung, Durchlässigkeit, Rechtfertigungszwang

---

38 Erich Fromm: *Escape from Freedom*. 18. Auflage. Avon Books, New York 1965. S. 187.

39 John Rawls: *Eine Theorie der Gerechtigkeit*. Suhrkamp Verlag, Frankfurt am Main 1979. S. 81.

40 Vgl.: Mai Thi Nguyen-Kim, Linda Tutmann: Wissenschaft ist keine Demokratie. In: *Zeit.de*. Online: https://www.zeit.de/gesellschaft/zeitgeschehen/2021-05/mai-thi-nguyen-kim-hass-internet-wissenschaftsjournalismus-pressefreiheit [Letzter Aufruf 15.08.2022].

und der Wertschätzung für gute Gründe. Die Gleichheit vor dem Gesetz, die Aufhebung von Standesprivilegien, sowie der freie Zugang zu Bildung, Qualifikationsinstanzen und Mitbestimmungsforen gehören zu den wichtigsten Errungenschaften der Moderne und Garant der politischen und sozialen Durchlässigkeit. Jeder, der will, soll die Gelegenheit erhalten, durch Disziplin und Anstrengung Qualifikation zu erreichen und Verantwortung zu übernehmen. In jedem Fall soll die Fähigkeit erworben werden, echte Qualifikation und durchdachte Rechtfertigung von Unkenntnis und Spekulation zu unterscheiden. Der Rechtfertigungszwang unterwirft Ansprüche und Begehrlichkeiten einer allgemeinen und reziproken Deliberation. Die Wertschätzung für gute Gründe garantiert den rationalen Charakter der Deliberation. Selbiges gilt für die Anerkennung einer durch gute Gründe gerechtfertigten Expertise. Dies gilt sowohl für die Übernahme politischer Funktionen, als auch für die Verantwortung als Wählerin und Wähler. In repräsentativen Demokratien kommt den Parteien die Aufgabe zu, den Wählern ausgearbeitete Alternativen vorzulegen. Die Wählerinnen und Wähler wiederum sind dazu aufgerufen, die Alternativen kritisch zu prüfen und qualitativ zu evaluieren. Zudem besteht die Option, die Rollen zu wechseln und selbst ein politisches Programm vorzulegen, wenn keine der angebotenen Alternativen akzeptabel erscheint. Von all jenen, die sich keine dieser Anstrengungen zumuten, darf zumindest eine gewisse Dankbarkeit erwartet werden. Dankbarkeit für eine wachsende ökonomische und politische Lebensqualität, die sie den Innovationen und der Selbstdisziplin ihrer Mitbürger zu verdanken haben.

Der Aufstand der Massen besteht nun in der Verweigerung staatsbürgerlicher Tugenden und in der Aufkündigung der asymmetrischen Symmetrie des Aufklärungsprozesses. Er untergräbt und leugnet die intellektuelle Asymmetrie zwischen besseren und schlechteren Rechtfertigungen, ebenso wie die Verbindung von Gestaltungsanspruch und Qualifikation. Nach Ortega y Gasset bezeichnet die Masse all jene, die an sich und ihre individuellen Leistungen keine oder höchstens durchschnittliche Anforderungen stellen, gleichzeitig aber maximale Ansprüche bezüglich der Erfüllung persönlicher Wünsche und Bedürfnisse erheben. Insbesondere Zeiten wirtschaftlicher und politischer Stabilität lassen die Masse jene großen Leistungen vergessen, die ihren Wohlstand überhaupt erst ermöglicht haben. Dankbarkeit, Anerkennung und Respekt für Leistungsträger gehen der Masse ab. Dies gilt für Trinkwasser aus der Leitung und Müllentsorgung, ebenso wie für Impfungen oder freie Wahlen. Vielmehr geht der Massenmensch in der Illusion auf, dass alles zu seiner Verfügung stünde ohne mit Verpflichtungen verbunden zu sein.[41] Der Aufstand

41 Vgl. Gasset: S. 41.

der Massen beschreibt einen Prozess, der von Platon als Übergang zur Pöbelherrschaft und von Ortega y Gasset als „Hyperdemokratie“[42] bezeichnet wurde. In der gesunden Demokratie, so Ortega y Gasset, akzeptiert die Masse, dass

> schließlich und endlich trotz all ihrer Fehler und Mängel die Politiker etwas mehr von den öffentlichen Fragen verstünden als sie. Jetzt dagegen glaubt sie, es sei ihr gutes Recht, ihre Stammtischweisheiten durchzudrücken und mit Gesetzeskraft auszustatten. [...] Charakteristisch für den gegenwärtigen Augenblick ist es jedoch, daß [sic!] die gewöhnliche Seele sich über ihre Gewöhnlichkeit klar ist, aber die Unverfrorenheit besitzt, für das Recht der Gewöhnlichkeit einzutreten und es überall durchzusetzen.[43]

Unzufriedenheit führt nicht zu Anstrengung und Erarbeitung von Alternativen, sondern nur zu Anklage und Protest. Hinzu kommt eine zunehmende Forderung nach Symmetrie bei gleichzeitiger Diskreditierung von asymmetrischen Qualitätskriterien. Die Masse, so y Gasset, hege Misstrauen oder Hass gegen alles, „was anders, was ausgezeichnet, persönlich, eigenbegabt und erlesen ist“.[44]

Dies ist eine Grundhaltung, zu deren Entfaltung die Aufklärung selbst massiv beigetragen hat. Für y Gasset war es eine Art Hybris, den Durchschnittsmenschen mit liberalen Ideen vertraut zu machen und darauf zu vertrauen, dass dieser sich dann auch elitär verhalten würde.[45] „Alle sind gleich.“ „Deine Stimme zählt so viel wie jede andere.“ „Du hast ein Recht darauf gehört zu werden!“. All dies hat der Massenmensch von den ihn umwerbenden Aufklärern zu hören bekommen. Gern war er bereit, daran zu glauben ohne die elitären Elemente der Konstruktion zu verinnerlichen. Doch ohne Streben nach Objektivität, ohne Selbstkritik, ohne Unterscheidung zwischen persönlicher Präferenz und intersubjektiver Rechtfertigung schlägt die Stunde des Populismus. Ein Begriff, der selbst die Fragilität der asymmetrischen Symmetrie verdeutlicht. Einerseits ist die Einbeziehung und aktive Partizipation des Volkes (lat. populus) massiv erwünscht. Nur so lässt sich Macht legitimieren und nur so kann der Bildung von politischen und ökonomischen Kartellen entgegengewirkt werden. Andererseits darf die Bedürfnislage der Gemeinschaft nicht das Prinzip der rationalen Rechtfertigung überlagern. Ein Balanceakt, der in demokratischen Gesellschaften täglich auszutragen ist.[46] „Des einen

---

42 Ebd. S. 15.

43 Ebd.

44 Ebd. S. 12.

45 Ebd. S. 16.

46 Vgl.: Bernd Stegemann: *Das Gespenst des Populismus.* Verlag Theater der Zeit, Berlin 2017. S. 16.

Populismus ist des anderen Demokratie" kommentierte Ralf Dahrendorf.[47] Ein Verlust der Balance ist zugleich Ausdruck und Ursache eines Verlusts an Mündigkeit. An dieser Stelle schlägt die wünschenswerte Aktivierung der breiten Bevölkerung um in destruktiven Populismus. Signifikant ist eine ebenso aggressive, wie undifferenzierte Rhetorik, die einen Gegensatz zwischen einem diffusen Verständnis von „Volk" auf der einen Seite und „Elite" oder „Establishment" auf der anderen Seite konstruiert. Dabei kommt es zu absurden kognitiven Dissonanzen. In den USA kann sich ein zum Präsidenten gewählter Multimillionär weigern, seine Steuererklärung offenzulegen oder Steuererleichterungen für Spitzenverdiener durchsetzen und dennoch als Vertreter des „Kleinen Mannes" und als Befreier vom Establishment gefeiert werden. In Deutschland sprechen Anhänger der AfD von „Lügenpresse" und beklagen „ideologische Beeinflussung seitens des Staates"[48], während sie gleichzeitig Sympathie für die Regierungsführung von Valdimir Putin artikulieren. Populismus konstruiert eine emotionale Wir-Identität in Abgrenzung zu einem Nicht-Wir und gerät somit in Konflikt mit dem liberalen Menschenbild, welches die freie und rationale Wahl des Einzelnen in den Mittelpunkt stellt.

Während des Aufstandes der Massen geschieht nun genau dies. Die Masse, so Le Bon, ist nicht an Analysen und Argumentationen interessiert. Sie scharrt sich hinter jene, die sie fühlen und glauben lassen. Wir erinnern uns: Ein Bewusstsein für die epistemischen und normativen Qualitätsunterschiede zwischen Meinen, Glauben und Wissen gehört zur Kernsubstanz der Aufklärung. Geht es verloren, erodiert nicht nur die persönliche Mündigkeit, sondern auch die kollektive Organisation als liberaler Rechtsstaat. Natürlich wäre es naiv zu glauben, dass jemals alle Mitglieder einer Gesellschaft die asymmetrische Symmetrie der Aufklärung aktiv tragen. Eine kritische Anzahl darf gleichwohl nicht unterschritten werden. Leider ist diese Tendenz nicht nur an der Peripherie der an Aufklärung orientierten Welt zu beobachten. In fast allen liberalen Demokratien haben Populisten zumindest für einige Wahlperioden die Macht übernommen oder stellen eine große Oppositionspartei. Mit Frankreich, England und den USA sind zudem die Kernländer der Demokratie betroffen. Das Entsetzen über das Gebaren des 45zigsten Präsidenten der Vereinigten Staaten von Amerika hat die Identifikation des eigentlichen Problems verschleiert: Wahlentscheidende Anteile der amerikanischen Gesellschaft haben sich von den Prinzipien der Aufklärung abgewandt. Es geht nicht

---

47 Ralf Dahrendorf: Über Populismus. Acht Anmerkungen zum Populismus. In: *Transit. Europäische Revue* 25, 2003. S. 156–163.

48 Wahlprogramm der Alternative für Deutschland für die Wahl zum Deutschen Bundestag am 24. September 2017. S. 47.

darum, dass Donald Trump ein unakzeptables Sozialverhalten hat oder gezielt lügt. Diese Vergehen sind lange vor ihm schon viele Male zu beklagen gewesen. Neu ist, dass eine Person, die in das wichtigste Amt des Staates gewählt wird, nicht einmal versucht, den Eindruck zu erwecken an Objektivität interessiert zu sein. Wenn ein Wahlvolk dies akzeptiert, entbindet es seine Regierung vom argumentativen Rechtfertigungszwang.

Dabei ist es ein geringer Trost, dass auch wieder rational agierende Politiker Verantwortung übernehmen können. Der Sündenfall ist perfekt. Jeder Zeit muss erneut damit gerechnet werden, dass die älteste und einflussreichste Demokratie der Neuzeit von der Masse überwältigt wird.

Der Aufstand der Massen bedeutet die Aufkündigung der asymmetrischen Symmetrie der Aufklärung. Die Masse verlangt nach Dominanz und entbindet sowohl sich selbst, als auch ihre Führer vom Anspruch auf rationale Rechtfertigung. Hat dies Erfolg, so ist es nicht nur um die Ideale der Aufklärung, sondern auch um demokratische Rechtsstaatlichkeit geschehen. Die institutionellen Organe der liberalen Demokratie mögen noch eine Weile Widerstand leisten, kompensieren können sie den Verlust einer der Aufklärung verpflichteten Mehrheit nicht. Aktuell ist diese Entwicklung allgegenwärtig.

3.3.3 *Bildung ohne Humanismus*

Humanismus und Aufklärung verhalten sich wie Geschwister. Sie sind nicht identisch und können unterschiedliche Schwerpunkte setzen. Gleichwohl bleiben Sie verbunden und wissen einander zu ergänzen und zu befördern. Beide gingen aus der antiken Philosophie hervor und gerieten zusammen mit dieser in Vergessenheit. Während der Renaissance wurde zunächst die Idee des Humanismus wiederbelebt. Bei Pico della Mirandola ist nachzulesen, wie dieser die Freiheit mühsam aus der christlichen Genesis herausarbeitet und den Menschen als jenes Wesen definiert, das „Bildhauer seiner selbst“ zu sein vermag. „Es steht dir frei, in die Unterwelt des Viehes zu entarten. Es steht dir ebenso frei, in die höhere Welt des Göttlichen dich durch den Entschluss Deines eigenen Geistes zu erheben.“[49] Dieser Bildungsgedanke definiert nicht nur das Herzstück des humanistischen Selbstverständnisses, er half auch die Aufklärung der Neuzeit auf den Plan zu rufen.

Rückschläge, aber auch wechselseitige Spannungen waren zu ertragen. Luther degradierte Picos freien (Selbst)Gestalter wieder zum einem Diener

49 Giovanni Pico della Mirandola: Über die Würde des Menschen. In: Hans-Ulrich Lessing, Volker Steenblock (Hrsg.): *„Was den Menschen zum Menschen macht …“. Klassische Texte der Philosophie der Bildung.* Verlag Karl Alber, Freiburg im Breisgau 2010. S. 50.

am göttlichen Schöpfungsplan.[50] Ein sich auf reine Philologie verkürzender Humanismus bedurfte der bissigen Kritik eines Friedrich Nietzsches. Eine Philosophie, die sich etwa mit Descartes auf reine formale Wissenschaftlichkeit zurückzog bedurfte der Kulturkritik Rousseaus. Ebenso galt es, die von Hegel geprägten Geisteswissenschaften daran zu erinnern, dass „die Idee der vollendeten Bildung ein notwendiges Ideal bleibt“[51] und eben nicht zu einem finalen Abschluss geführt werden kann.

Dennoch blieb Bildung verstanden als Dienst am und Prozess des sich selbst erschaffenden Wesens, die zentrale Verklammerung und wechselseitige Verstärkung von Humanismus und Aufklärung. „Zu dieser Bildung ist Freiheit die erste, und unerlässliche Bedingung.“[52] Es geht um die Kultivierung jener Anlage, die den Menschen zum Autoren seines eigenen Lebens erhebt und somit Freiheit und Würde generiert. Allgemeine Bildung gehörte daher stets zu den Kernforderungen der Aufklärung.

„Man kann es wie eine Fortschreibung von Picos Anthropologie lesen, wenn in Anknüpfung an Rousseau Kant seiner Pädagogik den Leitgedanken vorgibt, dass „die Vorsehung“ die „Anlage zum Guten“ „nicht schon fertig“ in den Menschen gelegt habe, sondern wollte, dass er in der Gattungsentwicklung alles „aus sich selber“ durch allmähliche Vernunftentfaltung und Kultivierung der Erziehung „herausbringen soll“.[53]

Gleichzeitig birgt Bildung die einzige Hoffnung auf eine Reproduktion von Emanzipation, Mündigkeit und Autonomie. Bildung ohne Humanismus ist daher immer auch ein Indiz für den Niedergang der Aufklärung. Umso bedauerlicher ist es, dass die humanistische Bildung nur selten die verdiente Aufmerksamkeit und Bewunderung erfährt. Wenn ich Studierende nach ihrem Verständnis humanistischer Bildung frage, wird regelmäßig auf altsprachliche Gymnasien verwiesen. Eine traurige Verkürzung. Zwar wurzelt die Idee des Humanismus in den philosophischen Schulen der Antike, aber mit dem Pauken von lateinischen Vokabeln hat dies wenig zu tun. Vielmehr geht es um die

---

50 Vgl.: Jörg Ruhloff: Vom Gottesknecht zum Selbstliebhaber. Ausblicke auf Individualität, Subjektivität und Autonomie in Interpretationen des Menschen in Renaissance und Aufklärung. In: *Bildung und Erziehung 46*, 1993. S. 167–182.

51 Hans-Georg Gadamer: *Wahrheit und Methode – Grundzüge einer Philosophischen Hermeneutik*. 7. Auflage. Mohr Siebeck, Tübingen 2010 [1. Auflage 1960]. S. 20.

52 Wilhelm von Humboldt: Ideen zu einem Versuch, die Gränzen der Wirksamkeit des Staates zu bestimmen. (1792) In: *Humboldt-Werke*, Bd. I. WBG [Abt. Verlag], Darmstadt 1966, S. 64.

53 Jörg Ruhloff: Die Tradition der humanistischen Bildung seit der Renaissance und die gegenwärtige Neudefinition der „Bildung“. In: Hans-Ulrich Lessing, Volker Steenblock (Hrsg.): *„Was den Menschen zum Menschen macht …“. Klassische Texte der Philosophie der Bildung*. Verlag Karl Alber, Freiburg im Breisgau 2010, S. 194.

Fähigkeit zum Philosophieren im erweiterten Sinn. Ekkehard Martens spricht in diesem Zusammenhang von der vierten Kulturtechnik humaner Lebensgestaltung.[54] Dementsprechend ist humanistische Bildung, damals wie heute, eine Schule der Emanzipation verstanden als rationale Ermächtigung gegenüber Traditionen, Autoritäten und Emotionen sowie als Praxis wechselseitiger Achtung auf der Basis eines vernunftgenerierten Verantwortungsbewusstseins.

> Die Fähigkeit, vernünftige, wohlbegründete Überzeugungen auszubilden (1), die Fähigkeit zu einer Autonomen Lebensgestaltung (2) und die Fähigkeit, Verantwortung wahrzunehmen (3), sind die zentralen Bildungsziele eines erneuerten Humanismus.[55]

Das Programm ist ebenso edel wie anspruchsvoll und ein Scheitern ist nicht nur auf der Ebene individueller Biografien, sondern auch auf der Ebene ganzer Kollektive jederzeit möglich. Die Probleme beginnen schon damit, dass humanistische Bildung zwei unvermeidbare Paradoxien in sich trägt. Die Erste besteht darin, dass Erziehung zur Mündigkeit nie ohne ein Moment der Entmündigung organisiert werden kann. Bereits in der Urerzählung der Pädagogik, Platons Höhlengleichnis, wird dieses Moment überdeutlich. Der Schattenanbeter muss gegen seinen Willen den steinigen und steilen Weg zum Höhlenausgang hinaufgebracht werden. Dort angekommen wünscht er sich noch einige Zeit zurück und leidet unter den vielen überfordernden Eindrücken. Erst nach und nach erkennt er die Qualität seines neuen Daseins und durchschaut den Zusammenhang von Ursache und Abbild von Sein und Schein. Ist diese Einsicht erreicht wird er lieber „das Feld als Tagelöhner bestellen einem dürftigen Mann und lieber alles über sich ergehen lassen, als wieder solche Vorstellungen zu haben wie dort und so zu leben."[56] Für Platons Gleichnis lassen sich zahlreiche dramatische Beispiele finden. Hans und Sophie Scholl waren in ihren frühen Jahren begeisterte Anhänger nationalsozialistischer Jugendorganisationen. Erst die bitteren Eindrücke des Krieges und die intellektuellen Anstöße des Studiums ließen sie das Schattenspiel der NS-Propaganda durchschauen. Aber auch scheinbar profane Dinge wie die Schulpflicht verdeutlichen das Moment der Entmündigung auf dem Weg zur Mündigkeit. Urteilskraft ermöglicht Freiheit, aber ihre Entfaltung bedarf

---

54 Ekkehard Martens: Philosophie als Kulturtechnik humaner Lebensgestaltung. In: Julian Nida-Rümelin, Irina Spiegel, Markus Tiedemann (Hrsg.): *Handbuch der Philosophie und Ethik. Band I: Didaktik und Methodik.* 2. Auflage. Schöningh, Paderborn 2017. S. 41–47.

55 Julian Nida-Rümelin: *Philosophie einer humanen Bildung.* Edition Körber-Stiftung, Hamburg 2013. S. 83.

56 Vgl.: Platon: Politeia 516 e–d. In: Friedrich Schleiermacher (Hrsg.): Platons Werke: Dritten Theiles erster Band. Reimer, Berlin 1862. S. 234.

der Anleitung, der Übung und eines Minimums an Vorgaben. Die Vorteile erworbener Kompetenzen, die Erklärungskraft von grundlegenden Theorien und historischen Kenntnissen, die Schönheit literarischer Werke oder die kraftspendende Wirkung logischen Denkens können a priori nur bedingt erklärt werden und erschließen sich erst nach deren Aneignung. Das zentrale Problem besteht nun darin, dass auch Indoktrination und systematische Entmündigung einem ähnlichen Muster folgen. „Noch fühlt sich alles falsch an, aber warte nur ab. Wenn wir dich lange genug bearbeitet haben, wirst du selbst der Meinung sein, dass alles zu deinem Besten war!" Der einzige Unterschied zwischen Aufklärung und Indoktrination, der alles entscheidende *Gamechanger* ist die Erziehung zur Kritik. Nur Humanismus und Aufklärung machen auch sich selbst zum Gegenstand der Kritik ihrer Edukanden und vertrauen allein auf den zwanglosen Zwang des besseren Argumentes. Auf dem Weg zu diesem Ziel ist ein gewisses Maß an Paradoxie nicht zu vermeiden. Die Entfaltung von Urteilskraft und Autonomie ist ohne Momente der Anleitung und der Autorität nicht zu realisieren. Dies zu verstehen, bedeutet auch den schwierigen Balanceakt zu realisieren, der Tag für Tag in einem humanistischen Bildungssystem zu leisten ist.

Die zweite unvermeidbare Belastung eines jeden nach Aufklärung strebenden Bildungssystems ist das Paradoxon der Freiheit. Wir können uns in einem Akt der Freiheit für die Unfreiheit entscheiden. Jeder humanistisch gebildete und zu einem aufgeklärten Leben befähigte Mensch kann aus Bequemlichkeit, Angst oder Indifferenz beschließen, ein Leben in Unmündigkeit zu führen. Gerade weil eine entsprechende Bildung die freie Entscheidung in den Mittelpunkt stellt, und gleichzeitig Mündigkeit und Aufklärung zwar Freiheit und Würde, aber kein Glück versprechen, ist es jederzeit möglich, dass alle Mühen umsonst waren und die ermöglichte Freiheit ungenutzt bleibt. Noch einmal: der Mensch ist nur vernunftbegabt, er ist nicht vernunftaffin. Für Kant besitzt der Mensch eine natürliche Anlage zum Guten und einen Hang zum Bösen. Die Vernunftbegabung ermöglicht es, das ethisch gebotene zu erkennen und anzuerkennen. Auf diese Weise entsteht das Potential sich in einem Akt der Freiheit über die Neigungen zu erheben. Fehlt es indes an Willensstärke so kann trotz Einsicht in das Sittengesetz ein Primat der Neigungen, des Egoismus und der behaglichen Entmündigung beschlossen werden. In diesen Momenten ist eine Erziehung zur Mündigkeit gescheitert. Um diesem Hang zu widerstehen, müssen die Kraft und Entschlossenheit aus einem humanistischen Selbstbildungsprozess gewonnen werden.

Daher ist Aufklärung auf ein Minimum an humanistischen Bildungserfolg angewiesen. Die oben beschriebenen Bildungsziele sind für den Bestand aufgeklärter Lebensformen unverzichtbar. Leider folgt daraus nicht, dass ihr

Erfolg garantiert werden könnte. Bildung ohne Aufklärung, ohne Humanismus ist jederzeit möglich. Autoritäre Gesellschaften vermeiden emanzipatorische Elemente ganz bewusst und nutzen ihre Bildungssysteme als Instrument der extern gesteuerten Formierung. Aber auch Gesellschaften, die bereits Prozesse der Aufklärung durchliefen, können das erreichte Bildungsniveau wieder verlieren. Hierfür bedarf es keines dramatischen, politischen Umsturzes. Aktuell lässt sich eine schleichende Enthumanisierung des Bildungssystems beobachten. Zu den treibenden Kräften gehört eine weitere Facette der instrumentellen Verkürzung. Dabei handelt es sich um einen ein Mangel an Wertschätzung und ein Moment konstruktivistischer Selbstzerstörung.

Beginnen wir mit der ökonomischen Verkürzung des Bildungsbegriffs. Diese findet ihren Ausdruck in der zunehmenden Gleichsetzung von Bildung und Ausbildung. Dabei ist Bildung „tatsächlich etwas ganz anders als ausgebildet zu werden. Eine Ausbildung durchlaufen wir mit dem Ziel etwas zu können. Wenn wir uns dagegen bilden, arbeiten wir daran, etwas zu werden – wir streben danach auf eine bestimmte Art und Weise in der Welt zu sein."[57] Reine Ausbildung kann in jedem gesellschaftlichen System betrieben werden. Maurer, Ärztinnen, Architekten oder Lokführerinnen werden fast überall nach sehr ähnlichen fachspezifischen Curricula ausgebildet. Erst die allgemeinbildenden Anteile geben Hinweise darauf, ob über die reinen Fertigkeiten auch übergreifende Tugenden wie Kritikfähigkeit oder Urteilskraft erwünscht sind. Die Reduktion auf die reine Vermittlung von Fertigkeiten, kann einem ideologischen Kalkül entspringen. Diktatoren wollen Lokführerinnen und Lokführer, aber keine autonom urteilenden Bürgerinnen und Bürger. Die Reduktion der Bildung auf Ausbildung kann aber auch aus einer ökonomisch verkürzten Perspektive resultieren.

Wenn Abiturzeiten reduziert werden, um junge Menschen schneller dem Arbeitsmarkt zuzuführen und der dramatische Rückgang von schulischen Theatergruppen, Musik-AGs, Debattier-Clubs oder Sportveranstaltungen als Gegenargument kein Gehör findet, wird diese Tendenz überdeutlich.

„In Ländern ohne Bodenschätze ist Bildung die einzige Ressource!" – Machen Sie einmal die Probe und geben Sie diese Formulierung in eine Suchmaschine wie Ecosia ein. Sie werden feststellen, entsprechende Titel gehören zum Standardrepertoire der Medienlandschaft. Dagegen ist eigentlich nichts auszusetzen. Im Gegenteil: Zum einen ist die Aussage faktenbasiert und zum anderen resultiert aus ihr die erfreulichen Forderungen nach vermehrten

---

57 Peter Bieri: Wie wäre es, gebildet zu sein? In: Hans-Ulrich Lessing, Volker Steenblock (Hrsg.): *„Was den Menschen eigentlich zum Menschen macht ...". Klassische Texte einer Philosophie der Bildung.* Verlag Karl Albert, Freiburg im Breisgau 2010. S. 208.

Investitionen in Kindertagesstätten, Schulen und Universitäten. Gleichwohl sollte auffallen, dass erneut allein die ökonomische Perspektive den Ton angibt. Die Aussage lautet nicht „Wenn wir weiter in einer liberalen Demokratie leben wollen, benötigen wir Menschen, die fähig und bereit sind, in die kritische Deliberation einzusteigen". Vielmehr gilt als entscheidend, was Mehrwert erwirtschaftet. Eine dramatische Verkürzung des Bildungsverständnisses.

> Der Rückfluss der ‚Investitionen' ins ‚Humankapital' wird zum zentralen Kriterium von Bildungsqualität. Das aber bedeutet in der Konsequenz ‚Verdummung'. Für die inhaltliche Auslegung von Lernen und Bildung begünstigt es eine Tendenz zur Favorisierung von Themen oder thematischen Bedeutungsakzentuierungen, die im Sinne der Erziehung eines höheren persönlichen Marktpreises verhaltensrelevant sind. Philosophie und Philosophieunterricht geraten dadurch nicht schon gänzlich ins Abseits, wohl aber unter einen spezifischen Legitimationsdruck [...].[58]

Selbstverständlich ist Bildung auch ein entscheidender Motor unserer Wertschöpfungsketten, vor allem aber ist sie notwendige Bedingung für den Fortbestand unserer kollektiven Freiheit.

„Ohne Bildung ist unsere freiheitliche Gesellschaftsordnung nicht zu retten!". Schlagzeilen wie diese finden die üblichen Suchmaschinen in deutlich geringerer Anzahl.

Der Mangel an Wertschätzung unter dem die humanistische Bildung leidet, geht in Teilen ebenfalls auf die instrumentelle Verkürzung zurück. Wer Bildung allein als Vorbereitung auf das Erwerbsleben versteht, sieht vor allem die eigenen ökonomischen Möglichkeiten und nicht die Bedeutung für ein freiheitliches Gesellschaftssystem. Musische und geisteswissenschaftliche Fächer, politische Bildung, Schulung von Urteilskraft wird schnell zu einem nebensächlichen ‚nice to have' degradiert. Doch selbst wenn die Notwendigkeit dieser Bildungsgüter realisiert wurde, kann deren Erzeugung als beiläufiger Nebeneffekt abgetan werden. Eine Haltung in der gleichermaßen Snobismus oder Verharmlosung zum Ausdruck kommen kann. Während die einen Erwartungen formulieren, die unter den gegebenen Rahmenbedingungen utopisch sind, ignorieren die anderen jede Bringschuld. Auch im öffentlichen Diskurs wird die Schule, die ursprünglich als Bildungsinstitution konzipiert

58 Jörg Ruhloff: Die Tradition der humanistischen Bildung seit der Renaissance und die gegenwärtige Neudefinition der „Bildung". In: Hans-Ulrich Lessing, Volker Steenblock (Hrsg.): *„Was den Menschen zum Menschen macht ...". Klassische Texte der Philosophie der Bildung*. Verlag Karl Alber, Freiburg im Breisgau 2010. S. 199.

war, immer öfter als pädagogische Kompensationsinstanz verstanden.[59] Nicht selten wird vergessen, dass es die Aufgabe von Eltern und Bezugspersonen ist, Kinder bildungsfähig einzuschulen. Die Herstellung elementarer Bildungsfähigkeit ist eine Aufgabe der Erziehung und nicht der Institution Schule. In Gesprächen mit Lehrer*innen, Erzieher*innen und Schulleitungen wird mir immer öfter berichtet, dass bei einer stetig steigenden Anzahl von Kindern nicht die sozialen und emotionalen Voraussetzungen bestehen, um unterrichtet werden. Die Dankbarkeit für ein kostenloses Bildungsangebot scheint vielerorts einer geistlosen Erwartungshaltung zu weichen.

Wenn die Belastung steigt und gleichzeitig die soziale Wertschätzung sinkt, droht eine Abwärtsspirale. Immer weniger mental und intellektuell geeignete Persönlichkeiten sehen den Lehrberuf als attraktive Profession an. Gleichzeitig ermöglicht ein massiv gestiegener Bedarf auch weniger qualifizierten Persönlichkeiten den Zugang zum Lehrerdasein. Diese werden geringere Standards setzen und einen entsprechenden Einfluss auf die Schülerschaft entfalten. Das Niveau der Schulen sinkt und ein wachsender Teil der Abiturienten wird schlechte Lehrer zum Vorbild haben, wenn sie sich selbst für ein Lehramt-Studium entscheiden. Wann die Schwelle erreicht ist, an der die vielen, noch vorhandenen, exzellenten Lehrerinnen und Lehrer in die Unterzahl geraten vermag niemand zu sagen. Norbert Seibert, Professor für Pädagogik an der Universität Passau und Initiator des Eignungstestes „Parcours" hält aktuell 40 % der Studierenden des Lehramtes für ungeeignet.[60] Heilung zu organisieren wäre indes nicht schwer. Alle Universitäten, die Lehrerbildung betreiben hätten nur neben dem bekannten Studiengang auch ein exklusives Lehramtsstudium anzubieten. Bewerberinnen und Bewerber für diesen Studiengang müssten sich nicht nur durch gute Schulnoten, sondern durch ein eigenes Auswahlverfahren qualifizieren. Während des Studiums wären dann ebenfalls erweiterte fachliche und pädagogische Anforderungen zu integrieren. Absolventinnen und Absolventen des exklusiven Studienganges wären nicht nur mit einem höheren Einstiegsgehalt zu entlohnen, sondern sollten bevorzugt Zugriff auf Multiplikationsfunktionen wie Fachseminar- oder Schulleitung erhalten. All dies wäre mit einem überschaubaren Aufwand realisierbar. Offensichtlich

59 Peter Gathen, Martin Mönikes: Eltern überlassen Erziehung der Schule. In: *Rheinische Post* 22.01.2022.

60 Vgl. https://www.sueddeutsche.de/bildung/bildung-paedagogik-professor-ueber-40-prozent-der-lehrer-ungeeignet-dpa.urn-newsml-dpa-com-20090101-210924-99-339532 [Letzter Aufruf 31.08.2022].

fehlt es jedoch an Bewusstsein für das sich aufbauende Problem und den Wert guter, humanistischer Bildung.

Der dritte Faktor, der hier zur Sprache kommen soll, ist die Selbst-Dekonstruktion der humanistischen Bildung. Die geringe intellektuelle Überzeugungskraft des radikalen Konstruktivismus ist bereits in diesem Buch ebenso thematisiert worden wie dessen gefährliche soziale und politische Dynamiken. Auch die Bildung wird hiervon nicht verschont. Jahrzehnte in denen Dekonstruktivismus und postmodernes Denken Universitäten dominierten und angehenden Lehrerinnen und Lehrern vermittelt wurden, haben gravierende Spuren hinterlassen. Ohne Rechtfertigungspflicht, ohne aufsteigende Qualität guter Gründe gibt es keine humanistische Bildung.

Humanismus und Aufklärung versuchen Emanzipation durch die Schulung von Urteilskraft zu befördern. Bildungssubjekte sollen in die Lage versetzt werden, sich kritisch und kategoriengeleitet zu X ins Verhältnis setzen zu können. Konstruktivismus und Relativismus entziehen diesem Projekt den Boden, wenn sie Kategorien wie „wahr oder falsch, begründet oder nicht begründet, wirklich oder illusorisch, wissenschaftlich oder ideologisch, legitim oder missbräuchlich“[61] vernachlässigen oder gar zu überwinden trachten.

Selbstverständlich müssen auch die Prinzipien und das Programm der Aufklärung zum Gegenstand der Kritik werden. Die Aufklärung selbst verlangt danach. Etwas ganz anderes ist es allerdings die prinzipielle Gleichberechtigung aller Weltdeutungen zu proklamieren, die Existenz besserer Argumente zu negieren und jeden universalen Wahrheitsanspruch unter Generalverdacht zu stellen.

Streng genommen wird auf diese Weise jede Vermittlung von Wissen unmöglich gemacht. Die durch Datenerhebung geprägten Naturwissenschaften zeigen noch eine recht hohe Resistenz gegen relativistische Tendenzen. Anders verhält es sich im Bereich der Geisteswissenschaften, in dem von Menschen geschaffene Fakten sowie Werte und Normen verhandelt werden. Bei angehenden Lehrerinnen und Lehrern ist diese Tendenz recht gut zu beobachten. In meinen Seminaren sind mehrfach Urknall-Theorie und Schöpfungsmythos verglichen worden. Hierbei treffen oftmals zwei sehr unterschiedliche Positionen aufeinander. Die naturwissenschaftliche Fraktion nimmt für die Urknall-Theorie Gewissheit in Anspruch, während die Fraktion der Konstruktivisten von einer Vielzahl gleichberechtigter Narrationen spricht. Beide Positionen entsprechen nicht dem Prinzip aufgeklärter Kritik.

61 Michel Foucault: Was ist Kritik? (Übers.: Walter Seitter). Merve Verlag, Berlin 1992, S. 31.

Natürlich arbeitet auch die Urknall-Theorie mit unbewiesenen Prämissen. Die Annahme, dass aus dem Nichts etwas explodiert sei, entzieht sich unserer Vorstellungskraft, weshalb das Rätsel vom Beginn in Zeit und Raum ungeklärt bleibt. Allerdings folgt daraus noch lange nicht, dass Urknall-Theorie und Kreationismus epistemisch gleichberechtigt wären und die Dominanz der physikalischen Welt-Erklärung allein das Resultat von Herrschaft sei. Die physikalische Welt-Erklärung hat sich gegen die Vorherrschaft des Mythos durchgesetzt, weil sie Rationalität und Evidenz auf ihrer Seite hat. Eine freiheitliche Gesellschaft darf es nicht untersagen, dass Eltern mit ihren Kindern den Vergnügungspark „Ark Encounter" im US-Bundesstaat Kentucky besuchen, um ihnen dort berichten zu lassen, dass die Erde vor ca. 6000 Jahren innerhalb von sieben Tagen von einem alten Mann geschaffen worden sei. Es besteht aber weder eine normative noch eine epistemische Notwendigkeit, diesen Mythos als gleichberechtigtes Bildungsgut anzuerkennen. Es ist keine Diskriminierung, darauf hinzuweisen, dass die physikalische Theorie der Weltentstehung zwar nicht letztbegründet ist, aber durch empirische, intersubjektiv überprüfbare Evidenzen ebenso gestützt wird wie durch kohärente Berechnungen. Selbiges gilt für das Netzwerk von Nachbarwissenschaften, deren Befunde die physikalische Welterklärung bestätigen. Ebenso ist es weder respektlos noch diskriminierend darauf hinzuweisen, dass die religiösen Welterklärungen kein einziges dieser Kriterien erfüllen. Wer dem widerspricht, wendet sich ab vom Prinzip der allgemeinen, reziproken und intersubjektiven Rechtfertigung. Kurz: er wirft Aufklärung und Humanismus über Bord.

In der Bildungsarbeit entsteht dann rasch der Trugschluss, wonach bereits das rein additive Benennen unterschiedlicher Meinungen einen nennenswerten Mehrwert oder gar das finale Lernziel verkörpern. In einzelnen sozial höchst problematischen Lerngruppen mag dies auch zutreffen. Als generelle Regel bedeutet es indes nicht weniger als Indifferenz zum Bildungsziel zu erheben. Aufklärung verlangt mehr als das. Aufklärung fordert die Bereitschaft eigene und fremde Überzeugungen nicht nur zu benennen, sondern auch einer kritischen Überprüfung zu unterziehen. Jeder hat das Recht auf eine eigene Meinung, nicht aber auf Anerkennung derselben. Meinungen existieren im Plural, Wahrheit nicht. Gerade an der Schule und in der Lehrerausbildung sind stattdessen immer öfter andere Töne zu vernehmen. „Jeder hat eben seine Wahrheit!" – „Ich werde wohl meine Meinung haben dürfen!" – „Unsere Traditionen zu kritisieren ist intolerant!". Schülerinnen und Schüler spiegeln mit derartigen Äußerungen einen wachsenden Teil des öffentlichen Diskurses.

Wenn gleichzeitig Lehrerinnen und Lehrer an den Universitäten vermittelt wird, dass Aufklärung und das Streben nach Objektivität nur eine durch Vormacht dominierende Narration seien und es nun darum gehen müsse, jeden als „Erfinder seiner Wirklichkeit“[62] zu akzeptieren, wird der Anspruch auf reziproke und intersubjektive Rechtfertigung verschwinden.

Leider sind in zahlreichen akademischen Diskursen, aber auch in der Ausbildung von Lehrerinnen und Lehrern Dekonstruktivismus und Relativismus zu einer kruden Ideologie mit paradoxem Anspruch auf Allgemeingültigkeit mutiert.

Im Frühjahr 2021 nahm ich an einer Tagung zum Thema Rassismussensible Lehre teil. Das Paradigma des Konstruktivismus war allgegenwärtig. Ein Eröffnungsbeitrag wusste in glänzender Kenntnis von Derrida und Foucault zu belegen, wie sehr unsere Alltagssprache von Rassismen und Machtstrukturen durchzogen ist. Eine Reflexion, die allen angehenden Lehrkräften zu Teil werden sollte. Selbiges gilt für die These, dass Bildung zur Entlarvung und Dekonstruktion dieser Strukturen beitragen muss. Irritierend waren indes die Absolutheit mit der diese Perspektive als die einzig richtige zur Beurteilung von Lehrmaterial und sozialen Situationen präsentiert wurde. Als Beispiel diente der Jugendroman „Unser wildes Blut“ von Nur Öneren und Wolfgang Schnellbächer. In diesem geht es um die heimliche Liebe zwischen Alexander und Aysel sowie um Aysels Bruder Ilhan, der zum einen versucht, die Familienehre durch Drangsalierung der Schwester zu bewahren und zum anderen selbst von den Verheißungen eines freiheitlichen Lebensstils angezogen wird. Als angemessene Unterrichtseinheit im Fach Deutsch wurde nun eine Identifikation der enthaltenen Stereotypen präsentiert. Eine Herangehensweise, die in Gänze zu überzeugen wusste. Tatsächlich bedienen die Protagonisten des Romans neben Stereotypen auch Vorurteile: der brave deutsche Junge, das unterdrückte, kluge muslimische Mädchen, der chauvinistische Bruder. All dies verdient, reflektiert zu werden. Erschreckend war indes die These, dass dies die einzig didaktisch legitime Weise sei, den Roman im Unterricht zu behandeln. Ja, es kam sogar zu der Aussage, dass ein Buch wie „Unser wildes Blut“ nicht hätte gedruckt werden sollen, zumal das Theaterstück „Wildes Blut“ die vorherrschenden Klischees längst dekonstruiert habe. Auf meine Frage, ob es nicht auch echte chauvinistische Brüder, reale Unterdrückung muslimischer Mädchen und wirklich verzweifelte Liebende gäbe, wurde mir vorgeworfen, unreflektiert diskriminierende Vorurteile zu konstruieren.

Im Februar 2022 entwickelte sich in Deutschland eine groteske Inszenierung von ähnlicher Art. Auslöser war eine Aufgabenstellung im Schulbuch „Zugänge zur Philosophie“ des renommierten Cornelsen-Verlages.

Im Band für die Einführungsphase findet sich im Themenkomplex „Eine Ethik für alle Kulturen“ (Kulturrelativismus vs. Universalismus) das folgende Fallbeispiel:

---

62 Kersten Reich: Systemisch-konstruktivistische Pädagogik. Beltz, Weinheim 2010. S. 193.

> Ein türkischer Familienvater in Deutschland verheiratet seine Tochter ohne deren Einverständnis mit dem Sohn seines Bruders, um diesem eine Aufenthaltserlaubnis für Deutschland und damit eine Existenz zu sichern.[63]

Nach Aussagen eines der Herausgeber wurde der Fall so konstruiert,

> „weil der dort angeführte türkische Vater ein durchaus anerkennenswertes und verstehbares moralisches Motiv hat: die Sorge um das Wohl der Familie, speziell um das des vaterlosen Neffen. Es soll den Schüler:innen deutlich werden, dass sich hier zwei wohl begründete – kulturell unterschiedlich hoch bewertete – Moralprinzipien gegenüber stehen: die Sorge um das Wohl der Familie als Ganzes und die Autonomie des Mädchens als Individuum. Und um solche Konflikte zwischen widerstreitenden Moralprinzipien unterschiedlicher Kulturen geht es ja in diesem Kapitel. Dabei wird im Schulbuch ausdrücklich zum Respekt gegenüber anderen Kulturen aufgefordert, gerade weil – auch das wird explizit gesagt – die europäische Zivilisation diese Kulturen jahrhundertelang unterdrückt habe, und es wird daran appelliert, von eigenen Vorurteilen Abstand zu nehmen."[64]

Im Philosophieunterricht eines Gymnasiums in Siegburg bei Bonn hatte ein Lehrer den entsprechenden Fall in seiner Klasse zur Diskussion gestellt. Das dazugehörige Arbeitsblatt fand seinen Weg zu Fatih Zingal, einem der türkischen AKP nahestehenden Social-Media-Aktivisten.[65] Via Facebook verbreitete sich die Vermutung, Lehrkräfte würden das Material nutzen, um türkischstämmige Schüler*innen zu diskriminieren. Kurz darauf griff der türkische Staatssender TRT den Fall auf und über die Schule brach das herein, was als ‚Shitstorm' bezeichnet wird. Der stellvertretende Landesvorsitzende der Föderation Türkischer Elternvereine in NRW bezichtigte die Aufgabe des „Rassismus" und eines „Vokabulars rechtsextremer Populisten" und schrieb dazu einen offenen Brief an die Schulministerin.

Diese Ausgangssituation wäre eigentlich eine grandiose Gelegenheit gewesen, um eine aufgeklärte Lebensform zu praktizieren. Folgende Argumente wären absolut schlagend gewesen, um die Unterrichtspraxis oder das Lehrwerk zu Recht als rassistisch und reformbedürftig zurückzuweisen. Erstens wäre es rassistisch, wenn Unterricht und Lehrwerk das Verhalten des fiktiven Vaters als

---

63 Lothar Aßmann, Reiner Bergmann, Roland W. Henke, Matthias Schulz, Eva-Maria Sewing: *Zugänge zur Philosophie – Grundband für die Oberstufe*, Cornelsen Verlag, Berlin 2002. S. 36.

64 Vgl. Klaus Draken und Matthias Schulze: Im Gespräch: Über den Umgang mit kontroversen Beispielen im Philosophie- und Ethikunterricht. In: ZDPE. Heft 4/2022.

65 Claudia Hauser: Schulaufgabe sorgt für Entrüstung. In: Bonner Generalanzeiger, 14.02.2022. S. 22.

repräsentativ für alle Türken in Deutschland präsentiert hätte. Zweitens wäre es rassistisch, türkischstämmige Menschen nur in negativen Kontexten zu thematisieren. Drittens wäre es rassistisch, wenn allein konfliktbehaftete Themen des türkisch-muslimischen Kulturraums zur Sprache kämen, aber andere Probleme wie Rechtsradikalismus, Fremdenfeindlichkeit verschwiegen würden. Viertens wäre der Rassismus-Vorwurf berechtigt, wenn die Problematik der Zwangsehen frei erfunden wäre und in der Realität nicht existierte. Allein, all dies ist nicht der Fall.

Das Schulbuch „Zugänge zur Philosophie“ ist seit 1995 im Einsatz und wurde durch die Zulassungskommissionen zahlreicher Bundesländer als ausgewogen und geeignet bestätigt. Ähnliches gilt für den Lehrplan von Nordrhein-Westfalen und die betroffene Schule, die am Programm „Schule ohne Rassismus“ teilnimmt. Alle thematisieren zahlreiche soziale Probleme, zu denen auch Rechtsradikalismus und Fremdenfeindlichkeit zählen. Vor allem aber sind Zwangsehen real und kein seltenes Schicksal. Sie zu verschweigen hieße, Realität zu leugnen.

Beiläufig sei hinzugefügt, dass die akademische Fachdidaktik dem sogenannte „Lebensweltbezug“ einen hohen Stellenwert für den Philosophie- und Ethikunterricht zuweist.[66] Als das Georg-Eckert-Institut – Leibniz-Institut für internationale Schulbuchforschung 2016 das Philosophiebuch „philo“ zum „Schulbuch des Jahres“ kürte, lobte die Jury die Veranschaulichung der „klassischen Fragen der Philosophie anhand aktueller Kontroversen.“[67]

Es wäre also angemessen gewesen, sich schützend vor das Lehrwerk, die Schule und vor allem den betreffenden Kollegen zu stellen. Allein, das Gegenteil wurde praktiziert. Die Schulleitung wies zwar den Vorwurf des Rassismus zurück, entschuldigte sich aber bei allen, „die sich verletzt fühlen könnten“.[68] Das Schulministerium von Nordrein-Westfalen teilte mit, „dass die konkrete Aufgabe [...] gegen das Kriterium der Diskriminierungsfreiheit verstoße“ und es „das in Rede stehende Schulbuch darüber hinaus intensiv prüfen und den Verlag auffordern werde, das Schulbuch zu überarbeiten.“[69] Aufgegeben wird

66 Vgl.: Tilo Klaiber: Die Macht des Beispiels beim Philosophieren (Lehren und Lernen). In: ZDPE 4/2018: Klima und Umwelt. S. 80–94; Hubertus Stelzer: Lebensweltbezug. In: Julian Nida-Rümelin, Irina Spiegel, Markus Tiedemann (Hrsg.): Handbuch der Philosophie und Ethik. Band I: Didaktik und Methodik. 2 Auflage. Schöningh, Paderborn 2017.

67 Vgl.: Bundeszentrale für Politische Bildung (Hrsg.): *Sieger des Preises „Schubluch des Jahres 2016“ stehen fest.* https://www.bpb.de/die-bpb/presse/223256/sieger-des-preises-schulbuch-des-jahres-2016-stehen-fest/ [Letzter Aufruf 31.08.2022].

68 Claudia Hauser: Schulaufgabe sorgt für Entrüstung. In: Bonner Generalanzeiger, 14.02.2022. S. 22.

69 Vgl. https://www1.wdr.de/nachrichten/landespolitik/siegburg-schulbuch-ethik-diskussion-100.html [Letzter Aufruf 23.04.2022]; Klaus Draken und Matthias Schulze: Im Gespräch:

die Pflicht zur Rechtfertigung. Es genügt, dass jemand sich beleidigt fühlt. Eine fatale Signalwirkung. Eine Post-Aufklärungs-Struktur beginnt die Bildung zu dominieren.

Auf Anfrage betont das deutsche Büro der Organisation TERRE DES FEMMES, dass dort die entsprechenden Materialen nicht bekannt seien und nicht beurteilt werden könnten. Bezüglich des Kontextes wurde allerdings erlaubt, die folgende Stellungnahme zu zitieren.

> „Mädchen und junge Frauen werden aus verschiedenen Gründen unterdrückt. Auch in Deutschland kommt es vor, dass Mädchen und junge Frauen seitens ihrer Brüder oder männlicher Verwandter kontrolliert werden; sie nicht frei und selbstbestimmt ihr Leben gestalten dürfen; die früh in traditionellen/religiösen Zeremonien verlobt/(zwangs)verheiratet (und dafür teilweise auch ins Ausland verschleppt) werden und denen, wenn sie nicht dem Willen ihrer Familie/ihres (zukünftigen) Ehemanns entsprechen, konkrete Gewalt im Namen der Ehre droht. Aktuelle Zahlen oder Statistiken gibt es weder zu Zwangsverheiratungen noch zu ‚Ehren'-Morden in Deutschland. Die letzte bundesweite Studie vom Bundesfamilienministerium (2011) besagt, dass 3.443 Personen pro Jahr in Deutschland von einer Zwangsverheiratung bedroht oder betroffen waren, 93% davon waren Mädchen und Frauen, die oft bereits im Vorfeld massive Gewalt von Seiten ihrer Familienangehörigen erlitten haben, die Dunkelziffer wird viel höher eingeschätzt. Diese Menschenrechtsverletzung muss offen thematisiert werden, um passgenaue Präventionsmaßnahmen und Hilfsangebote zu konzipieren und umzusetzen."[70]

Die hier geschilderten Tatsachen zu ignorieren entspringt dem pädagogischen und konzeptionellem Irrtum, dass es nur möglich sei, entweder antirassistische Bildungsarbeit oder Kritik an identitätsstiftenden Traditionen zu betreiben.

Für eine echte humanistische, aufgeklärte Bildung gibt es aber kein Entweder-oder, sondern nur ein Sowohl-als-auch. Es gilt Vorurteile und Stereotypen ebenso zu kritisieren, wie die Unterdrückung von Frauen und die Idealisierung patriarchaler Traditionen. Erforderlich ist in jedem Fall die Unterscheidung von besseren und schlechteren Argumenten. Die prinzipielle Gleichberechtigung aller Narrative führt zu einem lediglich methodisch aufbereiteten Schulunterricht und einer langfristigen Erosion der liberalen Gesellschaft.

Über den Umgang mit kontroversen Beispielen im Philosophie- und Ethikunterricht. In: ZDPE. Heft 4/2022.

70 Stellungnahme der Organisation TERRE DES FEMMES vom 16.09.2021, Archiv des Autors.

> Wenn Schüler sich offen rassistisch, chauvinistisch und sexistisch äußern, wenn sie sich unter Berufung auf religiöse Gebote gegen Freiheit und Gleichheit, für Unterdrückung, Diktatur und Gewalt aussprechen, wenn sie staatliches Gewaltmonopol und demokratische Verfassungsordnung insgesamt mit religiöser Inbrunst für unverbindlich und nichtig halten, weil Gott allein ihnen sage, was zu gelten habe[71], wenn sie den Kreationismus für unumstößlich und den Klimawandel für eine Täuschung erklären, dann ist es keine gute Idee, eine sichere Theorie der Aufklärung, der Emanzipation, die zu verkünden weiß, wer wie zu emanzipieren und mit welchen Inhalten aufzuklären ist'[72], für obsolet zu deklarieren, vor ‚Siegertheorien' zu warnen und auf die Schaffung von ‚offenen Lernumgebungen', ‚Beobachtervielfalt'[73] und die ‚Stellwandtechnik'[74] zu vertrauen.[75]

Nicht weniger destruktiv ist die prinzipielle Protektion von Minderheitsempfindungen.

> Dabei ist gerade die Schule – und insbesondere der Philosophie- und Ethikunterricht – der Ort, an dem solche Kontroversen in rationaler Form ausgetragen werden können. Wenn das nicht mehr stattfindet, weil die Lehrkräfte Kampagnen von außen und eine mangelnde Unterstützung ihrer vorgesetzten Behörde befürchten müssen, verlieren wir auf diese Weise einen der wichtigsten Orte für einen vernunftgeleiteten gesellschaftlichen Diskurs.[76]

Victor Hugo wird das Zitat zugeschrieben „In jedem Dorf gibt es eine Fackel, den Lehrer, und jemanden, der dieses Licht löscht, den Pfarrer." Die problematische Rolle der Religion und ihr erneut wachsender Einfluss soll an dieser Stelle nicht thematisiert werden. Vielmehr geht es darum, säkulare, humanistische Bildung als Lebenselixier aufgeklärter Gesellschaften zu identifizieren und zu realisieren, dass deren Leistungsfähigkeit keinesfalls selbstverständlich ist. Wer Bildung nicht mehr als Fackel der Aufklärung versteht, darf sich über rasch zunehmende Dunkelheit nicht beklagen.

---

71 Marcus C. Schulte von Drach: Muslime und Migranten: Gibt es Parallelgesellschaften in Deutschland? In: *Süddeutsche Zeitung*, 10. 8. 2016.

72 Kersten Reich: Systemisch-konstruktivistische Didaktik. In: Rudolf Voß (Hrsg.): *Die Schule neu erfinden.* Luchterhand, Neuwied 1996. S. 70–91, hier S. 70.

73 Ebd. S. 74.

74 Kersten Reich: Konstruktivistische Unterrichtsmethoden. Lehrtheoretische Voraussetzungen und ausgewählte Beispiele. In: *System Schule*, 2/1998. S. 20–26, hier S. 22.

75 Klaus Goergen: Wider den grassierenden Konstruktivismus unter Lehrkräften. In: Hans-Ulrich Lessing, Markus Tiedemann, Joachim Siebert (Hrsg.): *Kultur der philosophischen Bildung. Volker Steenblock zum 60. Geburtstag.* Siebert-Verlag, Hannover 2018. S. 233.

76 Klaus Draken, Matthias Schulze: Im Gespräch: Über den Umgang mit kontroversen Beispielen im Philosophie- und Ethikunterricht. In: *ZDPE*. Heft 4/2022, im Druck.

3.3.4 *Falscher Einsatz für das Richtige. Cancel Culture und Sprachverlust*

In den letzten Jahren lese ich immer mehr Hausarbeiten, in denen Studierende nur noch ‚N-Wort' oder ‚Z-Wort' in ihren Texten schreiben. Noch auffälliger ist es, wenn in historischen Quellen die entsprechenden Passagen mit Platzhaltern durchsetzt werden. Diese auch als Cancel-Kultur bezeichnete Political Correctness, lässt sich auf viele sympathische Intentionen zurückführen, birgt aber eine gefährliche Dialektik in sich. Rassismus ist nicht nur eine traurige Realität, sondern eine der fundamentalsten Bedrohungen aufgeklärter Lebensformen, der auch durch Sprachkritik begegnet werden muss. Allerdings besteht die Herausforderung darin, Diskriminierung zurückzudrängen ohne selbst dogmatisch zu werden.

Sprache ist ein ebenso gefährliches wie notwendiges und befreiendes Instrument. Sprache vermag Gegensätze zu konstruieren, Feindbilder zu etablieren und Gewalt zu legitimieren. Sprache ist aber ebenso unverzichtbar um Unrecht zu benennen, Strukturen zu analysieren und Selbstverständnisse zu entfalten. Sprache zu beschneiden, heißt immer auch diese Möglichkeiten zu begrenzen. In einem echten Emanzipationsprozess geht es um das „Ausloten von Empfindungen und das Infragestellen von Bedeutungen, die Erprobung der Tragweite von Einfällen und Einstellungen, die Prüfung von Argumenten, Haltungen, Wahrheitsansprüchen und Handlungsweisen, in einem gewissen Umfang auch das Ausschreiten von Irrwegen."[77]

„Allein die Sprache schützt uns vor dem Grauen der namenlosen Dinge." Diese beeindruckende Formulierung aus der Nobelpreisrede von Toni Morrison kann genutzt werden, um einen zentralen Aspekt der Aufklärung in Erinnerung zu rufen: Ermächtigung. Jede Traumatherapie strebt das Ziel an, den Patienten in die Lage zu versetzen, das Erlebte zu benennen und zu bewerten. Aufklärung und Emanzipation sind ebenfalls Akte sprachlicher Ermächtigung. In entgegengesetzter Richtung wurden und werden Herrschaft und Entmündigungsstrukturen durch Sprachlosigkeit verfestigt. Das, was sich nicht oder nur ungenau benennen lässt, kann auch nicht analysiert und bewertet werden. Wer nicht einmal die Sprache versteht, in der seine Religion gepredigt wird, muss sich den Deutungen der Priester beugen. Wer keinen Zugang zu Informationen und Bezeichnungen hat, kann sich an zentralen Diskursen nicht beteiligen. Für wen Phänomene und Begriffe stigmatisiert sind, tut sich schwer einige Fragen und Gedanken überhaupt zu formulieren. Im Frühjahr 2022 wurde russischen Staatsmedien untersagt, im

---

77 Jörg Ruhloff: Die Tradition der humanistischen Bildung seit der Renaissance und die gegenwärtige Neudefinition der „Bildung". In: Hans-Ulrich Lessing, Volker Steenblock (Hrsg.): *„Was den Menschen zum Menschen macht ...". Klassische Texte der Philosophie der Bildung.* Verlag Karl Alber, Freiburg im Breisgau 2010. S. 202.

Zusammenhang mit dem Überfall auf die Ukraine den Begriff ‚Krieg' zu verwenden. Eine Diskussion darüber, ob es sich um einen Krieg handelt oder um dessen Berechtigung wurde somit unmöglich. Gänzlich absurde, orwellsche Züge erreichte das Geschehen, als selbst Befürworter des Angriffs verhaftet wurden, weil sie von Krieg und nicht von einer militärischen Spezialoperation sprachen.[78] Religionen haben hier eine besonders ausgeprägte Tradition der Sprach-Stigmatisierung. Solange bereits die Verwendung von Bezeichnungen wie ‚Satan', ‚Teufel' oder ‚Leibhaftiger' Furcht und Schrecken erregen, sinkt die Wahrscheinlichkeit, dass jemand deren Existenz in Frage stellt. Wie praktisch für all jene, deren Macht auf eben dieser Furcht gegründet ist. Wichtige Befreiungsprozesse der Menschheitsgeschichte waren stets damit verbunden, dass Unterdrückte und Entmündigte ihre Sprachlosigkeit überwanden. ‚Ausbeutung', ‚Kapitalakkumulation', ‚Gleichberechtigung', ‚Instrumentalisierung', ‚Rassismus', ‚Chauvinismus', ‚strukturelle Gewalt': Begriffe wie diese stehen für wichtige Erweiterungen unserer Sprache, die es ermöglichten, Unrecht zu identifizieren und gezielt zu bekämpfen. Mit dem Verbot von Sprache ist bisher noch kein humaner Fortschritt erzielt worden.

Gleichwohl setzt die aktuelle Sprachkritik mindestens ebenso stark auf Verbote und Stigmatisierungen wie auf Ermächtigung.

Rassismussensible Sprache ist ein Gebot der Fairness und des respektvollen Miteinanders. Allerdings darf dabei weder das Bewusstsein für die unterschiedlichen Ebenen der Sprache noch für rational zu begründende Geltungsansprüche übersehen werden. Mindestens drei Ebenen unserer Sprache und deren Diskriminierungspotential sind zu unterscheiden.

Auf der Ebene der direkten Kommunikation oder gar der persönlichen Bezeichnung ist die Verwendung entsprechender Begriffe schlicht eine rassistische Gemeinheit. Warum eigentlich? Weil es unhöflich und unsympathisch ist? Gewiss, das eigentliche Problem liegt indes tiefer und besteht in der Manifestation einer vertikalen Machtverteilung. Faire Kommunikation bemüht sich stets um ein horizontales Machtverhältnis und die Möglichkeiten der Reziprozität. Während Verhandlungen ist es unfair temporär in eine Sprache zu wechseln, die das Gegenüber nicht versteht, ohne dass die ausgeschlossene Partei selbiges zu tun vermag. Beispiele lassen sich auf unterschiedlichen Ebenen finden. Besonders englischsprachige Personen ohne Fremdsprachenkenntnisse kennen die Situation, dass während einer Gesprächsrunde in eine ihnen fremde Sprache gewechselt wird. Sie vermögen nicht zu folgen, ohne ihrerseits einen exklusiven sprachlichen Raum eröffnen zu können. Nicht selten verwenden angeblich Intellektuelle nur deshalb Fachbegriffe, um weniger

78 Vgl.: https://www.nzz.ch/international/ukraine-russlands-luftwaffe-erleidet-bisher-schwerste-verluste-ld.1674908 [Letzter Aufruf 23.07.2022].

gebildete Gesprächspartner zu verunsichern. Selbst bei Beleidigungen verhält es sich ähnlich. Diese werden besonders bösartig, wenn Herabwürdigungen gewählt werden, die nicht erwidert werden können. Eine Situation, die nicht nur durch Sprachbarrieren oder Bildungsunterschiede entstehen kann. Bis in die achtziger Jahre war es für viele deutsche Jugendliche eine übliche Erfahrung in England oder den Niederlanden als ‚Nazi' bezeichnet zu werden. Eine auf vielen Ebenen schmerzhafte Beleidigung, die zudem nicht erwidert werden konnte und somit eine vertikale Machtverteilung etablierte. Rassistisches Vokabular hat oft eine vergleichbare Struktur. Barack Obama berichtet in seinem Podcast mit Bruce Springsteen von einem Streit mit einem Jugendfreund. Eine normale, emotional aufgeladene Auseinandersetzung zwischen Heranwachsenden, die wechselseitige Beleidigungen nach sich zog. Doch als die Beleidigung rassistisch wurde kam eine unfaire vertikale Machtverschiebung hinzu. Der ‚weiße' Freund mag im ideologischen Sinne kein Rassist gewesen sein, aber er bediente sich einer Möglichkeit zu verletzen, ohne das Risiko eingehen zu müssen, in selbiger Weise verletzt zu werden. Es sind also weit mehr als Gebote der Höflichkeit, die ein entsprechendes Vokabular untersagen. Es geht um die generellen Regeln der Fairness und der Reziprozität.

Dies gilt selbstverständlich auch dann, wenn gar keine Kränkung intendiert wird. Der Show Master Thomas Gottschalk hat 2021 sein Unverständnis für eine als „verlogen" empfundene sprachliche Übersensibilität geäußert. Sein Unverständnis bezüglich einer rassismussensiblen Sprache begründete er damit, dass er mit der Verwendung gewisser Vokabeln keinerlei Herabwürdigung beabsichtige: „[...] egal, ob ich einen Schwarzen Menschen einen Mohren nenne. Das hat nichts damit zu tun, dass ich auch nur ansatzweise den Respekt ihm gegenüber ver[liere]"[79] Eine egalitäre und menschenfreundliche Grundhaltung von Thomas Gottschalk ist durchaus glaubhaft. Allerdings hat diese Rechtfertigung seines Sprachgebrauchs eine nur sehr begrenzte Reichweite. Wenn Sie mir unbeabsichtigt auf den Fuß treten, werde ich Ihnen dies nicht übelnehmen. Anders ist es allerdings, wenn Sie auf meinem Fuß stehen bleiben, nachdem ich Sie darauf hingewiesen habe. Die Intentionen des Sprechers zum alleinigen Maßstab, für die Beurteilung der Kommunikation zu erheben etabliert nicht nur erneut eine vertikale Machtverteilung, sondern fällt auch hinter die elementarsten Grundlagen der Kommunikationstheorie zurück. Zwischen der Absicht des Senders und dem Verständnis des Empfängers liegt ein kontextgebundener hermeneutischer Prozess, der reflektiert und berücksichtigt werden sollte.

79 WDR 2020 https://www.youtube.com/watch?v=vazgNVl_3jA&t=1120s [Letzter Aufruf 23.08.2022].

Ausnahmen sind akzeptabel, wenn die verwendete Vokabel gleichermaßen notwendig wie alternativlos ist. Eine Notärztin darf auch dann laut nach einer Gefäßklemme rufen, wenn ihr bekannt ist, dass einige Umstehende mit diesem Begriff traumatische Erfahrungen verbinden. Im Streit um rassismussensible Sprache ist eine solche Situation allerdings kaum zu konstruieren. Es sind endlose Debatten darüber möglich, ob etwa die Bezeichnung ‚People of Color' eine ideale Lösung darstellt, immerhin existiert durch das südafrikanische Apartheid Regime auch hier eine belastete Tradition. Unstrittig ist allerdings, dass Alternativen zum N-Wort bestehen. Es darf also von Thomas Gottschalk und vielen anderen erwartet werden, ihren Sprachgebrauch zu überdenken. Seine Kommunikationsmöglichkeiten werden in keiner Weise eingeschränkt und seine Intention ist als alleiniger Maßstab der normativen Beurteilung unzureichend.

Sehr ähnlich verhält es sich auf der Ebene der administrativen Sprache wie etwa amtlichen Bekanntmachungen oder Gesetzestexten. Es ist gänzlich uneinsichtig, warum Verwaltungen und Gesetzgeber Bezeichnungen verwenden sollten, die einen Teil der Bevölkerung kränkt. Alternativen stehen zur Verfügung. Natürlich gibt es auch hier Grenzen und die Sensibilität darf nicht ins Absurde gesteigert werden. Das progressive Sächsische Integrations- und Teilhabe Gesetz (SITG)[80] wurde massiv verzögert, weil keine Einigung darüber bestand, wie die Menschen, zu deren Wohl das Gesetz wirken sollte, benannt werden dürfen. Eine hinzugezogene Sprachwissenschaftlerin erteilte den Rat, dass jede Gruppe selbst bestimmen sollte, wie sie genannt werden möchte. Da aber gleichzeitig sehr viele Gruppen durch das Gesetz unterstützt werden sollten und weder zwischen den Gruppen noch innerhalb der einzelnen Gruppen Klarheit über die gewünschte Bezeichnung bestand, war die Verzweiflung der Gesetzgeber*innen durchaus nachvollziehbar.[81]

Von zentraler Bedeutung ist es, die Ebene der Metasprache klar von jener der direkten Kommunikation und der Verwaltungssprache zu unterscheiden. Das Sprechen über diskriminierende Sprache ist selbst keine Diskriminierung. Die *Erwähnung* rassistischer Bezeichnungen ist nicht das gleiche wie deren normative *Verwendung*. Es ist viel über die gewollten und ungewollten Folgen herabwürdigender Vokabeln geforscht worden. Insbesondere in der angelsächsischen Literatur werden die unterschiedlichen Effekte von ‚Slurs' (Herabwürdigung, Verunglimpfung) analysiert. Diese dienen nicht nur zur direkten Beleidigung einzelner Zielgruppen, sondern auch zur allgemeinen Verbreitung

80 https://www.zik.sachsen.de/integrationsgesetz.html [Letzter Aufruf 15.08.2022].

81 Der Autor hat als Mitglied des Sächsischen Integrationsrates an den entsprechenden Sitzungen teilgenommen.

und Verhärtung von negativen Einstellungen. Hinzu kommt ein psychologisches Moment. Auch die bloße Erwähnung von Vokabeln in einem rein sachlichen Kontext kann an bereits erlittene Verletzungen erinnern. Autoren wie Luvell Anderson und Ernie Lepore tendieren daher dazu, Verwendung und Erwähnung gleichermaßen für unzulässig zu erklären.[82]

Allerdings ist diesem sprachlichen Prohibitionismus mit guten Gründen widersprochen worden. Beispielsweise konnten Stefan Rinner und Alexander Hieke zeigen, dass die sachliche Erwähnung und das Zitieren diskriminierender Vokabeln einen wichtigen Beitrag für die inhaltliche Aufbereitung rassistischer Phänomene leisten.[83] Ergo ist ein undifferenziertes Verbot weder begründet noch wünschenswert. Selbstverständlich bedeutet die Zurückweisung der Sprach-Prohibition keine pauschale Absolution für unreflektiertes Vokabular. Psychologische Kränkungen mögen nicht intendiert sein, aber sie sind vorhanden. Natürlich kann Sprache Machtstrukturen sowohl widerspiegeln als auch verfestigen. Allerdings liegt eine traurige Verkürzung vor, wenn Sprache nur auf Macht reduziert wird. Am Rande sei erwähnt, dass hierbei zentrale Erkenntnisse der Sprachphilosophie schlicht ignoriert werden. Nach Wittgenstein ist die Bedeutung eines Wortes sein Gebrauch in der Sprache und diese kann sehr vielfältig sein. Ein Beispiel: „Morgen kommt Neger und repariert das Dach." Die meisten von uns werden bei dieser Äußerung sowohl grammatikalisches Bedauern aufgrund eines fehlenden Artikels, als auch moralische Empörung empfinden. Wenn wir jedoch erfahren, dass es sich um den Familiennamen eines real existierenden Handwerkerbetriebes handelt, schrumpft der grammatikalische Korrekturbedarf in sich zusammen und moralische Empörung wäre absurd.

In allen vorangegangenen Sätzen hätte ich statt ‚N-Word', ‚Neger' schreiben können, ohne rassistisch zu sein. Die Auseinandersetzung über das Wesen und die Grenzen des Rassismus besteht im Geben und Nehmen von Gründen. Auch eine vertikale Machtverteilung ist nicht gegeben. Im Streit um die richtige Deutung sind Herkunft oder Hautfarbe irrelevant. Psychologische Faktoren bleiben allerdings bestehen. Ich werde mich also fragen müssen, welchen Mehrwert die Erwähnung hat und ob potenzielle Kränkungen nicht hätten vermieden werden können. Gleichwohl bleibt folgende Differenzierung bestehen: das Zitieren und Erwähnen verunglimpfenden Vokabulars kann sehr

---

82 Vgl.: Luvell Anderson, Ernie Lepore: Did you call me? Slurs as prohibited words: Setting things up. In: *Analytic Philosophy, 54(3)*, 2013. S. 350–63; Luvell Anderson, Ernie Lepore: Slurring words. In: Noûs, 47(1), 2013. S. 25–48.

83 Stefan Rinner, Alexander Hieke: Slurs under quotation. In: Philosophical Studies – An International Journal for Philosophy in the Analytic Tradition, 21.08.2021.

unterschiedliche Ursachen haben. Zu diesen zählen versteckter Rassismus ebenso wie ein Mangel an Sensibilität oder wissenschaftliche Redlichkeit. Rassisten sind immer wissenschaftlich unredlich und unsensibel, aber unsensible Menschen können ebenso Antirassisten sein wie Personen, die sich wissenschaftlicher Genauigkeit verpflichtet fühlen.

Diese Differenzierung zu leugnen bedeutet, zahlreichen Formen der Irrationalität Tür und Tor zu öffnen. Einige dieser problematischen Entwicklungen wurden bereits erörtert. Leider können zahlreiche weitere benannt werden.

Beginnen wir mit der Verwechslung von Rollentausch und Gleichberechtigung.

Während eines Interviews im Jahre 2013 wollte ein Journalist mit dem Schauspieler Samuel L Jackson über die Verwendung des N-Wortes im Film „Django Unchained" sprechen und wurde von diesem in die Zange genommen.[84] Mit lauter Stimme forderte Jackson den Journalisten wiederholt und vehement dazu auf, das N-Wort auszusprechen. So beklemmend die Situation war, sie explizierte einen wichtigen Aspekt, der noch zur Sprache kommen soll. Zunächst sei aber betont, dass erneut die moralischen Gebote der Fairness und der Reziprozität missachtet werden. Gleichberechtigung stellt sich nicht ein. Die vertikale Machtverteilung wird nicht überwunden, sie wechselt nur die Seite. Während die Verwendung einer Vokabel durch das eine Individuum als ein Akt von Empowerment gedeutet wird, steht der andere Gesprächsteilnehmer unter Rassismusverdacht. Jackson zwingt sein Gegenüber in eine Position, in die dieser ihn nicht hinein zu nötigen vermag. Entweder vermeidet der Journalist aus kindlich anmutender Furcht, eine Vokabel, eine Abfolge von Lauten, oder er muss das Risiko eingehen, als Rassist verurteilt zu werden. Gleichberechtigung sollte nicht mit Rollentausch verwechselt werden. Es ist psychologisch gut nachvollziehbar und pädagogisch und politisch bis zu einem gewissen Grad produktiv, diskriminierten Gruppen sprachliche Sonderrechte einzuräumen. Gleichwohl besteht die Gefahr das Ziel einer horizontalen Machtverteilung aus den Augen zu verlieren.

Gleichzeitig weist Jackson mit seiner Intervention auch auf einen wichtigen Aspekt hin: den ‚Voldemort-Effekt'. Auf der metasprachlichen Ebene, in einem Gespräch über ein Phänomen, ist es infantil, selbiges nicht beim Namen zu nennen. Durch Stigmatisierung wird Vokabeln eine fast magische Bedeutung zugeschrieben. Es verhält sich wie mit dem Namen des bösen Zauberers, der nicht genannt werden kann, ohne dass die Protagonisten des Harry-Potter-Universums wahlweise in Schockstarre, Hysterie oder apokalyptische

84 Vgl: https://www.spiegel.de/panorama/django-unchained-samuel-l-jackson-diskutiert-das-n-wort-a-875552.html [Letzter Aufruf 15.08.2022].

Endzeitstimmung verfallen. Eine Macht, die sich im Roman wie in der realen Welt aus der mangelnden Differenzierung von Sprechakten generiert. Über das Böse zu reden, bedeutet nicht es heraufzubeschwören. Es macht einen Unterschied, ob eine Vokabel als Anrede, Bezeichnung oder selbst als Gegenstand der Betrachtung verwendet wird. Über Rassismus reden ist nicht gleichbedeutend mit Rassismus, auch wenn dabei Begriffe Fallen, die in einem anderen Kontext mit guten Gründen zu vermeiden sind. Daher ist es auch nur konsequent, wenn Jackson anschließend jede Diskussion über das Wort ‚Nigger' verweigert. Eine Sensibilisierung für Sprache darf nicht zur Sprachlosigkeit führen. Es gibt sehr gute Gründe dafür, in Astrid Lindgrens Pippi Langstrumpf das Wort *Negerkönig* durch *Südseekönig* zu ersetzen. Die Gefahr wird vermeiden, dass Kinder sich unreflektiert verletzendes Vokabular aneignen. Gleichzeitig erleidet die Essenz der Geschichte keinen Schaden. Es besteht aber kein Anlass in dieser Abhandlung ‚N-Wort-König' statt ‚Negerkönig' zu schreiben. Ebenso verhält es sich, wenn Sprachwissenschaftler*innen darüber streiten, ob die Verwendung des Wortes ‚Neger' durch Astrid Lindgren oder Max Frisch als Ausdruck einer rassistischen Überzeugung anzusehen ist. Unabhängig davon, ob Thomas Gottschalk sein Vokabular im alltäglichen Sprachgebrauch überdenken sollte, darf er in einem Gespräch über das Phänomen selbstverständlich aussprechen was er unter einem Mohren versteht.

Nicht weniger irrational ist die Deutungshoheit der Betroffenen. Jenen, die sich diskriminiert fühlen wird das Recht zugeschrieben, über die angemessene Begrifflichkeit zu entscheiden.[85] Sehr oft kann die Kritik an Vokabeln und Begrifflichkeiten mit guten Gründen gerechtfertigt werden. Das Gefühl der Kränkung allein zählt allerdings nicht zu diesen guten Gründen. Der Akt der verbalen Kränkung stellt in einer freien Gesellschaft nur sehr selten eine Straftat dar und wir tun gut daran, dies nicht zu ändern. Vor allem aber entscheidet nicht allein die Gemütslage des Betroffenen über die Unzulässigkeit oder Zulässigkeit einer Bezeichnung. Anderenfalls droht die Gefahr, dass jeder, der sich beleidigt fühlt, seine Umwelt mit Androhung von Strafe tyrannisieren darf. Die Krim als ukrainisches Staatsgebiet zu bezeichnen war für Russlands Präsident Putin eine Beleidigung. Daraus folgt indes nicht, dass fortan auf diese Bezeichnung zu verzichten ist. Auch Religionskritik lässt sich so bequem zum Schweigen bringen. Es genügt, dass die Anhänger der Glaubensgemeinschaft sich beleidigt fühlen, um die Kritik für illegitim zu erklären. Ebenso wie die Intention des Sprechers nicht zum alleinigen Kriterium erhoben werden darf, sollte auch die Erwartungshaltung des Bezeichneten nicht den

85 Vgl: Svenja Flaßpöhler: *Sensibel. Über moderne Empfindlichkeit und die Grenzen des Zumutbaren*. Klett-Cotta, Stuttgart 2021.

alleinigen Maßstab für die Beurteilung angemessener Sprechakte darstellen. Beides etabliert irrationale und vertikale Machtverteilungen. Leider existieren in Deutschland noch immer Bevölkerungsgruppen, die sich selbst als Bürger des Deutschen Reiches oder gar als arische Herrenmenschen verstehen und auch in diesem Sinne bezeichnet werden wollen. Gleichwohl besteht keinerlei Anlass, diese Bedürfnisse zu berücksichtigen. Vielmehr existieren oftmals gute Gründe Bezeichnungen zu nutzen, die dem Angesprochenen nicht genehm sind. Das Verwaltungsgericht Meiningen sah es in einem Eilverfahren als „in ausreichendem Umfang glaubhaft gemacht" an, dass der thüringische AfD-Chef Björn Höcke als Faschist bezeichnet werden darf.[86] Die Tatsache, dass dies vielleicht nicht dem Selbstverständnis des Angesprochenen entspricht und dann ehrverletzend wäre, darf vernachlässigt werden.

Tugendaktionismus ist eine weitere Problematik, die aus dem Mangel an Differenzierung erwächst. „Rassismus ist keine Meinung, sondern ein Verbrechen." Wenige Slogans sind gleichzeitig so weit verbreitet, sympathisch intendiert und doch falsch. Rassismus als Überzeugung ist selbst kein Verbrechen, sondern eine wissenschaftlich haltlose und moralisch verwerfliche Ideologie, die zahlreiche verbrecherische Handlungen motiviert hat. Heilung ist bisher nur aus Denkgeboten und nicht aus Denkverboten erwachsen. Aus diesem Grund haben die Unterdrückungssysteme der Menschheitsgeschichte stets mit Dogmen, Desinformation und Sprachverboten gearbeitet, während Vertreterinnen und Vertreter der Aufklärung auf Nachfrage, Kritik und Rechtfertigungsanspruch setzen. Wer bereit ist und gelernt hat, sachlich und kritisch zu denken, kann ohne kognitive Dissonanzen kein Rassist sein. Rassismus ist dämlich. Wer nun mit dem oben genannten Slogan auf Demonstrationen für die Menschenrechte eintritt, richtet keinen Schaden an. Die mangelnde Differenzierung macht Destruktivität indes leicht möglich. Dies ist der Fall, wenn jeder, dem Rassismus nachgesagt wird oder der stigmatisierte Vokabeln verwendet, sogleich als Verbrecher verurteilt wird. Eine Überzeugung, die es erlaubt, jedes Gespräch mit andersdenkenden Gruppen als Appeasement abzulehnen und Anklage ohne Argumentation zu betreiben.

Nach John McWhorter hat die dritte Phase des Antirassismus eine unter dem Stichwort *Critical Whiteness* religiös anmutende Irrationalität hervorgebracht. Die erste Phase des Antirassismuss habe mit enormer Tapferkeit Sklaverei und Rassentrennung bekämpft. Die zweite Phase errang in den 1970er und 1980er Jahren eine fast weltweite moralische Ächtung sowie ein vertieftes Bewusstsein für Ursachen und Strukturen des Rassismus. Die dritte Welle, so McWhorter, verliere sich hingegen in unbelegten Thesen wonach Weiße notwendig in

86 Beschluss des Verwaltungsgerichts Meiningen: 2 E 1194/19 Me.

eine Komplizenschaft mit rassistischen Strukturen verstrickt seien, während die Existenz schwarzer Menschen vollständig von rassistischer Unterdrückung dominiert werde. Beide Thesen sind nicht nur fragwürdig, sondern in ihrer Totalität gänzlich unbewiesen. Es handle sich um religiöse Glaubenssätze, die neben einer Art Erweckungsbewegung auch eine Priesterkaste und eine Inquisition hervorgebracht habe.[87]

Man wird entgegnen dürfen, dass sich auch progressive Aspekte mit der *Critical Whiteness*-Bewegung verbinden lassen. Zu diesen zählt die Identifikation von zuvor unreflektierten Privilegien des Weißseins und die damit verbundene Ermöglichung von einem Mehr an Gleichberechtigung.

Gleichwohl ist auch hier eine negative Dialektik am Werk.

„Die Hautfarbe meiner Bekannten ist mir egal!", „Eine schwarze Mozartinterpretin und ein weißer Reggae-Musiker sind ein wertvoller Ausdruck von Multikulturalismus und individueller Freiheit."

Sätze wie diese trafen vor wenigen Jahren noch auf breite Zustimmung. Aktuell gehört es jedoch zum Zeitgeist, entsprechende Aussagen zu kritisieren, oder sogar als rassistisch zu verurteilen. Wem die Hautfarbe seiner Bekannten egal ist, zeigt sich ignorant gegenüber deren Diskriminierungserfahrungen. Eine schwarze Mozartinterpretin zu feiern bedeutet, kulturelle Kolonialisierung zu betreiben. Weiße Reggae-Musiker wiederum werden als Ausdruck ausbeuterischer kultureller Aneignung verurteilt. Gewiss: Es lassen sich Situationen denken, in denen die oben genannten Äußerungen unsensibel sind. Der Generalverdacht ist hingegen erschreckend. Erstens werden die Errungenschaften der Vergangenheit negiert. Eine Haltung gegenüber Menschen in der Hautfarbe, kulturelle Herkunft, sexuelle Orientierung usw. irrelevant sind, ist erstrebenswert! Nichts anderes formuliert Martin Luther King in seiner Rede „I have a Dream". Zweitens gerät das Individuum als Träger menschlicher Würde aus dem Blick. Wenn ich einer Musikerin applaudiere, dann für ihre Leistung als individuelle Künstlerin und nicht als Repräsentantin irgendeines Kulturkreises oder gar einer Rasse. Dabei ist es übrigens irrelevant, ob sie Mozart oder Reggae gespielt hat. Drittens impliziert die Kritik selbst finsterstes, rassistisches Gedankengut. Ist es undenkbar, dass eine farbige Musikerin aus eigenem Antrieb Mozart liebt und ein blasser junge aus Hamburg wundervollen Raegge spielt? Warum ist dies nicht vorstellbar? Weil es unantastbares völkisches Eigentum gibt? Oder gar, weil ihre genetische Disposition als Schwarze oder als Weißer sie exkludieren? Kurz: man beschwört die Geister, die vertrieben werden sollten.

---

87 John McWhorter: *Die* Erwählten. *Wie der neue Antirassismus die Gesellschaft spaltet* (Übers.: Kirsten Riesselmann). Hoffmann und Campe, Hamburg 2021. S. 21.

Ebenso absurd ist es, privilegierten Menschen das moralische Recht abzusprechen, sich für Unterprivilegierte einzusetzen. Gewiss: Es finden sich immer Personen, denen es mehr um Selbstprofilierung, als um die soziale Frage geht. Ebenso werden privilegierte, weiße Männer mit Sicherheit nicht die Alltagserfahrungen einer unterprivilegierten schwarzen Frau nachempfinden können. Aber dürfen sie sich deshalb nicht für deren Lebensbedingungen einsetzen? War es übergriffig, als Martin Luther King sich auch für die Verbesserung der Arbeitsbedingungen weißer Arbeitnehmer aussprach? Ist Engagement nicht gerade dann besonders wertvoll, wenn es nicht aus einer subjektiven Perspektive erwächst, sondern auf allgemeinen Prinzipien der Gerechtigkeit beruht? Wer dies bestreitet, beschwört eine unheimliche Form der Identität herauf. Eine durch Kultur und Hautfarbe definierte unentrinnbare Prägung, die Solidarisierung zwischen den so konstruierten-Ethnien für unpraktikabel oder unmoralisch erklärt. 2019 wurde mir nach einem Vortrag bei der Organisation *Dialog macht Schule* von einer angehenden Demokratietrainerin entgegengehalten, ich habe kein Recht, muslimische Knabenbeschneidung zu kritisieren, schließlich hätte ich nicht die Diskriminierungserfahrung eines Muslims. Nur wenige Tage später wurde mir in Dresden von Vertretern der PEGIDA-Bewegung „Pro-muslimische Propaganda" vorgeworfen, als Vertreter der „linksliberalen Bildungsaristokratie" die legitimen Bedürfnisse des „Volkes zu verraten". Beide Aussagen entspringen demselben Bewertungsmaßstab: *Du gehörst nicht zu uns und du bestätigst nicht unsere Gefühlslage. Ergo du bist im Unrecht. Deine Argumente sind irrelevant.*

Zudem entsteht bei allen irrationalen Weltanschauungen eine Dynamik vorauseilender moralischer Selbstbestätigung. Es geht nicht darum, einen Sachverhalt rational beurteilen zu können, sondern möglichst frühzeitig zu jenen zu gehören, die mit dem Duktus der Überlegenheit eine moralische Verurteilung aussprechen. Leider unterscheidet sich auch dieser inquisitorische Eifer von Teilen der *Critical Whiteness*-Bewegung wenig von den Vertretern rechtsextremer Verschwörungstheorien.

Im Jahre 2020 mussten sowohl der Präsident als auch der Vorsitzende der amerikanischen Poetry Foundation zurücktreten. Ursächlich war nicht, dass sie in ihrer Solidaritätserklärung mit der Black Lives Matter-Bewegung die Polizeigewalt mit Genozid verglichen hatten („equate to no less than genocide against Black people"), sondern dass ihr Schreiben für zu kurz befunden wurde.[88]

88 https://www.nytimes.com/2020/06/09/books/poetry-foundation-black-lives-matter.html [Letzter Aufruf 15.08.2022].

Im selben Jahr wurde der Gary Garrels, der Kurator des Museums für Moderne Kunst in San Francisco zum Rücktritt gedrängt. Anlass war seine Weigerung Kunstwerke deshalb vermehrt vom Erwerb auszuschließen, sofern diese von weißen Männern angefertigt worden seien. Ein solches Verhalten, so Garrels wäre kein Zeichen von Antirassismus sondern umgekehrte Diskriminierung (reverse discrimination).[89]

Ein Jahr später, nötigte die New York Times, bisher ein Flaggschiff der Pressefreiheit, den seit 1976 für das Haus schreibende Journalisten Donald McNeil Jr. zur Kündigung. Auslöser war einer Diskussion über Rassismus in der Schüler McNeil gefragt hatten, ob ein Schulverweis bei Verwendung des N-Wortes angemessen sei. McNeil hatte geantwortet, dass es einen Unterschied mache, ob das Wort als Zitat oder als Anrede verwendet worden sei. Er verwies also auf den Unterschied zwischen aktiver Verwendung und Erwähnung. Konsequenterweise sprach er selbst die Vokabel „Nigger“ aus.[90] Es folgte ein Brief von 150 Kolleginnen und Kollegen, die seine Entlassung forderten und bewirkten.

Es ist anzunehmen, dass die meisten Unterzeichner die Drangsalierung von Presse und Kulturschaffenden während der sogenannten McCarthy-Ära von 1950–55 als historischen und moralischen Fehler bezeichnen würden. Die Analogie zu ihrem eigenen Verhalten scheinen sie indes nicht zu bemerken. Eine Gruppe Promovierender hat an der Universität Princeton den Präsidenten aufgefordert einen Ausschuss einzurichten, der „die Untersuchung und Ahndung von rassistischem Verhalten, rassistischen Vorfällen und Veröffentlichungen, sowie von rassistischer Forschung seitens der Fakultät leitet.“[91] Dagegen ist eigentlich nichts einzuwenden. Allein die Frage nach der Dringlichkeit sollte gestattet sein. Ist Princeton, Wirkungsstätte und Studienort von Albert Einstein, Toni Morrison, Elena Kagan, Michelle Obama und Jhumpa Lahiri ein Ort, der dringend eines solchen Ausschusses bedarf? Auch Senator McCarthy wähnte sich auf der moralisch richtigen Seite. Aber er jagte Gespenster und richtete viel Schaden an.

---

89 https://www.newsweek.com/sfmoma-curator-gary-garrels-san-francisco-museum-modern-art-reverse-discrimination-racism-1517984 [Letzter Aufruf 05.10.2022].

90 Peter Mücke, Eckhard Roelcke: Debatte um „New York Times“ – Political Correctness oder „Gesinnungsterror“? In: Deutschlandfunk Kultur. 15. Februar 2021. https://ondemand-mp3.dradio.de/file/dradio/2021/02/15/rassismus_oder_gesinnungsterror_debatte_um_new_york_drk_20210215_2308_4cbc6c02.mp3 [Letzter Aufruf 15.08.2022].

91 John McWhorter, Kirsten Riesselmann (Übers.): *Die Erwählten. Wie der neue Antirassismus die Gesellschaft spaltet.* Hoffmann und Campe, Hamburg 2021. S. 74.

„Angst und Schrecken sind auch dann nicht plötzlich gut, wenn sie von Linken oder von Schwarzen Menschen verbreitet werden. Die Vernunft sollte die Oberhand behalten. Das ist der Kern der Aufklärung."[92]

In hohem Maße bedauerlich ist zudem die Tatsache, dass ein allumfassendes antirassistisches Paradigma den Blick für andere Ursachen sozialer Missstände verstellt. Ein erstes Beispiel ist die Verwechslung von Ideologiebekämpfung und Sophismus.

Die Reflexion der Sprache leistet einen wichtigen Beitrag auf dem Weg zu einer rassismusarmen Gesellschaft. Sprache und Symbolik bietet der Konstruktion und Reproduktion von Ressentiments einen Nährboden. Zudem können Worte und Symbole Einfallstore für bewusste und unbewusste Diskriminierung sein. Sie ermöglichen massive Grausamkeiten ebenso wie subtile Mikroaggressionen.[93] Sprachkritik ist dringend geboten. Dennoch dürfen Vokabular und Ideologie nicht verwechselt werden. Worte allein sind nicht der Rassismus selbst. Weder ist jeder, der unsensibel spricht, notwendig ein Rassist noch ist zu erwarten, dass die Stigmatisierung von Vokabeln genügt, um menschenfeindliche Ideologien zu beseitigen. In Deutschland existiert eine stetig wachsende Anzahl von juristisch verbotenen Formulierungen und Symbolen. Dies ist mit Blick auf die deutsche Geschichte mehr als gut begründet. Zur Zurückdrängung neonationalsozialistischer Milieus hat dies leider nur wenig beitragen können. Die entsprechenden Ideologien repräsentieren unreflektierte Weltanschauungen und nehmen wenig Schaden, wenn ihnen einzelne Worte oder Symbole entzogen werden. Ausweichmöglichkeiten sind nur allzu leicht gefunden. Es ist allgemein bekannt, dass die Zahlenkombinationen 18 oder 88 in gewissen Milieus für „Heil Hitler" und „Adolf Hitler" stehen. Verbieten lassen sich Ziffern indes nicht. Ein Rechtsstaat kann keine Zahlenkombinationen verbieten. Viele von uns leben in Häusern mit der Nummer 18 oder 88.

Besonders beschämend ist die Hilflosigkeit angesichts einer Sprachentwicklung, die auf europäischen Schulhöfen Einzug gehalten hat. Die Formulierung „Du Jude" wird dort oftmals als Schimpfwort, Beleidigung oder

---

92 John McWhorter, Katja Ridderbusch: Schattenseite des Antirassismus – Ein unorthodoxer Blick auf die identitätspolitische Debatte. In: *Deutschlandfunk*. 31.01.2022 https://www.deutschlandfunk.de/john-mcwhorter-die-erwaehlten-100.html [Letzter Aufruf 15.08.2022].

93 Vgl.: Azadê Peşmen: Wie Tausende kleine Mückenstiche – Rassismus macht den Körper krank, In: *Deutschlandfunk Kultur*. 05.07.2018. Online: https://www.deutschlandfunk-kultur.de/rassismus-macht-den-koerper-krank-wie-tausende-kleine-100.html [Letzter Aufruf 15.08.2022].

Ausgrenzung verwendet.[94] Angesichts der deutschen Geschichte ist dieser Umstand kaum erträglich. Die Ursachen reichen von jugendlicher Pietätlosigkeit und mangelnder historischer Bildung über religiösen und völkischen Antisemitismus bis zu einem undifferenzierten Verständnis internationaler Politik. Bildung und Aufklärung können und müssen hier entgegenwirken. Die Bezeichnung „Jude“ darf indes keinesfalls verboten werden. Letzteres würde bedeuten, die Deutungshoheit an jene abzutreten, die diskriminierenden Missbrauch vorantreiben. Natürlich sind viele psychologische, soziologische und politische Teilaspekte zu berücksichtigen, aber das Ziel bleibt eine Gesellschaft, in der ein Ausdruck wie „Schwarzer“ eine beiläufige Attributbeschreibung wie „Blondine“ oder „Brillenträger“ ist. Dafür aber muss es aber eine entsprechende Sprachpraxis geben.

Das zweite Beispiel wiegt vielleicht noch schwerer und könnte unter der Überschrift „Rasse statt Klasse“ zusammengefast werden.

Gemeint ist die Reduktion sämtlicher sozialer, ökonomischer und politischer Missstände auf rassistische Diskriminierung. Die Identifikation rassistischer Strukturen ist bitter notwendig. Sie darf jedoch nicht die mindestens ebenso notwendige Kritik an sozialen, ökonomischen und politischen Missständen verdrängen. Für Marx und Engels waren Rassismus oder Chauvinismus sogenannte Nebenwidersprüche, die erst dann beseitigt werden können, wenn der Hauptwiderspruch zwischen Kapitalakkumulation und Ausbeutung überwunden ist. Allerdings muss man kein Marxist sein, um eine Kausalität zwischen sozialen Klassen und der Entstehung und Bestärkung rassistischer Vorurteile zu diagnostizieren. Bekanntlich besteht ein Teufelskreis zwischen sozialem Status, Anfälligkeit für Kriminalität, Vorverurteilung und geringen Aufstiegschancen. Wer allein auf den Aspekt der rassistischen oder chauvinistischen Vorurteile fokussiert greift zu kurz und wer allein auf sprachliche Korrektheit achtet, könnet sich auf einem bequemen Nebenschauplatz niedergelassen haben, um dem Kern der strukturellen Gewalt aus dem Weg zu gehen.

John McWhorter ist dieser Tendenz mit mehreren mutigen Veröffentlichungen entgegengetreten.

> Ich leugne nicht, dass Rassismus existiert, dass systemischer Rassismus existiert. Und wir werden ihn wahrscheinlich auch nie ganz ausrotten können. Aber diese psychologisierenden, um sich selbst kreisenden Belehrungen über weiße Schuld

94 Roland Willareth: Diskriminierung durch Sprache. Antisemitismus an Schulen. In: Tiedemann, Markus (Hrsg.): *Migration, Rassismus, Menschenrechte. Herausforderung ethischer Bildung.* Brill/Ferdinand Schöningh, Paderborn 2020. S. 91–124.

bringen uns nicht weiter dabei, die realen Probleme schwarzer Menschen in diesem Land zu überwinden.[95]

Es ist eine Tatsache, so McWhorter, das rassistische Polizeigewalt in den USA ein inakzeptables Problem darstellt. Fakt sei aber auch, dass Gefahr von den eigenen Nachbarn getötet zu werden für einen Afroamerikaner um ein Vielfaches höher sei, als einem rassistischen Polizisten zum Opfer zu fallen.[96] Des Weiteren besteht in der sogenannten schwarzen Community keinesfalls eine Homogenität der Betroffenheit. Mehrere Studien belegen ein Auseinanderfallen von Diskriminierungserfahrung und Diskriminierungsempfindung. Erstaunlicher Weise belegen Studien, dass bei „einem hohen Niveau an Teilhabechancen von Minoritäten auch die wahrgenommene Diskriminierung innerhalb dieser Gruppen hoch ist – und interessanter Weise auch umgekehrt."[97] Afroamerikaner*innen mit Universitätsabschluss und gehobenem Einkommen fühlen sich häufiger rassistisch diskriminiert als jene, die einen elementaren Bildungsabschluss und ein geringes Einkommen haben.[98] Ein Befund, der mindestens zwei Interpretationen zulässt. A) Eine höheres Bildungs- und Sozialniveau ermöglicht die Wahrnehmung und Identifizierung subtiler und umfassender Diskriminierung. B) Durch den sozialen Aufstieg sind die massiveren Diskriminierungen anderer Gesellschaftsschichten aus dem Blickfeld geraten. Die reinen Fallstatistiken sprechen eine eindeutige Sprache: Schwarze, die Opfer von Gewalt im Allgemeinen und rassistischer Gewalt im Besonderen werden, entstammen nur selten der sogenannten Oberschicht. Den gravierendsten Einfluss auf ihr Schicksal hat die soziale Klasse, nicht die Rasse.

Der Kampf gegen den Rassismus bleibt eine zentrale Aufgabe aufgeklärter Lebensformen. Die kritische Vernunft gebietet es jedoch monokausalen Erklärungen zu misstrauen. Zudem wäre es tragisch, das Ringen um soziale Gerechtigkeit mit Spracherziehung zu verwechseln oder gar durch diese zu ersetzen.

Auch Helen Pluckrose und James Lindsay betonen, dass „Rassismus bis heute ein gesellschaftliches Problem ist, das angegangen werden muss." Gleichzeitig bestreiten sie jedoch, dass die „Critical-Race-*Theorie* und das Konzept der Intersektionalität die besten Werkzeuge liefern, um dies zu tun, weil [...]

95 John McWhorter: *Die Erwählten. Wie der neue Antirassismus die Gesellschaft spaltet* (Übers.: Kirsten Riesselmann). Hoffmann und Campe, Hamburg 2021. S. 86.

96 Ebd. S. 48.

97 Aladin El-Mafaalani, Julian Waleciak, Gerrit Weitzel: Tatsächliche, messbare und subjektiv wahrgenommene Diskriminierung. In: Scherr, El-Mafaalani, Yüksel (Hrsg.): *Handbuch Diskriminierung.* Springer Fachmedien Wiesbaden GmbH, Wiesbaden 2017. S. 175.

98 Ebd.

sich Probleme mit Rassismus am besten durch eine möglichst rigorose Analyse lösen lassen." Zudem betonen Pluckrose und Lindsay, die Freiheit des Individuums sich gegen diskriminierende oder rassistische Verhaltensweisen zu entscheiden. Damit wird zugleich bestritten, dass Rassismus „unvermeidlich und in jeder Interaktion präsent ist und deshalb [in jedem Kontext] entdeckt und angeprangert werden kann und dass dies Teil eines ubiquitären systemischen Problems ist, welches immer und überall alles durchdringt." Vielmehr sei es kontraproduktiv Rassismus zu bekämpfen, indem „man Kategorien wie Race wieder eine soziale Bedeutung verleiht und ihre Sichtbarkeit radikal erhöht."[99]

Als letzte besorgniserregende Entwicklung sei die antirassistische Geschichtsmodellierung genannt.

Beginnen wir mit einem eher harmlosen Beispiel: Nachdem die Mohrenstraße in Berlin in Anton-Wilhelm-Amo-Straße umbenannt wurde, wird auch in Dresden-Radebeul eine entsprechende Diskussion geführt. Der Vertreter einer Organisation von jungen Migranten berichtete mir, dass eine Aussprache kaum noch zu verstehen war, weil zahlreiche Teilnehmer*innen nur noch M-Wort Straße sagten. Dies ist zunächst nur eine lustige Anekdote allerdings war auch ein gewisser Tugendaktionismus zu beobachten. Es existieren gute Gründe dafür, den Straßennamen zu ändern. Allerdings besteht kein begründeter Anlass dafür, all jenen Rassismus zu unterstellen, die darauf hinweisen, dass die Bezeichnung „Mohr" sehr unterschiedliche Konnotationen besaß. Genau hier greift die antirassistische Geschichtsmodellierung. Es wurde schlicht behauptet, dass es sich zu allen Zeiten um eine Diskriminierung gehandelt habe. Dabei reicht das Spektrum von neutralen Herkunftsbezeichnungen als Bewohner Mauretaniens über Ehrerbietung, etwa für den Heiligen Mauritius, den Stadtpatron Magdeburgs, über romantische Verklärungen bis hin zu Infantilisierung, Herabwürdigung und rassistische Diskriminierung. Dies zu leugnen, bedeutet nicht differenzieren zu wollen und Pauschalurteile zu pflegen. Kurz: Es bedeutet das zu praktizieren, was man bekämpfen will.

Das ideologisch geprägte Modellieren von Geschichte ist ein alter Bekannter. Den Römern war es nicht genug, eine sehr erfolgreiche, mediterrane Gemeinde zu sein. Sie führten ihre Abstammung wahlweise auf zwei Halbgötter oder die letzten Überlebenden des sagenumwobenen Trojas zurück. Im Eisenacher „Institut zur Erforschung und Beseitigung des jüdischen Einflusses auf das deutsche kirchliche Leben" verwendeten deutsche Theologen zwischen 1939 und 1945 viel Energie darauf, zu beweisen, dass Christus ein Arier gewesen sei.

---

99 Pluckrose, Helen / Lindsay, James: *Zynische Theorien. Wie aktivistische Wissenschaft Race, Gender und Identität über alles stellt – und warum das niemandem nützt.* C.H. Beck, München 2022, S. 311–312.

Stalin sorgte dafür, dass Trotzki auf Fotos, die ihn zusammen mit Lenin zeigten, wegretuschiert wurde. In Polen wurde jüngst das Schulfach „Geschichte und Gegenwart" samt einem Schulbuch eingeführt, welches die Weltsicht und Moralvorstellungen der regierenden PiS- Partei propagiert.

Im Vergleich dazu ist die Intension antirassistischer Geschichtsmodellierung natürlich deutlich sympathischer. Dennoch bleibt ein fatales Problem: Geschichtsverfälschung.

Wenn Aufklärung die nach Objektivität strebende Lebensform ist, dann muss sie darum bemüht sein, sich so ideologiearm wie möglich mit Vergangenheit und Gegenwart auseinanderzusetzen. Nur so ist auch die traurige Einsicht unvermeidlich, dass beide stark durch Rassismus und Diskriminierung sowie weiteren Übeln durchzogen sind und massive soziale und pädagogische Anstrengungen von Nöten sind, um diesen entgegenzuwirken.

Allerdings darf die Analyse selbst weder ideologisch noch pädagogisch werden. Wer aus der Vergangenheit lernen will, muss verstehen, wie diese war. Leider scheint auch dieses Prinzip der Aufklärung zunehmend verdrängt zu werden. Douglas Murray hat in seinem 2019 erschienen Buch *Wahnsinn der Massen – Wie Meinungsmache und Hysterie unsere Gesellschaft vergiften*[100] herausgearbeitet, wie beispielsweise Google-Algorithmen eine ideologisch verzerrte Geschichtsdarstellung bewirken. Wer in der Bildersuche „European art" eingibt, so Murray,

> möchte meinen, zu den zuerst angezeigten Bildern gehörten die Mona Lisa oder die Sonnenblumen von Van Gogh oder ein anderes ebenso bekanntes Werk. Doch das erste Bild stammt von Diego Velázquez. Der Künstler an sich ist nicht wirklich eine Überraschung, doch die Auswahl seiner Werke schon. Weder *Die Hoffräulein* noch das Porträt von Papst Innozenz X werden angezeigt, sondern das Porträt seines Assistenten, Juan de Pareja, eines Farbigen.

Der hier beschriebene Suchvorgang ließ sich zum heutigen Datum mit vergleichbaren Ergebnissen wiederholen.[101] Allerdings variieren die Resultate je nach verwendeter Sprache. Wer erstmals beginnt sich mit europäischer Kunst zu beschäftigen, muss den Eindruck gewinnen, dass diese ganz wesentlich von Menschen mit dunkler Hautfarbe als Künstler oder Motiv geprägt worden ist. Eigentlich ist dies eine ganz sympathische Vorstellung, allein, sie entspricht nicht den Tatsachen.

Es fällt schwer zu glauben, dass diese Suchergebnisse einem Bemühen um Objektivität entspringen. Wie viele nicht-weiße Künstler waren rein prozentual an der europäischen Kunst beteiligt? Liegen alle bisherigen Einführungen in die

---

100 Douglas Murray: *Wahnsinn der Massen – Wie Meinungsmache und Hysterie unsere Gesellschaft vergiften* (Übers.: Birgit Schöbitz). FinanzBuch Verlag, München 2019. S. 152.

101 https://archive.ph/nxyN7 [Letzter Aufruf 15.08.2022].

Kunstgeschichte falsch, wenn Sie beispielsweise Michelangelo, Van Gogh oder Salvador Dali als klassische Repräsentanten europäischer Kunst verstehen?

Ebenso wäre es vielleicht wünschenswert, wenn Michelangelo wahlweise Gott oder Adam mit dunkler Hautfarbe an die Decke der Sixtinischen Kapelle gemalt hätte. Allein, so ist es nicht gewesen.

Natürlich ist es eine Ungerechtigkeit, dass die vielen Frauen, die mit hoher Wahrscheinlichkeit im Laufe der Jahrhunderte großartige wissenschaftliche Einsichten errungen haben, nicht überliefert worden sind. Allerdings ist es epistemisch unredlich, diese Ungerechtigkeit nachträglich korrigieren zu wollen. Dies geschieht unter anderem, wenn Schüler oder Studentinnen lernen, dass der Einfluss von Hypatia von Alexandria ebenso bedeutend für die antike Philosophie gewesen sei, wie jener von Aristoteles oder Cicero. Wiederholt habe ich in Rahmenplankommissionen erlebt, dass eine Gleichstellung gefordert wurde, da Frauen im Kanon sonst unterpräsentiert wären. Nur: Frauen waren in der Antike unterrepräsentiert und die großen Systeme wurden von Männern geschaffen. Wer diesen Zustand nicht reproduzieren will, sollte darauf achten, die Gegenwart und nicht die Geschichtsschreibung zu verändern. Um dies zu erreichen, scheint gerade für die bisher unterrepräsentierten Teile der Bevölkerung, eine gute Ausbildung noch immer das Mittel der Wahl. Eine gute Ausbildung impliziert Sachkenntnisse. Ein ideologisch verzerrtes Geschichtsbild ist indes kontraproduktiv. Es wäre eine große Erleichterung, wenn Luther sich nicht antisemitisch geäußert hätte, aber er hat es getan. Es wäre gut, wenn die Ikonen der Aufklärung zu fünfzig Prozent weiblich gewesen wären und bereits eine rassismussensible Sprache verwendet hätten, aber so war es nun mal nicht. Dies auszublenden oder zu modellieren hieße, Halbwissen im Sinne Adornos zu kreieren.

Die zunehmend einseitige Darstellung der Sklaverei ist ein weiteres prominentes Beispiel. Wenn weiße, männliche Kapitalisten die einzigen rassistischen Ausbeuter der Geschichte gewesen wären, bestünde die Hoffnung, dieses Übel als Minderheitenphänomen zu beseitigen. Leider sprechen historische Quellen eine andere Sprache.

Die Versklavung von Millionen Afrikanern sowie deren Verschleppung auf die beiden amerikanischen Kontinente ist eines der größten Menschheitsverbrechen. Leider handelt es sich aber nur hinsichtlich der ökonomischen Organisation und der erreichten Quantitäten um eine Singularität. Sklaverei bestand zuvor und sie besteht bis heute. Rassistischer Überlegenheitswahn bezüglich des eigenen Stammes, der eigenen Religion, der eigenen Nation ist leider aus zahlreichen Kulturkreisen überliefert und führte auf allen Kontinenten ebenso zur Unterdrückung und Ausbeutung von Menschen wie pures Eigeninteresse. Leider sind wir eine zu Ungerechtigkeit und zur Irrationalität neigende Gattung. Erinnerungskultur kann so gestaltet werden, dass die Überlieferung den eigenen Wunschvorstellungen entspricht, besser zu ertragen ist oder leichte Problemlösungen suggeriert. Allein die Chancen aus der Geschichte zu lernen werden somit verbaut. Sklaverei ist eines der großen Menschheitsverbrechen und hat im Dreieckshandel des 17., 18. und 19. Jahrhunderts einen traurigen Höhepunkt erreicht. Aber Sklaverei ist weder weiß noch schwarz. Sie ist notwendig menschenverachtend, aber nicht immer rassistisch. Sklaverei betraf stets Menschen aller Hautfarben. Die Antike kannte kein rassistisches Sklavenkonzept, Herrschaftsformen des Orients indes schon. Sklaverei bestand in Afrika, bevor die Europäer deren Ausmaß exorbitant steigerten. Abnehmer waren Europäer, aber auch Araber. Muslimische Piraten fingen über Jahrhunderte Portugiesen, Spanier, Franzosen und Italiener und verkauften diese in Nordafrika. In den Arbeits- und Vernichtungslagern des Nationalsozialismus, den Gulags der Sowjetunion oder den Masseneinsätzen der Kulturrevolution wurden Menschen versklavt, die sich von ihren Peinigern äußerlich nicht unterschieden. Sklaverei war und ist eine Geißel der gesamten Menschheit. Sie wird daher auch nur überwunden, oder zumindest eingedämmt werden können, wenn für ihre Verurteilung anthropologisch-universale Kriterien gelten.

> Jene Aktivisten der Critical Whitness, die einen Gegensatz zwischen Weißen und People of Color zu einem Hauptwiderspruch machen, verzerren das Bild vom gelebten Leben. Sie minimalisieren Unterdrückung – nicht nur die Unterdrückung von Weißen durch Weiße, sondern auch die Unterdrückung von Nichtweißen durch Nichtweiße [...][102]

Wenn überhaupt eine Chance besteht, aus der Geschichte zu lernen, so wird diese durch ideologische Verengung zunichtegemacht. Gerald Horne hat mit differenzierten Arbeiten dazu beigetragen, unser Verständnis der Amerikanischen Revolution zu erweitern und darauf hinzuweisen, dass neben liberalen Gedanken auch das Interesse an der Fortsetzung der Sklaverei eine Rolle spielte.[103] Gleichwohl würde die Behauptung, Rassismus und Sklaverei seien die dominanten Ursachen der Amerikanischen Revolution gewesen, ganze Bibliotheken an Forschungsarbeiten und Quellensammlungen ausblenden.

---

102 Bundespräsident a.D. Joachim Gauck: „Menschen, die Freiheit, Demokratie und Menschenrechte lieben, fragen nicht danach, ob jemand schwarz ist oder weiß“. In: *Die ZEIT*. 31.03.2021. S. 56.

103 Vgl.: Gerald Horne: The Counter-Revolution of 1776: Slave Resistance and the Origins of the United States of America. New York University Press, New York 2014.

Die nigerianische Schriftstellerin Chimamanda Ngozi Adichie hat den Begriff der *Single Story* geprägt und damit die Gefahr identifiziert, dass einseitige und durch koloniale Vormacht entstandene Weltverständnisse als historische Überlieferung fortbestehen.[104] Es ist sehr überzeugend, dass bisher vernachlässigte Stimmen korrigierend in das kollektive Geschichtsverständnis eingreifen sollten. Die Gefahr einer *Single Story*, ein geschlossenes und verengtes Interpretationsparadigma, ist allerdings aus verschiedenen Richtungen am Werk.

Es scheint, als verbreite sich ein wirkungsmächtiger Kategorienfehler. Die Zugehörigkeit zu Minderheiten oder Mehrheiten hat viele soziale Konsequenzen zu denen auch Ungerechtigkeit, Diskriminierung und Marginalisierung gehören. Im Kontext universalistischer Ethik folgt aus der Zugehörigkeit zu Minderheiten oder Mehrheiten aber rein gar nichts! Diese Unterscheidung ist von größter Wichtigkeit, gerade um Menschen vor Diskriminierung zu schützen. Nehmen wir das Beispiel der von Judith Butler identifizierten „Heteronormativität". Wer Heterosexualität als durchschnittliches Mehrheitsverhalten der Menschen ansieht, hat zumindest aktuell sicher Recht. Wer hingegen daraus einen normativen Anspruch, eine Anpassungsforderung oder gar die Anfeindung anders orientierter Menschen ableitet, irrt gewaltig. Aus empirischen Mehrheitsverhältnissen folgt normativ gar nichts. Es ist nicht notwendig George Edward Moore zu bemühen, um auf einen naturalistischen Fehlschluss hinzuweisen. Aus einer Deskription folgt keine Norm. Nur, weil ich kurzsichtig bin, folgt daraus nicht, dass ich es sein sollte. Nur weil die Mehrheit der europäischen Politiker männlich sind, folgt nicht daraus, dass dies so sein oder gar bleiben sollte. Von Sein kann logisch nicht auf das Sollen geschlossen werden. Es handelt sich um getrennte Kategorien. Ergo ist auch die Zugehörigkeit zu einer Minderheit nur ein soziologisches aber kein ethisches Argument. Sie gestattet weder Diskriminierung noch folgen aus ihr Anrechte. Wenn beispielsweise Menschen mit nicht heterosexueller Veranlagung für Gleichberechtigung und gegen Diskriminierung demonstrieren, sind sie im Recht. Dieses Recht lässt sich aus ihrem Status als Mensch, als Person bzw. Bürgerinnen und Bürger ableiten. Aus der Zugehörigkeit zur sogenannten LGBTQI-Community folgt indes ethisch gesehen nichts.

Wer hingegen die Zugehörigkeit zu einer Gruppe, das Faktum einer sozialen Identität zur ethischen Norm erhebt, öffnet jene Büchse der Pandora, aus der zahllose Diskriminierungen entweichen und die durch die

---

104 Chimamanda Ngozi Adichie: Die Gefahr einer einzigen Geschichte. In: *TEDGlobal* 2009. https://www.ted.com/talks/chimamanda_ngozi_adichie_the_danger_of_a_single_story [Letzter Aufruf 15.08.2022].

Vernunftorientierung der Aufklärung gerade erst notdürftig geschlossen werden konnte.

Am 10. Juli 2021 lud das Haus der Kulturen der Welt in Berlin zu einer internationalen Tagung zum Thema „The White West IV: Whose Universal?". Neben den klugen und hörenswerten Vorträgen und dem grandiosen Wetter viel ins Auge, dass nicht eine Referentin geladen wurde, die für Universalismus und Prinzipien der Aufklärung argumentierte. Statt Diversität zu kultivieren, wurde ausschließlich eine Weltdeutung bedient. Nach dieser ist die Geschichte der Neuzeit nicht durch den marxistischen Hauptwiderspruch zwischen Kapital und Arbeit oder verschiedene Emanzipationsbewegungen, sondern durch die ideologische Konstruktion weißer Überlegenheit zu erklären, welches sich in Narrativen von Objektivität, Rationalität und Staatsvertrag manifestiert. Die Praxis der (Selbst)Kritik und universale ethische Normen haben am immanent weißen Rassismus nichts geändert. Vielmehr handelt es sich um Instrumente der Verschleierung. Logische oder empirische Belege für diese These blieben aus.

In seinem Vortrag erkundete Dirk Moses von der University of North Carolina „das Engagement der BRD für die Gleichsetzung von „Zivilisation" und „Westen" in der Nachkriegszeit und das „rosarote" Verständnis von Aufklärung und Kolonialismus als Vehikel des „menschlichen Fortschritts."[105] Diese Deutung ist keineswegs selbstverständlich. Immerhin ließe sich einwenden, dass auch die Frankfurter Schule und deren Aufklärungs-Kritik ebenfalls zu den prägenden Faktoren der Bundesrepublik gerechnet werden muss. Zudem lohnt ein Blick auf empirische Fakten. An keiner deutschen Schule ist ein Geschichtsbuch im Gebrauch, dass ein „rosarotes" Bild des Kolonialismus vermittelt. Leider blieb eine entsprechende Debatte aus. Selbiges gilt für die Deutung wonach die deutsche Erinnerungskultur zusammen mit dem westlichen Bedürfnis nach staatlich garantierter Sicherheit zur Legitimation Israels und somit zu einer weißen, kapitalistischen Kolonialisierung der Palästinenser beiträgt.[106]

Thesen dieser Art hätten auf Veranstaltungen der Identitären oder der NPD tosenden Beifall erhalten. Letzteres allein ist natürlich nur ein Hinweis, kein Argument. Gleichwohl sollte es Anlass genug sein auch anderen Stimmen Gehör zu schenken, welche die Existenz Israels als Teil der Bundesdeutschen Staatsräson, als ein kompliziertes Geflecht aus historischer Schuld, moralischer

---

105 Ankündigungstext zum Vortrag. Vgl.: https://www.hkw.de/en/programm/beitragende_hkw/m/dirk_moses.php [Letzter Aufruf 15.08.2022].

106 Vgl: A. Dirk Moses: The Problems of Genocide: Permanent Security and the Language of Transgression. Cambridge University Press, Cambridge 2021.

Verantwortung, Völkerrecht, Ideologie und Pragmatismus verstehen. Stimmen die Existenzberechtigung nicht als Anrecht auf bedingungslose Unterstützung verstehen. Stimmen, deren „Bewußtseins- und Unbewußtseinsstand [tief genug in das] Ungeheuerliche“[107] eingedrungen sind, um zu verstehen, dass Kritik an Israel zwar immer wieder geboten ist, aber in deutscher Sprache an die Grenzen des sagbaren stößt. Stimmen, denen weiße rassistische Kolonialisierung als Erklärung einfach zu kurz greift.

Eine nach Aufklärung strebende Gesellschaft darf diesen Pfad nicht beschreiten. Der Aufklärung verpflichtete Gesellschaften müssen darum ringen, möglichst genau zu formulieren und zu differenzieren was war, was ist und was sein soll. Sie bedürfen des sprachlich differenzierten Diskurses. Deutungsansprüche sind rational zu rechtfertigen und können sich nicht allein auf Betroffenheit oder gute Absichten gründen. Zudem ist notwendig zwischen den unterschiedlichen Ebenen der Sprache zu unterscheiden. Geschieht dies nicht, besteht die Gefahr, die dritte Ebene, das Forum der kritischen und selbstkritischen Reflexion in Gänze zu verlieren. Von einer Überreglementierung der Sprache ist daher nichts Gutes zu erwarten.

> Doch 2050 – wahrscheinlich sogar früher – wird es keine echte Kenntnis des Altsprech mehr geben. Die gesamte Literatur der Vergangenheit wird vernichtet worden sein. Chaucer, Shakespeare, Milton, Byron werden nur noch in Neusprechfassungen existieren, und zwar nicht bloß in verwandelter Gestalt, sondern als Gegenteil dessen, was sie einmal waren. Sogar die Schriften der Partei werden sich verändern. Sogar die Parolen werden sich verändern. Wie könnte eine Parole wie ‚Freiheit ist Sklaverei‘ existieren, wenn der Freiheitsbegriff abgeschafft worden ist? Das ganze Denkklima wird anders sein. Es wird überhaupt kein Denken mehr geben, wenigstens nicht in unserem heutigen Sinne. Orthodoxie heißt: nicht denken, nicht denken müssen. Orthodoxie ist Unbewusstheit.[108]

Bekanntlich beschreibt diese Passage aus Orwells 1984 keine aufgeklärte Gesellschaft.

3.4 Aktuelle Stressfaktoren

Die Geschichte belegt, dass Aufklärungsbewegungen wiederholt aus Krisenerfahrungen hervorgegangen sind. Leider bedeutet dies aber nicht, dass

---

107 Adorno, Theodor W.: Erziehung nach Auschwitz (1966) In: Gerd Kadelbach (Hg.): *Erziehung zur Mündigkeit. Vorträge und Gespräche mit Hellmut Becker 1959–1969*, 25. Auflage. Suhrkamp, Frankfurt am Main 1970. S. 88.

108 George Orwell: *1984*. 23. Auflage, Erstausgabe 1984. Ullstein, München 2002. S. 67–68.

ihre Prinzipien selbst krisenresistent sind. Ihre Dominanz war im antiken Griechenland ebenso wenig von Dauer, wie nach der Französischen Revolution. Allein in den USA vermochten Aufklärungsprinzipien gleich nach der ersten politischen Revolution eine dauerhafte Wirkung auf die Verfassung und das öffentliche Leben zu entfalten. Gleichwohl blieb das Projekt unvollkommen. Die Prinzipien der Aufklärung vermochten es nicht, Verbrechen an der indigenen Bevölkerung, Sklaverei, völkerrechtswidrige Kriege und einen bis heute andauernden Rassismus zu überwinden. Immerhin gelang es, eine freiheitliche Rechtsordnung zu etablieren und deren Grundrechte Schritt für Schritt auch auf bisher unterdrückte Bevölkerungsgruppen auszudehnen. Zudem gelang es einer Gemeinschaft freiheitlicher Staaten, den faschistischen und totalitären Bedrohungen des zwanzigsten Jahrhunderts zu widerstehen und noch nie dagewesene Unrechtsregime zu bezwingen. Ein Prozess, der nicht ohne Widersprüche zu den eigenen ethischen Prinzipien realisiert wurde. Schiffe mit Flüchtlingen wurden in die Häfen ihrer Verfolger zurückgeschickt, Kolonien instrumentalisiert, zivile Großstädte bombardiert und vieles mehr. Gleichwohl darf die Bilanz dieser Phase als Erfolg gewertet werden. Ein faschistisches Europa und ein faschistisches Asien wurden verhindert, der Holocaust beendet, die Vereinten Nationen gegründet, die allgemeine Erklärung der Menschenrechte verabschiedet und von Nürnberg bis Den Hag Instanzen des Völkerrechts etabliert. Keinesfalls darf jedoch aus diesen Erfolgen geschlossen werden, dass der Aufklärungsprozess jetzt fest im internationalen oder auch nur im nationalen Sattel sitzen würde. Das Projekt bleibt fragil und krisenanfällig.

Aktuell stehen aufgeklärte Gesellschaften vor mindestens drei existenziellen Herausforderungen und es ist nicht gewiss, ob dieser Stresstest überstanden werden kann. Es handelt sich um die Vernichtung der natürlichen Lebensgrundlagen, Extremismus und Migration.

3.4.1 *Zerstörung der natürlichen Ressourcen*

Die Zerstörung der natürlichen Ressourcen ist, abgesehen von einem Atomkrieg, die mit Abstand gravierendste Bedrohung der Menschheit und damit auch der nach Aufklärung strebenden Gesellschaften. Aus dem von der Menschheit verursachten Klimawandel resultieren Ernteverluste, Trinkwasserknappheit, Artensterben, Extremwetterereignisse und vieles mehr. All dies führt bereits zu Krieg, Migrationsbewegungen, Hungersnöten, Korruption, Autoritarismus und vielem mehr. Rahmenbedingungen also, die für das Streben nach Aufklärung alles andere als förderlich sind.

Gleichzeitig ist ein aufgeklärter, wissenschaftlicher Vernunftgebrauch zwingend erforderlich, um die Dimensionen des Problems und die gebotenen Interventionen zu realisieren. Die Fragen „Was ist der Fall?" und „Wie würde es uns gefallen?" müssen sauber voneinander getrennt werden. Realität wird nicht nach persönlichen, nationalen oder religiösen Bedürfnissen konstruiert. Presbyterianische Fernsehprediger, wie Kevin Swanson oder Rick Joyner, mögen Hurrikane Katrina oder Florence als Strafe Gottes für die Legalisierung von Abtreibung und gleichgeschlechtlicher Ehe ansehen.[109] Aufgeklärte Menschen wissen, dass Wirbelstürme durch die steigende Temperatur der Ozeane begünstigt werden. Sie wissen auch, dass Gebete Ozeane nicht abkühlen. Sie schenken der Klimatologie mehr Beachtung, weil deren Erkenntnisse auf empirischen Erhebungen und Naturgesetzen beruhen, zuverlässige Prognosen erlauben und unter Laborbedingungen reproduzierbar sind. Exzentrische Präsidenten, wie Donald Trump oder Jair Messias Bolsonaro, mögen den Klimawandel bestreiten und behaupten, mehr zu wissen als „die Wissenschaftler".[110] Um Aufklärung bemühte Menschen schätzen wissenschaftliche Redlichkeit und wissen, dass je nach Erhebung zwischen 95 und 99% aller Klimawissenschaftler*innen von einem bedrohlichen und von Menschen verursachten Phänomen sprechen.[111]

---

109 Kevin Swanson bezeichnete Hurrikan Harvey in der am 31. August 2017 veröffentlichten Ausgabe seines Podcasts *„Generations with Kevin Swanson"* als „von Gott gesandt". Der Staat Texas, in welchem der Hurrikan tobte, habe sich vorrangig durch die „aggressiv pro-homosexuelle" politische Führung Houstons in den vorangegangenen Jahren, sowie aufgrund des kürzlichen Scheiterns einer Gesetzesvorlage schuldig gemacht, welche es Trans-Menschen in Texas untersagt hätte, öffentliche Toiletten ihrer geschlechtlichen Identität entsprechend zu nutzen. (Archiv des Podcast: https://www.generations.org/programs/743 [Letzter Aufruf 15.08.2022]).

Rick Joyner benannte in einem am 12. September 2018 auf seiner Facebook-Seite hochgeladenen Video „die Sünde" im Allgemeinen und das „Vergießen unschuldigen Blutes [ungeborenen Lebens]" im Speziellen als ursächlich für Hurrikan Florence (Archiv des Videos und partielles Transkript: https://www.rightwingwatch.org/post/rick-joyner-sin-not-climate-change-is-responsible-for-hurricane-florence [Letzter Aufruf 15.08.2022]).

110 Am 14. September 2020, im Zuge der schweren Waldbrände Kaliforniens, entgegnete Donald Trump einer Bitte des kalifornischen Ministers für Natürliche Ressourcen, doch den wissenschaftlichen Erklärungsmodellen zu vertrauen, mit der Aussage, „Ich glaube nicht, dass die Wissenschaft es weiß.", Vgl.: https://www.cbsnews.com/news/trump-western-wildfires-science-climate-change/ [Letzter Aufruf 15.08.2022].

Vgl.: Herton Escobar: ‚A hostile environment.' Brazilian scientists face rising attacks from Bolsonaro's regime. In: *Science.org* https://www.science.org/content/article/hostile-environment-brazilian-scientists-face-rising-attacks-bolsonaro-s-regime [Letzter Aufruf 15.08.2022].

111 Vgl.: John Cook, Naomi Oreskes, Peter T. Doran, William R.L. Anderegg, Bart Verheggen, Ed W. Maibach, J. Stuart Carlton, Stephan Lewandowsky, Andrew G. Skuce, Sarah A. Green, Dana Nuccitelli, Peter Jacobs, Mark Richardson, Bärbel Winkler, Rob Painting, Ken Rice: Consensus on consensus: a synthesis of consensus estimates on human-caused global warming. In: *Environmental Research Letters* 11, Nr. 4, 2016;

Selbiges gilt für die Frage, was zu tun ist. Dies gilt für schlichte Kausalketten, wie die Verringerung des CO_2-Ausstoßes und technische Innovationen, ebenso wie für moralische Verantwortung. Eine an Standards der Rationalität ausgerichtete Ethik lässt wenig Zweifel daran, worin unsere moralische Pflicht besteht. Man mag darüber streiten, ob das komplexe Gefüge, das wir Natur nennen, einen Wert an sich hat oder eben nur für den Menschen. Fakt ist: Ohne sie geht die Menschheit zugrunde. Ebenso ist es möglich, die Verantwortung für kommende Generationen zu bestreiten. Wer noch nicht existiert, hat auch noch keine Rechte, so die These. Wenn die Menschheit beschließen würde, sich fortan nicht mehr fortzupflanzen, könnte es ihr erlaubt sein, sich und ihrem Planeten in einem finalen Konsumrausch zu vernichten. Doch selbst wenn die erste Prämisse (Ungeborene haben keine Rechte) akzeptiert wird, alle weiteren Prämissen entsprechen nicht den Tatsachen. Erstens existiert kein weltweiter Beschluss die Fortpflanzung einzustellen und zweitens leiden real existierende Menschen schon jetzt massiv unter den Folgen der Umweltzerstörung. Wer also die Prämisse teilt, dass existenzielles menschliches Leiden zu vermeiden ist und nicht durch ein Mehr an Luxus für andere aufgewogen werden kann, kommt folgerichtig zu dem Schluss, dass der Schutz der natürlichen Ressourcen und die Verringerung von Treibhausgasen als ethische Pflicht angesehen werden müssen.

Leider ergibt sich eine tragische Konstellation: Einerseits ist eine möglichst globale, rationale und aufgeklärte Grundhaltung erforderlich, um der Zerstörung der natürlichen Lebensgrundlagen entgegenzutreten. Anderseits lösen die Folgen des Klimawandels Stressfaktoren aus, dies es zunehmend erschweren, dem Prinzip der Rationalität treu zu bleiben. Selbst jene Gesellschaften, in denen die Aufklärung einen prägenden Einfluss erlangte, reagieren mit schockierender Langsamkeit auf die existenzielle Bedrohung des Klimawandels. Ursächlich ist, dass die Aufklärung zwar hier und dort einen prägenden, aber nie einen dominanten Einfluss auf die Menschheit entfaltete. Dies gilt auch oder gerade für den sogenannten Westen, zu dessen identitätsstiftenden Faktoren der Kapitalismus zählt.

Die Genese der Aufklärung und des Kapitalismus sind auf das Engste miteinander verbunden. Die Aufklärung fordert Mündigkeit und Verantwortungsbewusstsein, der Kapitalismus selbstständige Partizipation am

---

Mark Lynas, Benjamin Z. Houlton, Simon Perry: Greater than 99% consensus on human caused climate change in the peer-reviewed scientific literature. In: *Environmental Research Letters* 16, 2021;

James Powell: Scientists Reach 100% Consensus on Anthropogenic Global Warming. In: *Bulletin of Science, Technology & Society*, 37(4), 2019. S. 183–184.

Marktgeschehen. Das eine kann als Teilaspekt des Anderen verstanden werden. Ethischer, politischer und ökonomischer Liberalismus können unter gewissen Rahmenbedingungen hervorragend kooperieren und zu einem Gedankengebäude verschmelzen. Allerdings umfasst der Verantwortungsbegriff der Aufklärung weit mehr als ökonomische Autonomie und Gewinnmaximierung und kann massiv mit diesen in Konflikt geraten.

Bisher konnten die daraus resultierenden Spannungen durch Prinzipien der Verteilungsgerechtigkeit entschärft werden. Musterbeispiel ist das sogenannte Differenzprinzip von John Rawls, wonach ökonomische Unterschiede erlaubt sind, sofern sie den am schlechtgestelltesten Mitgliedern der Gesellschaft eine höhere Lebensqualität ermöglichen als eine Gleichverteilung.[112] Dennoch haben alle klassischen, ökonomischen Theorien von John Locke über Adam Smith bis zu Karl Marx einen Aspekt ungenügend berücksichtigt: die Endlichkeit der Ressourcen! Während für John Locke die angeblich herrenlosen Weiten Amerikas genug Land für jedermann boten, glaubte Marx, dass die steigende Produktivität dereinst einen nahezu unbegrenzten Konsum für alle ermöglichen könnte. Heute wissen wir, dass beide irrten. Unsere Ressourcen sind begrenzt und werden in naher Zukunft verbraucht sein. Darüber hinaus verbraucht der Mensch nicht nur seine Umwelt, er gestaltet sie um. Das Ergebnis ist ein zunehmend gefährlicher und lebensfeindlicher Ort. Dies zu berücksichtigen, ist sowohl ein Gebot wissenschaftlicher Redlichkeit als auch ethische Pflicht. Zudem impliziert dies, mit den tradierten Prinzipien des Kapitalismus zu brechen und Begriffe wie Wertschöpfung oder Gewinn neu zu definieren. Wenn Aufklärung als gesellschaftliche Kraft fortexistieren will, muss sie zur Überwindung der fälschlichen Äquivalenz von Geld und Wert beitragen. Ein Akt, der in der Vergangenheit schon einmal gelungen ist. Damals ging es darum, den Menschen als Würdeträger aus dem ökonomischen Warenverständnis herauszulösen. Ihre substanziellste Begründung fand diese Entwicklung in der Darlegung Kants, wonach jeder Mensch eine Würde aber keinen Preis hat, da sein moralischer Wert keinen ökonomischen Tauschwert besitzt. Politisch führte dieses Aufbegehren der Aufklärung gegen den Markt zur Beendigung der Sklaverei.

Heute gilt es, Werte wie unbelastete Luft, sauberes Trinkwasser und intakte Ökosysteme dem ökonomischen Zugriff zu entziehen. Vielmehr müssen diese Werte zum Maßstab für die Legitimation ökonomischen Handelns werden.

---

112 John Rawls: *Eine Theorie der Gerechtigkeit.* Suhrkamp Verlag, Frankfurt am Main 1979. S. 81.

> Es gilt neu zu verhandeln, was den Wohlstand der Menschen übermorgen ausmacht. Dafür brauchen wir neue Begriffe und Konzepte, die ausdrücken, was wir künftig wichtig finden. Planetenzerstörung darf nicht mehr Wachstum heißen. Reine Geldvermehrung nicht länger Wertschöpfung. Grenzen des Wachstums sollten Überwindung der ökologischen und sozialen Schadenschöpfung heißen.[113]

Die damit verbundenen ideologischen und ökonomischen Paradigmenwechsel werden nicht ohne Widerstände zu organisieren sein und es bleibt fraglich, ob sich die Stimmen der Aufklärung gegen den Einfluss ökonomischer Interessen zu behaupten vermögen. Pessimisten verweisen auf mächtige Interessenverbände und ein egozentrisches Verbraucherverhalten. Oder in Abwandlung von Brecht: „Erst kommen der Profit bzw. der Konsum, dann kommt die Vernunft!"

Optimisten können auf Phänomene wie Fridays for Future verweisen. Allein am *Global Climate Strike* am 20. September 2019 nahmen nach unterschiedlichen Schätzungen mindestens 4 Millionen meist junge Menschen aus 150 Ländern teil.[114] Die größten Demonstrationen fanden in Gesellschaften statt, die sowohl von der Aufklärung als auch vom Kapitalismus geprägt sind. Die Tatsache, dass hier eine junge Generation dafür streikt, einen geringeren ökonomischen Lebensstandard haben zu wollen, als ihre Eltern, ist eine ethisch beeindruckende Leistung und historisch einmalig.

Die Demonstrantinnen und Demonstranten können mit guten Gründen für sich in Anspruch nehmen, die Tradition der Aufklärung zu repräsentieren. Ob sie trotz konsumorientierter Gesellschaftsstrukturen und einer zur Irrationalität neigenden Krisenstimmung hinreichend Gestaltungskraft entfalten, ist eine Schicksalsfrage der Menschheit im Allgemeinen und der aufgeklärten Gesellschaften im Besonderen.

3.4.2 *Extremismus*

Freiheitliche Gesellschaften werden immer auch extreme und ablehnende Positionen hervorbringen und müssen diese aufgrund ihres liberalen Selbstverständnisses bestmöglich tolerieren. Die Duldung stößt indes an ihre Grenzen, wenn die offene Gesellschaft aktiv angegriffen oder unterwandert wird. Dabei besteht stets eine doppelte Bedrohung. Zum einen ist es die Pflicht von Rechtsstaaten, ihre Bürgerinnen und Bürger bestmöglich zu schützen und zum anderen gilt es, bei den ergriffenen Gegenmaßnahmen nicht die eigenen Prinzipien ad absurdum zu führen.

---

113 Maja Göpel: *Unsere Welt neu denken: Eine Einladung.* Ullstein, Berlin 2021. S. 96.

114 Frankfurter Allgemeine Zeitung (Hrsg.): *Proteste für mehr Klimaschutz: Globaler Klimastreik geht in die zweite Runde.* 27. September 2019, ISSN 0174-4909.

Aktuell strapazieren vor allem zwei extremistische Gruppierungen die aufgeklärten Gesellschaften: Rechtsradikalismus und Islamismus.

Beginnen wir mit dem Rechtsextremismus, einer diffusen Mischkultur aus Neo-Nazis, Rassisten, Antisemiten und Verschwörungstheoretikern. Das Spektrum reicht von rechtspopulistischen Parteien bis zum militanten Terrorismus.

Ob in Oslo, der Insel Utøya, in Halle oder in Christchurch, Fanatiker dieser Terrorrichtung haben durch ihre Angriffe auf vermeintlich Fremde und auf Vertreter der Demokratie grauenvolle Verbrechen begangen. Gleichwohl waren sie, gemessen an ihren eigenen Zielen, alles andere als erfolgreich. Eine Erschütterung der Demokratie, eine Spaltung der multikulturellen Gesellschaft oder gar die Entfesselung eines Bürgerkrieges ist ihnen an keinem Ort gelungen. Im Gegenteil! Glücklicherweise hat die Mehrheit der freiheitlichen Gesellschaften auf derartige Erfahrungen mit einer Stärkung des Zusammenhalts und mit Großkundgebungen gegen Rassismus und für Solidarität reagiert. Beispielsweise geschah nach den Anschlägen von Christchurch in der Gesellschaft Neuseelands das Gegenteil dessen, was der Attentäter bezwecken wollte. Die verschiedenen Bevölkerungsgruppen bekundeten ihre wechselseitige Solidarität und der Imam der Gemeinde in Christchurch beschwor die Fortsetzung der bisherigen gesellschaftlichen Toleranz[115]. Auch die Rechtsstaatlichkeit geriet nicht ins Wanken. Norwegen, das als eines der ersten Länder betroffen war, lieferte das Vorbild für ein mustergültiges Strafverfahren. Entscheidend ist nicht die berechtigte Freude über die Höchststrafe einer lebenslangen Haft. Von zentraler Bedeutung ist die Professionalität und Prinzipientreue, die der norwegische Rechtsstaat auch angesichts des fanatischen Terrors bewahrte. Verteidiger, unabhängige Gutachter, Austausch von Schöffen, Prüfung der Zurechnungsfähigkeit, ja sogar der in Norwegen übliche Handschlag, all dies wurde dem Verächter des Rechtsstaates und der Menschlichkeit gewährt.

Die technische Umsetzung der Anschläge mag grauenvoll erfolgreich gewesen sein, die Erschütterung der Demokratie ist nicht gelungen. Im Gegenteil: Gesellschaft und Rechtsstaat gingen gestärkt daraus hervor.

Leider ist diese Resilienz gegen den politischen Rechtsextremismus weit weniger ausgeprägt. Vielmehr sind besorgniserregende Erosionen zu verzeichnen. In zahlreichen, als etabliert geltenden Demokratien sind rechtspopulistische Bewegungen in die Parlamente eingezogen, die zumindest

---

115 Global Campaign for Peaceducation (Hrsg.): „Liebe exportieren" – Imam im Zentrum des Terroranschlags von Christchurch verbreitet weiterhin Friedensbotschaft https://www.peace-ed-campaign.org/de/export-love-imam-at-centre-of-christchurch-terrorist-attack-continues-to-spread-message-of-peace/ [Letzter Aufruf 15.09.2022].

eine gedankliche Nähe zum Rechtsterrorismus ermöglichen. In Staaten wie Ungarn und Polen betreiben diese Bewegungen sogar aus der Regierungsverantwortung heraus eine Entwertung des Asylrechts, der Pressefreiheit oder der Gewaltenteilung. Wenn zudem noch katholische Geistliche gegen die Aufnahme von muslimischen Flüchtlingen oder die Gleichberechtigung von Homosexuellen predigen[116], darf von einer menschenfeindlichen Infiltrierung breiter Gesellschaftsschichten gesprochen werden. Donald Trump hat seine Nähe zu rechtsextremen und gewaltbereiten Gruppierungen ganz offen praktiziert. Während der ersten sechs Monate seiner Amtszeit machte der 45. Präsident der Vereinigten Staaten mit Steve Bannon ein prominentes Mitglied des als rechtspopulistisch bis rechtsradikal („far-right")[117] eingestuften Breitbart-Network zum Chefstrategen im Weißen Haus. Am 12. August 2017 demonstrierten Rechtextreme, darunter auch Anhänger des Ku-Klux-Klan, in Charlottesville unweit der von Thomas Jefferson gegründeten University of Virginia. Ein Mitglied des Aufmarsches steuerte sein Auto in eine Gruppe von Gegendemonstranten, tötete eine Person und verletzte 19 weitere. Der Präsident verurteilte zwar Neonazis, sprach aber von „very fine people on both sides"[118]. Am 20. September 2020 adressierte der Amtsinhaber mit Blick auf den Ausgang der Präsidentschaftswahlen die Proud Boys, eine rechtsextreme, in Kanada als terroristisch eingestufte Gruppierung mit den Worten „stand back and stand by!"[119]

---

116 Vgl.: Florian Hassel: Wie Geistliche in Polen Ängste vor Flüchtlingen schüren. In: Süddeutsche.de. https://www.sueddeutsche.de/politik/polen-angst-und-kalkuel-1.2640725 [Letzter Aufruf 15.08.2022].

Am 01. August 2019, zum Jahrestag des Warschauer Aufstandes, hielt der Krakauer Erzbischof Marek Jędraszewski eine Rede, in welcher er davon sprach, dass Polen zwar die „rote Seuche" überwunden, nun jedoch mit einer „Regenbogenseuche" zu kämpfen habe (Vgl.: Bundeszentrale für politische Bildung (Hrsg.): Chronik: 2. Juli 2019–2. September 2019 https://www.bpb.de/themen/europa/polen-analysen/296127/chronik-2-juli-2019-2-september-2019) [Letzter Aufruf 15.08.2022].

117 Vgl: Southern Poverty Law Center (Hrsg.): Is Breitbart.com Becoming the Media Arm of the ‚Alt-Right'? https://www.splcenter.org/hatewatch/2016/04/28/breitbartcom-becoming-media-arm-alt-right;

Ders.: *Breitbart exposé confirms: far-right news site a platform for the white nationalist „alt-right"* https://www.splcenter.org/hatewatch/2017/10/06/breitbart-exposé-confirms-far-right-news-site-platform-white-nationalist-alt-right [Letzter Aufruf 15.08.2022].

118 Archivlink des Originalzitats: https://web.archive.org/web/20180113052441/https://www.whitehouse.gov/briefings-statements/remarks-president-trump-infrastructure/ – 15.08.2017, archiviert am 13.01.2018, [Letzter Aufruf 25.08.2022].

119 Jason Wilson: *Who are the Proud Boys, ‚western chauvinists' involved in political violence?.* In: The Guardian Online https://www.theguardian.com/world/2018/jul/14/proud-boys-far-right-portland-oregon [Letzter Aufruf 15.08.2022]

Am 6. Januar 2021 erstürmten militante Trump-Anhänger das Kapitol in Washington und versuchten, die förmliche Amtsbestätigung von Joe Biden zu verhindern. Trump, der die Wahl nicht anerkannte, hatte zuvor auf einer Demonstration zumindest indirekt zu diesem Schritt ermutigt.

> So we're going to, we're going to walk down Pennsylvania Avenue, I love Pennsylvania Avenue, and we're going to the Capitol and we're going to try and give ... The Democrats are hopeless. They're never voting for anything, not even one vote. But we're going to try and give our Republicans, the weak ones, because the strong ones don't need any of our help, we're going to try and give them the kind of pride and boldness that they need to take back our country.[120]

Während der Corona-Pandemie gelang es rechtsextremen Bewegungen in zahlreichen demokratischen Ländern, die Proteste gegen die Seuchenschutzmaßnahmen zu infiltrieren und zu instrumentalisieren. Entgegen kam ihnen die unter Verschwörungstheoretikern und sogenannten „Querdenkern" verbreitete Irrationalität. Die Mehrheit derjenigen, die gegen die Corona-Maßnahmen demonstrieren, würden sich wohl kaum als Neonazis bezeichnen. Vielmehr wird wiederholt das Narrativ bedient, selbst Verteidiger von Demokratie und Rechtsstaat zu sein. Beispielsweise zogen selbsternannte Querdenker am ersten Mai 2021 vor das Amtsgericht in Bochum, „zum Gedenken an den Rechtsstaat."[121] Die Tatsache, dass bei Querdenker-Demonstrationen bekennende Neonazis aktiv sind und wiederholt Polizist*innen verletzt wurden, scheint diesem Selbstverständnis keinen Abbruch zu tun. Vergleichbare Situationen wurden aus Holland, Belgien und Österreich berichtet. Auf beiden Seiten des Atlantiks breitet sich ein infantiles Verständnis von Rechtsstaatlichkeit aus, wonach jeder Zustand, jedes Ergebnis, dass nicht den eigenen Wünschen entspricht, das politische System in Gänze in Frage stellt. Dabei gehörte es zu den entscheidenden Errungenschaften der Aufklärung zwischen persönlichem Interesse und systemischer Gerechtigkeit unterscheiden zu können. Aufgeklärte Bürgerlichkeit erweist sich nicht im Protest gegen politische Entscheidungen, die einem persönlich nicht behagen – das kann viele Motive haben-, sondern in der Akzeptanz derselben, sofern die Prozedere, die zu dieser Entscheidung führten, dem Gesellschaftsvertrag entsprechen. Der politische

---

120 Donald Trump: *The Ellipse*. Ansprache des US-Präsidenten vor dem Weißen Haus, 06. Januar 2021. Vgl.: https://edition.cnn.com/2021/02/08/politics/trump-january-6-speech-transcript/index.html [Letzter Aufruf 15.08.2022].

121 Vgl.: Bernd Kiesewetter: 1. Mai Bochum: „Querdenker" stellen Grablichter vors Gericht. In: *Westdeutsche Allgemeine Zeitung* vom 01.05.2021. Online-Fassung: https://www.waz.de/staedte/bochum/1-mai-bochum-querdenker-stellen-grablichter-vors-gericht-id232186527.html [Letzter Aufruf 15.08.2022].

Rechtspopulismus wertet hingegen die Gefühlslage der Unzufriedenen auf und erhebt diese zum legitimen Kriterium für Richtig und Falsch. Genährt wird das Narrativ der hintergangenen Mehrheit im Verteidigungsmodus. Die Tatsache, dass eine solche Bedrohung sich nicht rational belegen lässt, wird unwichtig. Die empfundene Bedrohung genügt als Bestätigung und als Rechtfertigung von Gewalt gegen das politische System, Sachwerte und Menschen.

Während also zahlreiche rechtsextreme Terrorakte ihre Ziele verfehlten und eher zu einer Vitalisierung von Rechtsstaatlichkeit und aufgeklärter Bürgerlichkeit führten, kam es in anderen Teilen der Gesellschaft zu einem dramatischen Erstarken des Rechtspopulismus und einer infantilen Demokratiefeindlichkeit. Die Dramatik der Entwicklung kann nicht hoch genug eingeschätzt werden. Wer dies bezweifelt, sollte sich vor Augen führen, dass folgendes Szenario noch vor wenigen Jahren maximal in einem Katastrophenfilm vorstellbar gewesen wäre: Der abgewählte Präsident der Vereinigten Staaten von Amerika verweigert die friedliche Übergabe der Macht, das Grundprinzip der Demokratie. Seine Anhänger stürmen das Kapitol und bringen die älteste Demokratie der Neuzeit, wenn auch nur für Stunden, zu Fall. Auch das Schicksalsjahr 2017 wird gern aus dem öffentlichen Bewusstsein verdrängt. Nehmen wir einmal an, in diesem Jahr wäre die Stichwahl um die französische Präsidentschaft nicht von Emmanuel Macron, sondern von Marine Le Pen gewonnen worden. Gleichzeitig hätte sich die die SPD in Deutschland geweigert, nach den gescheiterten Koalitionsverhandlungen zwischen CDU, FDP und Grünen erneut Widerwillens in eine große Koalition einzutreten. Bei den anschließenden Neuwahlen wäre die AfD als stärkste Partei in den Deutschen Bundestag eingezogen. In den USA hätten bereits Donald Trump regiert und knapp zwei Jahre später wäre Boris Johnson in die Downing Street Nr. 10 eingezogen. Wo wäre er dann noch gewesen, der sogenannte freie Westen? Bereits ab 2026 können sich erneut vergleichbare Konstellationen ergeben.

Die zweite Variante der extremistischen Bedrohung entstammt dem fundamentalistischen Islam.

2021 wurde des zwanzigstens Jahrestages der Anschläge auf das World Trade Center in New York gedacht. Dabei zeigt sich eine Parallele zum Rechtsterrorismus. Die Ausführung der Anschläge war erfolgreich, aber die Resilienz der freiheitlichen Gesellschaft blieb ungebrochen. Das Leben in New York ist heute ebenso lebhaft und farbenfroh wie vor 09/11, das World Trade Center wurde in Rekordzeit durch ein höheres und mindestens ebenso beeindruckendes Wahrzeichen ersetzt. Die Vereinigten Staaten sind noch immer eine der wichtigsten Wirtschaftsnationen und das begehrteste Einwanderungsland dieser Erde. Wäre es dabeigeblieben, die weltweite Erinnerungskultur wäre durch Bilder krankhafter Attentäter, unschuldiger Opfer, einer stolzen Nation, sowie überwältigender internationaler Solidarität geprägt. Selbst der Einmarsch in Afghanistan, sowie die Verfolgung und Zerschlagung von al-Qaida konnte und kann sich auf internationales Verständnis und eine mögliche Interpretation des Völkerrechts stützen.

Ebenso wie der Rechtsterrorismus vermag auch der islamistische Terrorismus die Ideen der Aufklärung und die Praxis freiheitlicher Gesellschaften nicht substanziell zu gefährden. Der verhasste liberale Lebensstil wird heute in Paris und vielen anderen Orten grausamer Anschläge ungebrochen fortgesetzt. Terrorismus ist in der Regel ein Ausdruck von Schwäche. Die militärisch und politisch unterlegenen können zwar vereinzelte, grausame Verbrechen aber keine substanziellen Änderungen bewirken. Gleichzeitig demonstrieren sie auch durch ihre Aktivitäten ihre moralische Unterlegenheit. Erfolg hat Terrorismus nur dann, wenn es ihm gelingt maximale Aufmerksamkeit zu generieren und emotionale Überreaktionen zu provozieren. Der internationale Straßenverkehr oder die globale Umweltzerstörung töten jährlich mehr Menschen als alle Terroranschläge der letzten Jahrzehnte zusammen. Leider kommt den terroristischen Kalkül eine berechtigte Empfindung zugute: moralische Empörung. Straßenverkehr und Umweltzerstörung sind um ein Vielfaches gefährlicher, aber das Leiden ist nicht gezielt intendiert. Daher verdienen Terroristen zu Recht ein Maximum an moralischer Verachtung. Gleichwohl ist es von zentraler Bedeutung zwischen moralischer Empörung und einem aus dem Gefühl der Bedrohung geborenen Aktionismus zu unterscheiden. Anderenfalls sind die Terroristen am Ziel und die Eskalationsspirale beginnt.

Das Beispiel der USA zeigt, wie sich eine Hysterie schüren lässt, an deren Ende die aktive Verletzung und sogar die Aufgabe freiheitlicher Prinzipien stehen.

Die Verletzung der eigenen Prinzipien beschädigte nicht nur das internationale Ansehen, sondern führte auch zur Erosion des eigenen normativen Selbstverständnisses. Hierzu zählen unter anderem der verheerende und völkerrechtswidrige Krieg im Irak, die Exzesse im Gefängnis von Abu Ghuraib, das systematische Unrecht von Guantánamo oder der zwanzigjährige Krieg in Afghanistan samt überstürztem Abzug unter Zurücklassung von sogenannten „Ortskräften". Wenn es die Absicht von Osama Bin Laden gewesen ist, die Doppelmoral des sogenannten Westens zu demonstrieren und einen Kampf der Kulturen im Sinne Huntingtons (vgl. Kapitel 3.6) zu entfesseln, so hat er durch die aktive Unterstützung von George W. Bush und Donald Henry Rumsfeld viele seiner Ziele erreicht. Natürlich sind all dies keine hinreichenden Belege, um die Vorteile liberaler Gesellschaftsordnungen final zu diskreditieren. Allein die Formen der politischen, journalistischen und juristischen Aufarbeitung und Selbstkritik unterscheiden liberale Rechtsstaaten deutlich von autoritären Regimen. Exemplarisch seien die zahllosen Presseberichte, Anzeigen und Spielfilme genannt, in denen sich die amerikanische Gesellschaft kritisch mit ihren Vergehen auseinandersetzt. Selbiges gilt für den Untersuchungsausschuss des US-Senats, der Donald Rumsfeld eine Verantwortung für die amerikanische Folterpraxis attestierte.[122] Ist es auch nur annähernd denkbar, dass sich Wladimir Putin oder Mahmud Ahmadineschād in ihren Ländern einem vergleichbaren Verfahren stellen müssen? Das Gift der Doppelmoral wirkt gleichwohl fort. Es wäre erst dann glaubhaft neutralisiert, wenn sich der ehemalige Verteidigungsminister der Vereinigten Staaten wegen Kriegsverbrechen und Verbrechen gegen die Menschlichkeit vor dem Internationalen Gerichtshof hätte verantworten müssen. Noch hat die einflussreichste Nation der freien Welt das Gericht in Den Haag nicht einmal anerkannt. Leiden tut nicht nur die internationale Glaubwürdigkeit des Westens, sondern auch die Überzeugungskraft der Aufklärung. Rasch entsteht der Eindruck, die Grundsätze des Rechtsstaates und des Völkerrechts seien bestenfalls vage Absichtserklärungen und Aufklärung einer Schönwetterpraxis.

Was der islamistische Terrorismus aus eigener Kraft nicht zu bewirken vermag, fügen sich liberale Gesellschaften selbst zu, wenn sie die Prinzipien der Aufklärung verraten. Eine solche Selbstabschaffung reicht von der Missachtung eigener Rechts-Prinzipien bis zur Wahl von Staatslenkern, die eine populistische bis rassistische Agenda verfolgen.

Selbstaufgabe manifestiert sich allerdings nicht nur in rassistischen oder nationalistischen Verhärtungen, sondern auch in einer bis zur Selbstverleugnung ausufernden Appeasement-Politik.

Als Ayatollah Khomeini 1989 in einer Fatwa zur Ermordung des Schriftstellers Salman Rushdie aufrief, erfolgte noch eine recht robuste Reaktion der sogenannten freien Welt. Der Aufruf wurde von nahezu allen Staatsoberhäuptern entschieden verurteilt, Aufenthaltsrechte wurden zugesagt und Schutzangebote formuliert. *Die Satanischen Verse* lagen in den Buchläden und wurden nicht selten nur deshalb erworben, weil Solidarität praktiziert werden sollte. In den nachfolgenden Unruhen kamen sechs Menschen ums Leben, über hundert wurden verletzt.[123]

---

122 Vgl.: „Secretary of Defense Donald Rumsfeld's authorization of aggressive interrogation techniques for use at Guantanamo Bay was a direct cause of detainee abuse there." – United States Senate Committee on Armed Services: Inquiry Into the Treatment of Detainees in US Custody. 20.11.2008 (Auszug aus der offiziellen, geschwärzten Veröffentlichung des Reports vom 22.04.2009, Sektion „Unclassified". S. XXVIII).

123 Vgl.: Eine Rushdie-Chronik. In: TAZ Archiv https://taz.de/!1811095/ [Letzter Aufruf 15.08.2022].

17 Jahre später hatte sich das Bild gravierend gewandelt: 2006 überschlugen sich europäische Staatsoberhäupter und Verleger mit Entschuldigungen und Bekundungen des Bedauerns, als dänische Karikaturisten ihr Recht auf Pressefreiheit nutzten. In einer vorauseilenden Selbstaufgabe von Freiheitsrechten brachten zahlreiche europäische Länder sogar Gesetze zur Beschneidung der Religionskritik auf den Weg, die nur Dank juristischer Intervention gestoppt wurden. Gleichwohl kostete der Protest gegen die Mohammed-Karikaturen binnen eines Jahres 139 Menschenleben und 823 Verletzte.[124] Nehmen wir einmal an, der dänische Ministerpräsident hätte die Presse- und Meinungsfreiheit verteidigt und der sogenannte Westen hätte sich solidarisiert und an allen öffentlichen Gebäuden die dänische Flagge gehisst. Ein solcher Akt kann mit guten Gründen als überzogen, plakativ und undiplomatisch kritisiert werden. Dennoch ist die Frage berechtigt, ob die Bilanz schlechter ausgefallen wäre. Eine solche Spekulation bezieht sich nicht nur auf die Opferzahlen, sondern auch auf die Signalwirkung. Letztere war in jedem Fall verheerend. Statt die Pressefreiheit als sakrosankten Bestandteil aufgeklärter Gesellschaften zu verteidigen, wurde diese zur Verhandlungsmasse degradiert, während die Anfeindung der Meinungsfreiheit durch Verständnis eine Aufwertung erfuhren. Mit Toleranz hatte all dies nichts zu tun.

Echte Toleranz hingegen wäre durch ein klares Bekenntnis zur Pressefreiheit bei gleichzeitiger Einladung zum Dialog zum Ausdruck gekommen. Toleranz bedeutet nicht auf alles zu verzichten, was eine Zumutung in sich birgt. Toleranz bedeutet zu akzeptieren, dass man sich wechselseitig eine nach Allgemeingültigkeit strebende Rechtfertigung schuldet.[125]

Wer diese Rechtfertigung zu leisten vermag, darf dem Gegenüber Härten zumuten. Wer hingegen allein aus seiner Konzeption des Guten, ohne jede intersubjektive oder interkulturelle Vermittelbarkeit argumentiert, hat kein Anrecht auf Anerkennung seiner Begehrlichkeiten.

Dieses Prinzip zu vernachlässigen, bedeutet nicht weniger als von Demokratie, Rechtsstaatlichkeit und Menschenrechten Abschied zu nehmen. Ein solcher Prozess verläuft in Etappen, mal spektakulär, mal schleichend.

Neun Jahre nach dem dänischen Karikaturenstreit wurden 12 Mitarbeiter*innen der französischen Satirezeitschrift Charlie Hebdo ermordet und 11 weitere verletzt. Seither ist ein ganzes Genre von Karikaturen nahezu

---

124 Vgl.: S. Suzan J. Harkness, Mohamed Magid, Jameka Roberts, Michael Richardson: Crossing the Line? Freedom of Speech and Religious Sensibilities. In: *PS: Political Science & Politics*, 40(2), 2007. S. 275–278.

125 Rainer Forst: *Toleranz im Konflikt: Geschichte, Gehalt und Gegenwart eines umstrittenen Begriffs*. Suhrkamp, Frankfurt am Main 2012. S. 171.

verschwunden. Nach der Reduktion der Pressefreiheit kam dieser Prozess keinesfalls zum Stehen, sondern richtete sich gegen das Bildungssystem, der *Col de la République*. Die ebenso feige, wie primitive Ermordung des Lehrers Samuel Paty im Jahre 2020 ist nur das bisher am meisten herausragende Beispiel. In ganz Europa berichten Lehrerinnen und Lehrer davon, dass zahlreiche Themen nicht mehr angstfrei unterrichtet werden können. In der Bundesrepublik warnte zuletzt der Deutsche Lehrerverband vor einem „Klima der Einschüchterung"[126]. Hintergrund war eine Studie, nach der Bedrohungen und Beleidigungen von Lehrkräften in 61 % der deutschen Schulen zum Alltag gehören. Zwei Jahre zuvor waren es noch 48 % gewesen.[127] Gleichzeitig wurde der Mörder von Samuel Paty in sozialen Netzwerken als „Löwe aus Frankreich"[128] glorifiziert.

Auch im Fall von Samuel Paty manifestierte sich nur eine flüchtige Bestürzung, keine nachhaltige Unterstützung der Schule als Ort der von Dogmen befreiten Meinungsbildung. In Deutschland veröffentlichten Politiker*innen, Lehrer*innen und Professor*innen einen Aufruf mit der Forderung, die Thematisierung der Mohammed-Karikaturen zum Pflichtthema an deutschen Schulen zu machen.[129] Dabei wurde explizit die Thematisierung, nicht die Betrachtung der Karikaturen gefordert. Ziel war es einen notwendigen Diskurs zu aktivieren und Lehrerinnen und Lehrern die Möglichkeit zu geben, die Verantwortung für die Themenwahl von sich zu weisen. Nach kurzer Diskussion versandete die Initiative. Eine breite, gesellschaftliche Solidarisierung konnte nicht aktiviert werden.

Welche Folgen wird es haben, wenn der diskursive Unterricht ebenso verstummt, wie die Teile der Presselandschaft? Wo, wenn nicht in der Schule, soll sich Demokratie, Streitkultur und Toleranz reproduzieren?

Säkularismus ist eine Grundfeste aufgeklärter Lebensformen. Und sie schwindet. In Amerika fordern fundamentale Christen die Abschaffung der

---

126 Lehrerverband warnt vor ‚Klima der Einschüchterung', In: Frankfurter Allgemeine Zeitung, 20.10.2020.

127 Forsa Politik- und Sozialforschung GmbH im Auftrag des Verbands Bildung und Erziehung (Hrsg.): *Die Schule aus Sicht der Schulleiterinnen und Schulleiter – Gewalt gegen Lehrkräfte*. Berlin 27. März 2020. S. 5. Digital unter: https://www.vbe-bw.de/wp-content/uploads/2020/09/2020-04-07_forsa-Bericht_Gewalt_Baden-Wu%CC%88rttemberg.pdf [Letzter Aufruf 15.08.2022]

128 Frank Jansen: „Für sie ist der Mörder aus Frankreich ein Idol – Radikalisierte Muslime in Deutschland". In: Der Tagesspiegel. 19.10.2020. Digital unter: https://www.tagesspiegel.de/politik/radikalisierte-muslime-in-deutschland-fuer-sie-ist-der-moerder-aus-frankreich-einidol/26288138.html [Letzter Aufruf 15.09.2022].

129 Vgl.: Tarek Badawia, Markus Tiedemann und Wolfgang Huber: Mohammed-Karikaturen in die Schule? In: Die Zeit, 03.12.2020.

Evolutionstheorie als Unterrichtsgegenstand und in Europa wird die Forderung nach muslimischen Gebetsräumen an Schulen und kopftuchtragenden Lehrerinnen diskutiert. Sogar der Schutz körperlicher Unversehrtheit wird zu Gunsten religiöser Traditionen relativiert, wenn Eltern erlaubt wird, ihre Söhne ohne medizinische Indikation aus rein religiösen Gründen beschneiden zu lassen.

Um all diese Fragen lassen sich Toleranzdiskurse führen. Allerdings bedeutet dies, die wechselseitige Pflicht zur reziproken und allgemeinen Rechtfertigung zu akzeptieren.[130] Aus dem Hinweis auf Traditionen oder kulturelle Befindlichkeiten lässt sich in diesem Zusammenhang bestenfalls ein sehr schwaches Argument generieren. Zumutungen sind kein hinreichender Beleg von Intoleranz. Wer diese zu rechtfertigen vermag, darf dem Gegenüber Härte zumuten. Wer hingegen allein aus seiner Konzeption des Guten, ohne jede intersubjektive oder interkulturelle Vermittelbarkeit, argumentiert, hat kein Anrecht auf Anerkennung seiner Begehrlichkeiten.

Hinzuzufügen ist, dass die Infiltration der Gesellschaft durch Ansichten des fundamentalistischen Islam ebenso voranschreitet, wie auf der Ebene des Rechtspopulismus.

Die überwiegende Mehrheit der Koranschulen in Deutschland werden von Islamverbänden organisiert, die einen konservativen Islam vertreten und nicht davor zurückschrecken mit kleinen Jungen den Märtyrer-Tod zu spielen.[131] „Die ideologische Ebene ist in meinen Augen die wichtigste und am wenigsten beachtete Ebene. Es ist [...] in aller Klarheit zu sagen, dass Radikalisierung und Islamismus mit einem bestimmten Islamverständnis einhergehen."[132]

In Nordrhein-Westfalen, dem bevölkerungsreichsten Bundesland Deutschlands, besuchten 2019 zwischen 47 und 57 Prozent der Schüler*innen an Grundschulen neben dem islamischen Religionsunterricht eine Koranschule,

---

130 Rainer Forst: *Toleranz im Konflikt: Geschichte, Gehalt und Gegenwart eines umstrittenen Begriffs*. Suhrkamp, Frankfurt am Main 2012. S. 171.

131 Vgl.: Marc Röhlig: Türkische Gemeinden lassen Kinder in Deutschland Krieg spielen. Soldat-Uniformen und „Märtyrer-Tode". In: SPIEGEL Panorama, 20.04.2018 https://www.spiegel.de/panorama/ditib-in-herford-und-wien-verkleidet-kinder-als-tuerkei-soldaten-a-00000000-0003-0001-0000-000002296792 [Letzter Aufruf 15.08.2022];

Regina Mönch: Kleine Märtyrer. Aktualisiert. In: Frankfurter Allgemeine Zeitung, 28.04.2018. https://www.faz.net/aktuell/feuilleton/ditib-kommentar-kleine-maertyrer-spielen-krieg-in-moscheen-15563873.html [Letzter Aufruf 15.09.2022]

132 Ahmad Mansour: Eine nationale Strategie gegen Radikalisierung. In: Carsten Linnemann, Winfried Bausback (Hrsg.): *Der politische Islam gehört nicht zu Deutschland*. Herder Verlag, Freiburg 2019. S. 128.

an weiterführenden Schulen zwischen 58 und 62 Prozent.[133] Autoritäres Denken und Antisemitismus sind bei vielen muslimischen Schüler*innen ebenso verbreitet, wie bei Jugendlichen, die sich als „rechts" bezeichnen würden.[134]

Auch auf der Ebene des politischen Populismus finden sich Parallelen zum Rechtsextremismus. Ein Beispiel ist die sogenannte Denk-Partei aus Holland, die sich als rein islamische Partei versteht, Kritik an Erdoğan grundsätzlich ablehnt, den Genozid an den Armeniern bestreitet und ein Rassismus-Register einführen möchte, in welchem jeder niederländische Bürger erfasst werden soll, der sich in Denks Sinne „rassistisch" äußert.[135]

Zwar bezeichnet die Denk-Partei den Rechtspopulisten Geert Wilders als „Hitler unserer Zeit", aber sie teilt dessen antidemokratisches, antiemanzipatorisches Denken.[136]

Zusammenfassend lässt sich festhalten: Es ist nicht der religiöse oder politische Terrorismus, der eine den Prinzipien der Aufklärung verpflichtete Gesellschaft existenziell bedroht. Es ist die Gefahr durch hysterische Überreaktionen selbst Unrecht zu begehen und die eigenen, normativen Fundamente zu entwerten. Oder aber es besteht die Gefahr einer schleichenden Selbstaufgabe durch ein diplomatisch motiviertes Appeasement basierend auf einem diffusen Toleranzverständnis.

---

133 Vgl.: Joachim Wagner: Die Koranschule ist stärker als jeder Religionslehrer. In: Welt.de https://www.welt.de/debatte/kommentare/article201587404/Islam-Die-Koranschule-ist-staerker-als-jeder-Religionslehrer.html [Letzter Aufruf 15.08.2022]

134 Julia Bernstein u.a., Mach mal keine Judenaktion! Herausforderungen und Lösungsansätze in der professionellen Bildung und Sozialarbeit gegen Antisemitismus, Frankfurt University of Applied Sciences 2018. Online abrufbar unter: https://www.frankfurt-university.de/fileadmin/standard/Aktuelles/Pressemitteilungen/Mach_mal_keine_Judenaktion__Herausforderungen_und_Loesungsansaetze_in_der_professionellen_Bildungs-_und_Sozialarbeit_gegen_Anti.pdf [Letzter Aufruf 15.08.2022]. S. 345–346;

Vgl.: Roland Willareth: Diskriminierung durch Sprache. Antisemitismus an der Schule. In: Markus Tiedemann (Hrsg.): *Migration, Menschenrechte und Rassismus. Herausforderungen ethischer Bildung*. Brill/Ferdinand Schöningh, Paderborn 2020. S. 91–124.

135 Thomas Kirchner: Die Rassistenjäger. In: Süddeutsche.de https://www.sueddeutsche.de/politik/niederlande-die-rassistenjaeger-1.3043002 [Letzter Aufruf 15.08.2022].

„Deshalb wollen wir, dass ein sog. R-Register (Rassismusregister) ins Leben gerufen wird, in welchem rassistische Äußerungen erfasst werden und [auf dessen Grundlage] es erfassten Personen unmöglich gemacht wird, für eine Regierungsorganisation zu arbeiten.", Denk (Hrsg.): Politiek Manifest. Offizielles Manifest der Denk-Partei. S. 14–15 (Übers. aus dem Niederländischen vom Autor).

136 Dirk Schümer: Europa hat jetzt eine erste reine Migrantenpartei. In: Welt.de https://www.welt.de/politik/ausland/article155649010/Europa-hat-jetzt-eine-erste-reine-Migrantenpartei.html [Letzter Aufruf 15.08.2022].

3.4.3 *Migration*

Migration und Aufklärung haben eine intensive, wechselseitige Beziehung. Die großen europäischen Auswanderungsbewegungen des achtzehnten und neunzehnten Jahrhunderts wurden sowohl durch wirtschaftliche Not als auch durch den Wunsch nach politischer und geistiger Freiheit befördert. Staaten, die einen freien *„Pursuit of Happiness"* garantierten oder zumindest versprachen, dass jeder „nach seiner Fasson selig werden" dürfe, haben mittelfristig ökonomisch und geistig enorm profitiert. Auch das Asylrecht, das wir heute kennen, ist ein Produkt der Aufklärung. Seine zweite Wurzel, das Kirchenasyl, blieb stets auf christliche Mildtätigkeit und die Institution der Kirche beschränkt. Gleichwohl ist ein Anrecht auf Migration aus Aufklärungsprinzipien schwer zu begründen. Urvater des Gedankens ist erneut Immanuel Kant. In seinen Abhandlungen *Zum ewigen Frieden* wird zwar darauf verwiesen, dass allen Weltbürgern ein gemeinschaftlicher Besitz „der Oberfläche der Erde, auf der, als Kugelfläche, sie sich nicht ins Unendliche zerstreuen könne"[137], zukommt. Daraus resultiert jedoch kein allgemeines Einwanderungsrecht. Auch Kant konnte nicht ignorieren, dass bereits zahlreiche langfristige Besiedelungen stattgefunden haben. Aneignung, so die liberale Tradition seit John Locke, erfolgt durch Arbeit. Wer durch Arbeit ein Besiedlungsgebiet erschlossen hat, besitzt dieses und kann nicht gezwungen werden, es zu teilen. Die Vertragstheorie der Aufklärer verlangt anderen nicht zu schaden. Großherzigkeit ist ein Gebot der Moral, nicht des Rechts.

> „Das Weltbürgerrecht soll [daher]auf Bedingungen der allgemeinen Hospitalität eingeschränkt seyn."
>
> Es ist hier, wie in den vorigen Artikeln, nicht von Philanthropie, sondern vom Recht die Rede, und da bedeutet Hospitalität (Wirtbarkeit) das Recht eines Fremdlings, seiner Ankunft auf dem Boden eines andern wegen, von diesem nicht feindselig behandelt zu werden. Dieser kann ihn abweisen, wenn es ohne seinen Untergang geschehen kann; so lange er aber auf seinem Platz sich friedlich verhält, ihm nicht feindlich begegnen. Es ist kein Gastrecht, worauf dieser Anspruch machen kann (wozu ein besonderer wohlthätiger Vertrag erfordert werden würde, ihn auf eine gewisse Zeit zum Hausgenossen zu machen), sondern ein Besuchsrecht, welches allen Menschen zusteht, sich zur Gesellschaft anzubieten ...[138]

Auf diese Weise hatte Kant ein starkes Argument gegen Kolonialisierung expliziert. Europäische „Entdecker" durften sich vorstellen und sich als

---

137 Kant: AA VIII, S. 358.
138 Kant: AA VIII, S. 357.

Gesellschaft anbieten. Ungebetenes Bleiben oder gar Eroberung waren somit jedoch moralisch und völkerrechtlich verwerflich.

Was jedoch im achtzehnten Jahrhundert die berechtigte Kritik am Kolonialismus ermöglichte, erschwert heute die Legitimation von unbegrenzter Zuwanderung in den globalen Norden. Immerhin konnten auch die Grundsätze des Asylrechts gewonnen werden, denn eine Zurückweisung ist nur legitim, solange dies „ohne seinen Untergang geschehen kann"[139]. Aus dieser Tradition ist die Unterscheidung zwischen Asylrecht und Einwanderungswunsch entstanden. „Politisch Verfolgte genießen Asylrecht" heißt es beispielsweise im Grundgesetz der Bundesrepublik Deutschland Artikel 16 Absatz 2. Ein Recht auf Einwanderung besteht nicht. Allein: Diese juristische Unterscheidung mag in der Theorie Klarheit schaffen, taugt aber nur bedingt für eine Orientierung in der Praxis. Eine Reduktion des Asylrechts auf „politische Verfolgung" wird der Not von Millionen Flüchtlingen nicht gerecht und fällt hinter die kantischen Ausführungen zurück. Hunger und Elend können, ebenso wie politische Verfolgung, jenen „Untergang" bewirken von dem Kant spricht. Kollektiv die Augen vor diesen existenziellen Nöten zu verschließen, fördert zudem Ignoranz und Verrohung, die ihrerseits negativ auf die Grundlagen freiheitlicher Gesellschaften zurückwirken.

Während der sogenannten „Flüchtlingskrise" der Jahre 2015 und 2016 war dieses normative Spannungsfeld besonders in Deutschland zu beobachten. Die begleitenden politischen Zerwürfnisse und Radikalisierungsprozesse wurden auch durch eine mangelnde Differenzierung der Ansprüche und Wertvorstellungen bewirkt. Ein Teil der Bevölkerung ergab sich einer diffusen Xenophobie, wurde in der öffentlichen Wahrnehmung aber auch auf diese reduziert. In entgegengesetzter Richtung wurde den Befürwortern Verfassungsbruch oder gar ein von langer Hand geplanter Bevölkerungsaustausch vorgeworfen. Wie wertvoll wäre es gewesen, wenn beide Seiten die Grenzen ihrer eigenen Rechtfertigung zugestanden und akzeptable Argumente der Gegenseite anerkannt hätten.

Die Behauptung, wonach die millionenfache Aufnahme von Flüchtlingen ohne Überprüfung ihrer Motive nicht vom Asylrecht der Bundesrepublik Deutschland gedeckt ist, ist richtig. Die Aussage, diese Handlung der Bundesregierung stelle einen Verfassungsbruch dar, ist falsch. Das Asylrecht regelt den Anspruch auf Schutz und Fürsorge. Es formuliert kein Veto gegen darüberhinausgehende Hilfeleistungen. Eine frei gewählte Regierung hat nicht das Recht, politisch Verfolgten Asyl zu verwehren. Sie hat aber sehr wohl das Recht, weiteren Menschen zu Hilfe zu kommen. Wird diese Regierung zudem in

139 Kant: AA VIII, S. 358.

nachfolgenden Wahlen wiedergewählt, darf sie sich in ihren Entscheidungen durch den Wählerwillen bestätigt fühlen. Selbstverständlich haben Staatsbürgerinnen und Staatsbürger das Recht, gegen die Politik der Regierung zu demonstrieren und zu klagen. Es darf aber auch an die staatsbürgerliche Pflicht erinnert werden, Wahlen und Urteile der Judikative anzuerkennen. In Deutschland wurden Klagen gegen die „Flüchtlingspolitik" der Regierung höchstrichterlich zurückgewiesen[140].

Die Herkulesaufgabe der Migration besteht nicht nur in der Bewältigung, in der Registrierung, Unterbringung, Verpflegung und Integration immer größer werdender Zahlen hilfebedürftiger Menschen. Sie besteht auch in dem Eingeständnis emotionaler und ethischer Paradoxien.

Während der Jahre und 2015 und 2016 flohen nach Angaben des statistischen Amtes der Europäischen Union Eurostat ca. 2,4 Millionen Menschen nach Europa. 1,1 Millionen von ihnen kamen nach Deutschland.[141] Sechs Jahre später erlebt Europa die größte Flüchtlingsbewegung seit dem Zweiten Weltkrieg. Millionen von Ukrainern verließen binnen weniger Wochen ihre Heimat, um sich vor dem russischen Angriffskrieg in Sicherheit zu bringen. In beiden Fällen entstand eine überwältigende Willkommenskultur. Gleichzeitig trat eine erstaunliche Diskrepanz zu Tage. Ausgerechnet jene Staaten, die sich ab 2015 weigerten Flüchtlinge aufzunehmen und sich sogar gesamteuropäischen Beschlüssen verweigerten, praktizierten 2022 beeindruckende Solidarität. Die Hauptlast der ersten ukrainischen Flüchtlingsbewegung trugen und tragen die Nachbarstaaten Moldawien, Rumänien, Slowakei, Ungarn und Polen. Allein Polen gelang es in den ersten 3 Wochen des Krieges, über 2 Millionen Menschen aufzunehmen und menschenwürdig zu versorgen. Eine Leistung, die politisch und moralisch ihresgleichen sucht. Zur Wahrheit gehört aber auch, dass nur wenige Wochen zuvor Familien aus Syrien und Afghanistan, die der belarussische Diktator Lukaschenko als Druckmittel eingesetzt hatte, kategorisch zurückgewiesen und während des Winters im Grenzgebiet sich selbst überlassen wurden. Unbestritten: es bestehen gravierende Unterschiede zwischen den Schutzsuchenden. Aus der Ukraine flohen v.a. ausgebildete Frauen, Kinder und alte Menschen, während Männer in beachtlichen Zahlen sogar in die Ukraine einreisten, um sich an der Landesverteidigung zu beteiligen. 2015 und 2016 kamen vor allem junge unausgebildete Männer nach Europa

---

140 BVG: Az. 2 BvE 1/18.

141 Eurostat Pressemitteilungen 44/2016 (S. 1ff); 46/2017 (S. 1ff).
Nach mehrfach korrigierten Schätzungen bezifferte das *Bundesamt für Migration und Flüchtlinge* die tatsächliche Zahl der in den Jahren 2015 und 2016 nach Deutschland eingereisten Asylsuchenden mit ca. 890.000, resp. 280.000 Menschen (Vgl.: Jahresbericht des Bundesamtes für Migration und Flüchtlinge: *Das Bundesamt in Zahlen 2016*. S. 73ff).

während Frauen und Kinder oftmals zurückblieben und gleichzeitig Soldaten der Nato unter anderem für ein freies Afghanistan im Einsatz waren. Emotionale Differenzierungen sind also durchaus zu verstehen. Dennoch bleibt es die Aufgabe der Vernunft, auf Fairness und Selbstkritik zu bestehen. Hierzu gehört, dass die Flüchtlinge aus der Ukraine mehrheitlich mit dem Auto oder dem Zug ausreisten. Die Geflüchteten der Jahre 2015 und 2016 kamen zu Fuß und hatten nicht selten Kontinente durchquert. Frauen und Kinder sind diesen Strapazen nicht im gleichen Umfang gewachsen. Zudem haben auch junge Männer das Recht vor einem Krieg zu fliehen. Und: Zu den Menschen, die im Winter 2021/22 im Grenzgebiet zwischen Belarus und Polen zu erfrieren drohten, gehörten viele Frauen und Kinder. Die Sorge ist also nicht ganz unbegründet, dass vor allem die kulturelle und religiöse Prägung der beiden Flüchtlingsgruppen einen gewichtigen Unterschied gemacht hat. Noch einmal: die gewaltige Leistung insbesondere der polnischen Gesellschaft bei der Versorgung ukrainischer Flüchtlinge bleibt ein historisch herausragendes Vorbild. Darüber hinaus ist es nur natürlich, dass die Aufnahme von Menschen, von Nachbarn mit verwandter kultureller und sprachlicher Prägung, auf größere emotionale Bereitschaft stößt, als von Menschen, die zu Recht oder zu Unrecht fremd und verunsichernd wirken. Gleichwohl dürfen diese Emotionen nicht allein handlungsleitend sein. Aufgeklärte Gesellschaften sind einem egalitären Menschenrecht verpflichtet.

Die ethischen Paradoxien der Migrationsproblematik beginnen mit einem verkürzenden Verständnis von Grenzen und enden mit dem Dilemma einer Ungleichverteilung von Hilfeleistungen.

Die Bewertung von Grenzen mutierte in den Jahren 2016–2018 zu einer Zerreisprobe für europäische und nordamerikanische Gesellschaften. Während eine Fraktion staatliche Grenzen zum unverzichtbaren, identitätsstiftenden und identitätsbewahrenden Wert stilisierte, reduzierte die andere Fraktion Grenzen zur Negierung von Freiheit schlichthin.

Warum Grenzen notwendige Garanten von Identität sein sollen, ist außerhalb völkisch-nationalistischer Ideologien nicht zu verstehen. Die kanadisch-amerikanischen Staatsgrenze verläuft mitten durch die *Haskell Free Library*. Die Bibliothek gehört sowohl zum kanadischen Dorf Stanstead, als auch zum amerikanischen Ort Derby Line. Allerdings gefährdet weder die Existenz, noch der Besuch der Bibliothek die kanadische oder amerikanische Identität. Letztere wären nur dann herausgefordert, wenn in der jeweils anderen Hälfte der Bibliothek Sitten und Gebräuche propagiert und praktiziert würden, die den fundamentalen verfassungsrechtlichen und ethischen Überzeugungen der Besucher und der finanzierenden Gemeinden widersprechen würden. Dort aber, wo ein gemeinsamer Rechtsstaatlicher Rahmen gefunden wurde, stellt der Abbau von Grenzen einen Zuwachs an persönlicher Freiheit dar, ohne individuelle und kollektive Identitäten zu gefährden. Genau das macht die Schönheit der Europäischen Gemeinschaft aus.

Allerdings greift auch eine pauschale Diskreditierung von Grenzen als Beschränkung der Freiheit zu kurz. Gerade Denkerinnen und Denker des sogenannten linken Spektrums vernachlässigen oft, dass Staatsgrenzen auch als Ausdruck bürgerlicher Autonomie fungieren. Bei der Kontrolle von Warenströmen ist dies schnell eingängig. Freie Bürgerinnen und Bürger möchten mitbestimmen, welche Waren in ihr Land eingeführt bzw. exportiert werden sollen. Der Verkauf von Medizinprodukten findet in der Regel große Zustimmung, während der In- und Export von Waffen unpopulär ist. Grüner Strom wird gern importiert. die Einfuhr von Drogen soll hingegen unterbunden werden. Was für Waren gilt, verliert auch bei Menschen nicht vollkommen seine Gültigkeit. Gaststudenten aus Indien sind herzlich willkommen, russischen Oligarchen oder kolumbianischen Drogendealern soll aber der Zutritt verwehrt werden. Aufgeklärte Lebensformen streben nach Mündigkeit und Handlungsfähigkeit. Dem Rechtsstaat kommt dabei eine doppelte Funktion zu. Erstens hat er die Selbstbestimmung seiner Bürger bestmöglich zu schützen und zweitens sollen seine Organe und Gesetze selbst Ausdruck bürgerlicher Selbstbestimmung sein. Hierfür braucht ein Staat Handlungsfähigkeit und diese setzt wiederum ein begrenztes Staatsgebiet voraus, auf dem das Kollektiv der Staatsbürger das Sagen hat. Julian Nida-Rümelin hat herausgearbeitet, wie sehr die Kontrolle über die Staatsgrenzen mit der Idee aufgeklärter Selbstbestimmung verbunden ist.

> Zu dieser Deontologie der Grenzen gehört nicht nur die Abwehrrechte der Individuen gegen Institutionen vonseiten des Staates, sondern auch vonseiten anderer Personen, eben auch die konstitutiven Bedingungen kollektiver Autorenschaft in Gestalt politischer Institutionen, Staaten, kultureller und anders verfasster Gemeinschaften. Ohne Struktur, ohne legitime und akzeptierte Grenzen keine Autorenschaft, keine Zurechenbarkeit, keine Verantwortlichkeiten, kein Respekt und keine Würde. Das so sympathische Plädoyer für Grenzenlosigkeit, die These, das Grenzen grundsätzlich illegitim seien, weil sie Unterschiede aufrechterhielten, lässt sich bei genauer Betrachtung ethisch nicht legitimieren.[142]

Leider sind differenzierte Äußerungen von dieser Art nur selten zu hören weshalb eine fortscheitende aufklärungsfeindliche Polarisierung im Rahmen von Migrationsdebatten zu befürchten ist. Es mangelt an einem Bewusstsein dafür, dass viele Aspekte des Themas keiner befriedigenden Lösung zugeführt werden können.

---

142 Julian Nida-Rümelin: *Über Grenzen denken. Eine Ethik der Migration.* Edition Körber-Stiftung, Hamburg 2017. S. 165.

Im Kontext der sogenannten Armuts-Migration spitzt sich das Problem zu einem unentrinnbaren Dilemma schuldhafter Verstrickung zu. Beginnen wir mit einem kaum zu ertragenen Beispiel. Das Retten von Ertrinkenden ist ein Gebot des internationalen Seerechts und moralische Pflicht. Gleichzeitig ist nicht zu leugnen, dass sogenannte Schleuser auf diesen Einsatz spekulieren und „Pull-Effekte" erzeugt werden, in deren Folge Menschen ertrinken. Angenommen es wäre nachweislich so, dass jede aus dem Mittelmeer gerettete Person zehn weitere nach sich ziehen würden, von denen dann zwei ertrinken. Selbstverständlich bliebe die Pflicht, Schiffsbrüchige zu retten, unangetastet. Dies zu verneinen wäre ungeheuerlich. Gleichzeitig ist es moralisch gänzlich inakzeptabel Menschen in den Tod zu locken. Dieses Dilemma lässt sich nicht auflösen und eine Gesellschaft, die jeder der ihr möglichen Handlungen ablehnen muss, steht vor einer existenziellen Zerreißprobe.

Nicht weniger dramatisch ist die Wucht der Zahlen, die auch ohne die Bedrohung durch Meere oder Wüsten jede befriedigende Lösung unmöglich macht.

2021 waren nach Angaben des UNHCR 89,3 Millionen Menschen auf der Flucht[143] (2020 waren es 82,4)[144]. Zwischen 2015 und 2021 wurden in Italien rund 495.000, in Deutschland 2,3 Millionen Asylanträge gestellt.[145] Zusammen entspricht dies der Gesamteinwohnerzahl Roms oder Dreiviertel der Bevölkerung Berlins.

Auch wenn weit mehr Menschen einen Asylantrag stellen, als später ein Bleiberecht oder Aufenthaltsrecht erhalten, so sind die Zahlen dennoch beeindruckend. In jedem Fall gebietet die Humanität unabhängig vom Rechtsstatus eine menschenwürdige Unterbringung. In der Praxis kann vielerorts davon keine Rede sein. Auf der griechischen Insel Lesbos wurde das bisher größte von der Europäischen Union finanzierte Flüchtlingslager errichtet. Das mit Mauern und Stacheldraht umzäunte Lager war für 2.800 Personen konzipiert und wurde zeitweilig mit bis zu 20.000 Menschen belegt.[146]

---

143 UNHCR: Global Trends – Forced Displacement in 2021. S. 2.

144 UNHCR: Global Trends – Forced Displacement in 2020. S. 2.

145 Angaben gemäß Eurostat, UNHCR – Statistische Erhebungen 2015–2021.
Italien: https://www.unhcr.org/refugee-statistics/download/?url=K1aKu0 [Letzter Aufruf 15.08.2022];
Deutschland: https://www.unhcr.org/refugee-statistics/download/?url=AdfF8x [Letzter Aufruf 15.08.2022]

146 Vgl.: Franziska Grillmeier: Der neue Alltag auf der Insel – gefährlich für Flüchtlinge und Helfer. In: *Tagesspiegel.de.* https://www.tagesspiegel.de/politik/fluechtlingskrise-auf-lesbos-der-neue-alltag-auf-der-insel-gefaehrlich-fuer-fluechtlinge-und-helfer/25606814.html [Letzter Aufruf 15.08.2022].

Menschenverachtende Praxis in Flüchtlingslagern, vom Kältetod bedrohte Kinder an der polnischen Grenze, Ertrinkende im Mittelmeer, verdurstende Flüchtlinge im mexikanischen-amerikanischen Grenzgebiet: kurzfristige Lösungen sind möglich. Nordamerika und Europa gehören zu den reichsten Regionen der Erde. Es ist möglich, Millionen Flüchtlinge menschenwürdig zu versorgen. Auch ist derzeit nicht einzusehen, dass diese Gesellschaften ihrer Belastungsgrenze erreicht hätten. Gleichwohl lässt sich kaum leugnen, dass eine ökonomische, soziale und politische Belastungsgrenze existiert. Laut des panafrikanischen Forschungsnetzwerks Afrobarometer, das über zwei Jahre 45.000 Afrikaner*innen in 34 Ländern befragte, denken 37 Prozent der afrikanischen Bevölkerung an Auswanderung. Von diesen Auswanderungswilligen geben wiederum 27 Prozent Europa als Wunschziel an.[147] Die rasch wachsenden Bevölkerung Afrikas wird aktuell von der Deutschen Stiftung Weltbevölkerung mit 1.3 Milliarden Menschen angegeben[148]. Auf dieser Basis lassen sich so Migrantenzahlen errechnen, die die Bevölkerung von Deutschland oder Frankreich weit übersteigen. Die menschenverachtenden Zustände in den Flüchtlingslagern wie Moria sind angesichts des Reichtums der nördlichen Hemisphäre und des Selbstverständnisses der Europäischen Union als Friedensnobelpreisträgerin unentschuldbar. Gleichzeitig ist auch nicht zu leugnen, dass sich die Lager immer wieder füllen werden und die potenzielle Anzahl von Migranten die Möglichkeiten einer ökonomischen, sozialen und politischen Kompensation übersteigen.

Utilitaristisch ließe sich die Position vertreten, dass die reichen Länder des Nordens zumindest so viele Menschen aufnehmen müssten, bis sich eine Nivellierung der Lebensumstände in Nord und Süd erreicht ist. Die Entlastung des Südens und die Umverteilung im Norden würden den größtmöglichen Nutzen für die größtmögliche Anzahl erzeugen. Allerdings hat diese Lösung zahlreiche Haken. Zunächst ist nicht davon auszugehen, dass die Bevölkerung des globalen Nordens zu diesem selbstlosen Schritt bereit wäre. Ihn zu fordern, würde mit hoher Wahrscheinlichkeit nationalistische Kräfte bestärken. Neben dem Untergang liberaler Rechtsstaaten würde dies auch das Ausbleiben von Entwicklungshilfe bedeuten. Zudem bleibt fraglich, ob ein solcher Schritt mittelfristig wirklich den größten Nutzen erzeugen könnte. Ein ökonomischer Niedergang des globalen Nordens würde nicht nur die dortige Lebensqualität

---

147 Josephine Appiah-Nyamekye, Carolyn Logan, E. Gyimah-Boadi: In search of opportunity: Young and educated Africans most likely to consider moving abroad. In: *Afrobarometer Dispatch No. 288*, 03/2019. S. 3.

148 Deutsche Stiftung Weltbevölkerung in Kooperation mit dem Population Reference Bureau: *DSW-Datenreport 2021*. S. 8ff.

senken, sondern auch dessen Produktivität und die Hilfsleistungen für den globalen Süden.

Hinzu kommt ein soziales und systematisches Gerechtigkeitsproblem. Das Gebot, notleidende Menschen aufzunehmen, resultiert letzten Endes aus der Egalität der Menschenwürde. Allerdings kommen diese Würde und die daraus resultierenden Ansprüche nicht nur jenen zu, die die europäischen oder nordamerikanischen Grenzen erreichen. Sie kommt gleichermaßen jenen Menschen zu, die zurückgeblieben sind. In der Tat bilden die Flüchtlingsbewegungen selbst bereits eine soziale Ungerechtigkeit ab. Jene die sich auf den Weg machen, besitzen in der Regel die Gesundheit und die finanziellen Mittel, um Kontinente zu durchqueren und Schleuser zu bezahlen. Zur Gruppe derer, die sich auf den Weg machen oder gar abgeworben werden, gehören auch Personen mit einer Qualifikation, die anschließend im Herkunftsland schmerzhaft vermisst wird. Dieser als „Brain Drain" bezeichnete Effekt verschärft die globale Ungerechtigkeit und trifft vor allem die ärmsten Länder der Erde.[149] Zurück bleibt unter anderem die sogenannte „Bottom Billion", jene Menschen, die mit weniger als einem Euro am Tag überleben müssen.[150] Sie stellen jenen Anteil der Erdbevölkerung, der am dringendsten der Hilfe bedarf. Wenn nun die weniger Elenden in großer Zahl den globalen Norden erreichen und dort nach den üblichen Standards verpflegt werden, wird die Hilfe für die Bottom Billion sinken. Tatsächlich erfordern die Versorgung, Unterbringung und Ausbildung von Flüchtlingen in Nordamerika und Europa beträchtliche Summen.[151] Mit diesen Summen könnte eine ungleich größere Zahl von Menschen im globalen Süden aus der Armut befreit werden.

Reinhard Merkel hat zur Verdeutlichung der Problematik ein anschauliches Beispiel gewählt:

> Man stelle sich einen wohlhabenden Gutsbesitzer vor, um dessen Anwesen sich tausend Hilfsbedürftige drängen. Zehn von ihnen, die es über die Mauer und bis an die Haustür geschafft haben, gewährt er Einlass, dauerhafte Wohnung

149 Vgl.: Frédéric Docquier, Hillel Rapoport: Globalisation, Brain Drain und Development. In: *Journal of Economic Literature*, 50/3, 2012. S. 681–730.

150 Vgl.: „Die weltweite Quote der extremen Armut ist zum ersten Mal seit 1998 von 8,4 Prozent im Jahr 2019 auf 9,5 Prozent im Jahr 2020 gestiegen. Somit ist fast jeder zehnte Mensch auf der Welt von extremer Armut betroffen." – Bundeszentrale für politische Bildung: Internationaler Tag für die Beseitigung der Armut. https://www.bpb.de/kurz-knapp/hintergrund-aktuell/342096/internationaler-tag-fuer-die-beseitigung-der-armut/ [Letzter Aufruf 15.08.2022].

151 Allein in Deutschland beliefen sich die sog. „Flüchtlingsbezogenen Belastungen" des Haushalts im Jahre 2020 auf 22,9 Mrd. Euro (Bundesfinanzministerium: *Finanzplan des Bundes 2021 bis 2025*. DS 19/31501, 08/2021. S. 40).

> und Unterhalt. Das erschöpft seine Mittel bis nahe an ihr Limit. Verteilte er sie an alle Tausend, wäre allen geholfen. So aber verbleibt ihm für die 990 draußen Gebliebenen beim besten Willen kaum noch etwas. Ihrer Not bietet es nicht mehr als den berühmten Tropfen auf heißem Stein. Will man ein Sinnbild für die Moralität der deutschen Flüchtlingspolitik: so ungefähr.[152]

Dieses Bild ist gewiss ergänzungsbedürftig. Man sollte hinzufügen, dass die Vorfahren unseres Gutsherrn die Länder jenseits seiner Mauern ausgebeutet haben und noch immer unfaire Handelsbeziehungen bestehen. Zudem ließe sich fragen, welche Kriterien die zur Neige gehenden Mittel identifizieren. Doch auch ein differenzierteres Bild löst die Problematik nicht auf: Der Reichtum unseres Gutsbesitzers beruht zum Teil auf Ausbeutung, aber eben nicht nur. Eine vollständige Enteignung und Aufteilung unter den Armen ist daher kaum zu rechtfertigen. Eine Aufnahme aller Notleidenden käme dieser Entscheidung gleich. Die Versorgung von nur zehn Notleidenden ohne Berücksichtigung des Elends jenseits der Mauern ist eine kaum zu akzeptierende Ungleichbehandlung. Eine Minimalversorgung der Eingetroffenen zu Gunsten der Notleidenden jenseits der Mauern würde eine Zwei-Klassen-Gesellschaft mit rassistischen Potentialen innerhalb der Grenzen bewirken. Zudem darf nicht vergessen werden, dass unser Gutsbesitzer nicht allein lebt. Eine massive Steigerung der Hilfeleistungen oder der Aufnahmezahlen könnte zu einem Aufstand der bisherigen Gutsbewohner und damit zu einer Beendigung jeder Hilfeleistung führen. Ignoranz für das Elend jenseits der Mauer ist ebenfalls keine Option. Die Bewohner des Gutes würden verrohen und müssten einen selbstverordneten Realitätsverlust praktizieren. Eine lebenswerte, nach Aufklärung strebende Gesellschaft wird so nicht lange Bestand haben. Auf den Nachbargütern ist die Entscheidungssituation deutlich leichter. Dort befinden sich totalitäre Regime, die entweder nur das Wohl der Oligarchie oder der eigenen Bevölkerung im Blick haben. Dort gerät man nicht in Konflikt mit dem alles dominierenden Prinzip nationaler Eigeninteressen und kann jede noch so kleine Hilfeleistung für die Menschen außerhalb der eigenen Grenzen als großzügige Wohltat bewerten.

Ein einfacher Syllogismus verdeutlicht hingegen, wie groß die Zerreisprobe für Gesellschaften ist, die sich den Ideen der Aufklärung verpflichtet fühlen.

---

152 Reinhard Merkel: Wir können allen helfen. In: Markus Tiedemann (Hrsg.): *Migration, Menschenrechte und Rassismus. Herausforderungen ethischer Bildung.* Brill/Ferdinand Schöningh, Paderborn 2020. S. 17; Vergl. auch Frankfurter Allgemeine Zeitung vom 22.11.2017. S. 9.

P1: Gesellschaften, die nach Aufklärung streben, sind existenziell bedroht, wenn sie ihre eigenen ethischen Prinzipien verletzen.
P2: Die Flüchtlingsbewegungen des einundzwanzigsten Jahrhunderts machen es unmöglich, normative Prinzipien der Aufklärung nicht zu verletzen.
K: Nach Aufklärung strebende Gesellschaften sind existenziell bedroht.

3.5 Der digitale Katalysator

Es darf als Gemeinplatz angesehen werden, dass die digitale Revolution einen medialen Paradigmenwechsel bewirkt hat. Wie immer man die Entwicklung bewerten mag, die Geschwindigkeit der Verbreitung und das exponentielle Wachstum der Beteiligten bleibt schwindelerregend. Im November 1990 stellte Tim Berners-Lee die weltweit erste Internetseite zur Verfügung. Längst bedarf es keiner Programmiersprache mehr. Milliarden Menschen bewegen sich mittels bedienungsfreundlicher Software mühelos im World-Wide-Web. In naher Zukunft wird ein satellitengestützter Internetzugang an jedem Ort der Erde zur Verfügung stehen.

Die Entwicklung vermag utopische Hoffnungen, ebenso wie dystopische Ängste zu wecken.

Ist das Internet die Verwirklichung von Comenius Traum „Alle, alles zu lehren"? Den Enzyklopädisten um Diderot dürfte Wikipedia als Realisierung eines Menschheitstraums erscheinen. Das Wissen von allen für alle. „Was ist Aufklärung?" von Kant, *Eine Theorie der Gerechtigkeit* von Rawls, *Kritik der schwarzen Vernunft* von Achille Mbembe: all dies steht nun samt kompetenten Einführungen und kontroversen Kommentaren einer unvorstellbaren Zahl an Interessierten zur Verfügung. Selbiges gilt für politische Aktivität: Der Arabische Frühling, die Bürgerrechtsbewegung in Honkong, Fridays for Future, der internationale Protest gegen den russischen Angriffskrieg in der Ukraine: all dies wäre ohne digitale Medien kaum vorstellbar.

Allerdings werden durch die digitalen Medien auch Kräfte verstärkt, die sich destruktiv auf das Projekt Aufklärung auswirken. Den verbesserten Möglichkeiten der internationalen Kommunikation und Information stehen immer ausgereiftere Methoden und Effekte der Manipulation und Überwachung gegenüber. Die Digitalisierung erweist sich im Guten wie im Schlechten als wirkungsmächtiger Katalysator. Die zentrale Frage lautet: Wer macht das Rennen?

Mindestens zwei Aspekte befördern die Entstehung von Post-Aufklärungs-Gesellschaften.

3.5.1 *Die Ästhetisierung der Lebenswelt und das Problem der ungleichen Beschleunigung*

Nach der von Ernst Cassirer verfassten Philosophie der symbolischen Formen ist der Mensch das symbolisierende Wesen und seine spezifischen Ausdrucksformen sind entweder präsentativer oder diskursiver Natur.

Soweit wir wissen, sind nur wir in der Lage einen Fluss wie die Moldau nicht nur unmittelbar zu erleben, sondern auch zu malen, in Symphonien zu huldigen, in Gedichten zu preisen, zu topographieren, chemisch zu analysieren und vieles mehr. Klassischer Vertreter der präsentativen Formen ist das ikonische Bild. Diskursive Formen artikulieren sich im Medium der Sprache und finden ihre abstrakteste Ausprägung in der formalen Logik. Natürlich existieren Grauzonen wie Sprachbilder, Metaphern usw. All diese Ausdrucksweisen sind wertvolle Bestandteile menschlicher Lebensformen.

Die präsentative Symbolik ermöglicht den Ausdruck von Gefühlen und Vorstellungen. Ihre Bandbreite reicht von expressionistischen Darstellungen des Unbewussten bis zur kulturübergreifenden Kraft der Musik. Allerdings vermag allein die diskursive Form Wahrheitsansprüche zu formulieren und zu prüfen.

Das Ringen um Objektivität, der zwanglose Zwang des besseren Arguments manifestieren sich allein im Medium diskursiver, um kohärente Beweisführung ringende Sprache. Karl Popper spricht in diesem Zusammenhang von der *kritischen* oder *argumentativen Funktion* der Sprache, die allein eine „kritische Diskussion über Wahrheit und Falschheit von Sätzen" ermögliche.[153] Bilder können Nachdenken provozieren und Vorstellungen illustrieren, aber sie entziehen sich den Kriterien der Rechtfertigung. Ein Bild ist nicht wahr oder falsch. Es ist nicht gut oder böse. Ein Bild ist ein Bild ist ein Bild.

> Sprache ist eine Abstraktion aus der Erfahrung, während Bilder konkrete Darstellungen von Erfahrung sind. Ein Bild mag soviel wert sein wie tausend Worte, aber es ist auf keinen Fall ein Äquivalent für tausend oder hundert oder auch nur zwei Worte. Wörter und Bilder gehören unterschiedlichen Diskurssphären an, denn ein Wort ist stets und vor allem eine Idee, sozusagen ein Produkt der Vorstellungskraft. So etwas wie »Katze«, »Arbeit« oder »Wein« existiert nicht in der Natur. Solche Wörter sind Begriffe für Regelmäßigkeiten, die wir in der Natur wahrnehmen. Bilder zeigen keine Begriffe, sie zeigen Dinge. Man kann es nicht oft genug wiederholen: anders als der gesprochene oder geschriebene Satz ist das Bild unwiderlegbar. Es stellt keine Behauptung auf, es verweist nicht auf ein

153 Vgl.: Karl Popper: *Ausgangspunkte*. Ex Libris, Zürich 1981. S. 104–109; Ders.: *Alles Leben ist Problemlösen*. Piper, München 1994. S. 120.

> Gegenteil oder die Negation seiner selbst, es muss keinerlei Plausibilitätsregeln und keiner Logik genügen.[154]

Der ästhetische Wert präsentativer Formen wird dadurch nicht geschmälert. Ihr legitimes Reich ist die Kunst, das Gefühls und der Mythos. Aufklärung allerdings ist auf die diskursive Form angewiesen. Reflexion benötigt die begriffliche Abstraktion vom konkreten Erleben, um das Besondere als enthalten im Allgemeinen zu denken.[155] Nur propositionale Sprache ermöglicht die Formulierung von Wahrheitsansprüchen. Sinneseindrücke sind nicht wahr oder falsch, nicht gut oder böse. Diese Kategorien sind der Begrifflichkeit vorbehalten.

Für eine Gesellschaft ist es daher nicht unerheblich, ob sie mehrheitlich in diskursiven oder präsentativen Formen kommuniziert, ob visuelle Eindrücke oder Argumente in ihr einen dominanten Einfluss entfalten.

Die Phasen der Aufklärung waren stets mit dem Primat diskursiver Formen verbunden. Die Sophisten des alten Griechenlands mögen auch rhetorische Überredungskünste unterrichtet haben. Mindestens ebenso wichtig war ihnen jedoch die Unterscheidung von besseren und schlechteren Argumenten. In den überschaubaren Stadtstaaten der Antike ließ sich der Austausch von Positionen und Argumenten noch im direkten Diskurs organisieren. Entscheidendes Medium für die Expansion der Aufklärung war indes die Schriftlichkeit. Sokrates und Perikles waren Zeitgenossen, die beide des Lesens und wohl auch des Schreibens mächtig waren.[156] Sicher ist indes, dass ihre Lehren ohne die schriftliche Überlieferung niemals diese kulturstiftende Wirkung hätten entfalten können. Selbiges gilt für die zweite Phase der Aufklärung. Die Erklärung der Menschenrechte geht systematisch auf die Philosophie von Locke, Rousseau und Kant zurück. Ohne die schriftliche Verbreitung dieser Theorien wären die Menschenrechte aber niemals ins positive Recht überführt worden.

Schriftkultur und Aufklärung vermögen sich wechselseitig zu potenzieren. Die politische Aufklärung hat stets allgemeine Alphabetisierung vorangetrieben und das Erlernen von Lesen und Schreiben fördert wichtige Basiskompetenzen der Aufklärung.

> Wer Lesen lernt, der lernt auch, sich auf die Regeln einer komplexen logischen und rhetorischen Tradition einzulassen, die einen dazu nötigt die einzelnen

---

154 Neil Postman: Das Verschwinden der Kindheit. S. Fischer Verlag, Frankfurt am Main 1987. S. 87.

155 Vgl.: Kant: AA V, S. 176.

156 Die Belesenheit des Sokrates ist in mehreren Quellen verbürgt, ob er auch des Schreibens mächtig war, ist hingegen fraglich. Vgl.: Platon: Phaidon, [97b], Apologie [26d f] und Xenophon: Erinnerungen an Sokrates [I 6,14].

> Sätze behutsam und gründlich abzuwägen und Bedeutungen ständig zu modifizieren, wenn sich im weiteren Fortgang neue Gesichtspunkte ergeben. Der Leser muss lernen, reflektiert und analytisch vorzugehen, er muss Geduld und Aufnahmebereitschaft entwickeln und sich in einem ständigen Schwebezustand halten, aus dem heraus er nach reiflicher Überlegung auch einmal nein zu einem Text zu sagen vermag.[157]

Schriftkultur vermag also nicht nur Wissen kulturübergreifend zu archivieren, sie befördert auch die Urteilskraft des Lesenden. Selbiges gilt für die Beförderung der Humanität. „Bücher, so hat der Dichter Jean Paul einmal bemerkt, sind dickere Briefe an Freunde. Mit diesem Satz hat er Wesen und Funktion des Humanismus quintessentiell und anmutig beim Namen genannt: Es ist freundschaftliche Telekommunikation im Medium der Schrift. Was von den Tagen Ciceros an *humanitas* heißt, gehört im engsten Sinne zu den Folgen der Alphabetisierung."[158]

Leider ist Schriftkultur keinesfalls ein hinreichendes Kriterium für Humanismus und Aufklärung. Diese Hoffnung fiele hinter die „Dialektik der Aufklärung"[159] zurück. *Don Carlos* und *Mein Kampf* wurden beide schriftlich verfasst und durch die Druckerpresse vervielfältigt. Gleichwohl bleibt die Feststellung, dass Aufklärung des diskursiven Mediums propositionaler Sprache bedarf. Ihre Essenz findet „im eigenen argumentativ begründeten Urteil [...] seinen Abschluss, womit er sich schließlich in sich selbst terminiert: als kritische oder dialektische Anstrengung des Begriffs".[160]

Um den Effekt der Digitalisierung auf den Fortbestand der Aufklärung zu ermessen, ist es also notwendig, zu beurteilen, ob diskursive oder präsentative Formen, ob Bilder oder Begriff das Medium dominieren. Die quantitative Verteilung allein ist dabei nicht entscheidend. Ästhetische Wahrnehmung und populäre Zerstreuung dürften zu allen Zeiten der Kulturgeschichte einen höheren Anteil am Alltagsleben eingenommen haben als Reflexion und das Ringen um Objektivität. Wenn also auch die Verbreitung von begrifflicher Auseinandersetzung massiv durch die Digitalisierung gewinnt, könnte der Gesamteffekt, trotz unveränderter Proportionen, positiv bewertet werden. Hierfür gibt es einige Argumente. Nie zuvor in der Menschheitsgeschichte existierte eine so

---

157 Postman: S. 91.

158 Peter Sloterdijk: Regeln für den Menschenpark. Ein Antwortschreiben zum Brief über den Humanismus – die Elmauer Rede. In: *DIE ZEIT*, Nr. 38, 16.09.1999. S. 18.

159 Vgl.: Max Horkheimer und Theodor Wiesengrund Adorno: *Dialektik der Aufklärung. Philosophische Fragmente.* Querido, Amsterdam 1947.

160 Roland W. Henke: Ende der Kunst oder Ende der Philosophie? Ein Beitrag zur Diskussion um den Stellenwert präsentativer Materialien im Philosophie- und Ethikunterricht. In *Zeitschrift für* Didaktik der Philosophie und Ethik, 1/2012. S. 59–66.

umfangreiche und leicht zugängliche Auswahl an Informationsmöglichkeiten, Bildungsangeboten und Diskussionsforen. Auch Ästhetisierung kann in vielen Teilen des Lebens als Bereicherung angesehen werden. Trotz aller Tourisมusströme wird nur ein Bruchteil der Menschheit die vatikanischen Museen besuchen können. Digitale Rundgänge vermögen hier Abhilfe zu schaffen.

Allerdings lassen sich auch besorgniserregende Anzeichen der Entrationalisierung beobachten. Weltweit sind Zeitungsverlage massiv unter Druck geraten, obwohl sie ihr Produkt auch digital anbieten. Die Zahl der klassischen Zeitungsabonnenten sinkt und wird durch den Zuwachs an online-Lesern nicht ausgeglichen. Auch die Kommunikation der Bürger verkürzt sich und tendiert zum ikonischen. Die Maximale Länge eines Tweets ist seit November 2017 auf 280 Zeichen begrenzt. Dies entspricht in etwa der Länge meiner letzten drei Sätze. Eine eng beschriebene Postkarte fasst etwa das Doppelte. Wie viel Argumentation lässt sich mit 280 Zeichen ausführen? Comicartige Darstellungen von Gefühlen prägen einen beachtlichen Teil der Kommunikation von Kindern, Jugendlichen und Erwachsenen. Die Inszenierung von Eindrücken oder Selbstdarstellungen prägen das Alltagsleben von Millionen. Meist handelt es sich um Fotos, die triviale Alltagsvollzüge dokumentieren.

In einer nach Aufklärung strebenden Gesellschaft muss indes klar zwischen Aussage und Abbildung, zwischen Inszenierung und Begründung unterschieden werden. Die wachsende Dominanz präsentativer Formen könnte eine Gefährdung individueller und kollektiver Mündigkeit darstellen. Dies gilt besonders dann, wenn auch das Problem der ungleichen Beschleunigung berücksichtigt wird.

Das Problem lässt sich recht einfach beschreiben: Die Verbreitung von Doxa kann nahezu auf Lichtgeschwindigkeit beschleunigt werden, wohingegen das Entstehen von Episteme durch die digitalen Medien ungleich weniger profitiert. Ursächlich hierfür ist, dass die Ausbreitung bloßer Erregungszustände, Meinungen oder Vorurteilen weder eines aufwendigen Aneignungsprozesses bedarf noch an ein bestimmtes Medium gebunden ist. Sie entzünden sich an Parolen und Gerüchten, ebenso wie an visuellen Eindrücken. Kurznachrichten und Bilder lassen sich sehr schnell verbreiten und ihr Konsum stellt minimale intellektuelle Ansprüche. Wissen hingegen muss stets aktiv erarbeitet und verinnerlicht werden. Episteme bedarf der Lektüre, der Recherche, der Kritik und der Kontroverse. Kurz: sie braucht Zeit. Sie entspringt einem langsamen Erarbeitungsprozess, der nur sehr bedingt beschleunigt werden kann. Der Traum von Diderot mag durch Wikipedia wahr geworden sein. Allein die Mühen der Lektüre und des Studiums bleiben dieselben wie vor Jahrhunderten.

Glücksverheißungen, Vorurteile, stereotype Muster vermehren sich durch emotionale Impulse, sowie durch schlichte Wiederholung und lassen reale, ebenso wie virtuelle Massen entstehen. Schon Gustav Le Bon hielt es nicht für notwendig, dass sich Massen physisch versammeln, es genügt, wenn ihre Mitglieder sich medial wechselseitig bestärken (vgl. Kapitel 4.3.2). Das digitale Zeitalter bietet hierfür ideale Voraussetzungen. Das Streben nach Episteme ist mit dem Aufsuchen der Antithese, von Kritik und Rechtfertigungsdruck verbunden. Doxa hingegen sucht die Bestätigung mittels Vereinigung mit Gleichgesinnten. Im realen, öffentlichen Raum einer liberalen Gesellschaft greifen heilsame Korrektive. Skurrile und absurde Meinungen sind dort schnell der Kritik und der Lächerlichkeit ausgesetzt. Die Massentauglichkeit gefährlicher Vorstellungen wird dadurch zwar nicht zuverlässig verhindert aber zumindest erschwert. In der digitalen Welt sind kritische Stimmen zwar nicht verschwunden, aber sie lassen sich ausblenden. Ob durch Algorithmen gesteuert oder bewusst organisiert, die Abschottung in „Echokammern" zur Verstärkung der eigenen Grundannahmen war nie so effektiv wie heute. Leider gilt dies nicht nur für triviale Dummheiten, sondern auch für Wahnvorstellungen und menschenverachtende Diskriminierung. Rationale Gegenargumente, so sie überhaupt Zugang finden, entfalten selten Wirkung. Dies liegt zum einen daran, dass durch die ständige Wiederholung schnell eine robuste Illusion von Wahrheit entsteht. Mindestens ebenso wichtig ist der Faktor der emotionalen Verbundenheit. Aussagen und Thesen werden nicht auf ihre Überzeugungskraft geprüft. Ausschlaggebend ist vielmehr, dass Sender und Empfänger die gleiche Gefühlslage teilen. Faustregel: Wer so fühlt wie ich hat Recht. Genau das ist prä-aufgeklärtes Stammesverhalten.

Hinzu kommt, dass die Kultivierung von Urteilskraft durch die Dominanz visueller Eindrücke erschwert wird. Wie oben ausgeführt, greifen logische Kriterien angesichts von Bildern ins Leere.

Die im digitalen Zeitalter unbegrenzten Möglichkeiten visueller Manipulation und Deepfakes seien hier nur am Rande erwähnt. Wichtig ist, dass alle Bilder, wie oben gezeigt, sich rationalen Kategorien entziehen. Nur in Kombination mit Begriffen vermögen Sie durch Illustration zum Erwerb vom Epistemen beizutragen. Für sich allein ist ihnen eine Tendenz zur Entmündigung und Überwältigung zu eigen. Dies gilt für bewegte Bilder in besonderer Weise, da diese unsere neuronalen Netzwerke derart beanspruchen, dass eine gleichzeitige Reflexion und kritische Distanzierung nahezu unmöglich wird. Wir alle haben schon einmal schlechte Filme bis zum Ende gesehen, weil die schnellen Schnitte unser Hirn so sehr beschäftigten, dass eine Frage nicht zustande kam: Will ich überhaupt, was ich hier gerade tue? Lohnt es sich diesen Dingen Aufmerksamkeit zu schenken? Wäre es für mich besser, mich anderen Dingen zuzuwenden? Sind die präsentierten Informationen, Rollenmuster und Forderungen glaubhaft? Sind sie akzeptabel? Die Unterdrückung dieser Fragestellungen ist das Wesen jeder medialen Überwältigung. Während die Verarbeitung ästhetischer Daten auf Hochtouren läuft, verfällt die kritische Urteilskraft in Passivität. Das unbewusste Lernen am Model ist indes weiterhin aktiv. Der Neurologe Manfred Spitzer hat diese Aspekte provokativ zusammengefasst. „Studien haben klar bewiesen, dass ein übermäßiger Dauerkonsum von Fernsehen, Computerspielen, Videogames oder Internet Kinder und Jugendliche dick, dumm und gewalttätig macht"[161]. Auch vor den negativen Auswirkungen einer zunehmend digitalen Freizeitgestaltung von Schulkindern ist von Pädagoginnen schon vor Jahrzehnten massiv gewarnt worden.[162] Bereits 2001 -das Smartphone war vom Massenprodukt noch weit entfernt- bezogen sich vier von zehn der meistgenannten Weihnachtswünsche aus der Altersgruppe zwischen 6 und 12 Jahren auf audiovisuelle Medien. Das Buch oder andere Printmedien wurden gar nicht genannt.[163] Alle damals Befragten sind heute wahlberechtigt. Viele werden selbst Kinder haben und deren Mediennutzung prägen.

Neil Postman zog bereits 1987 allein aufgrund des Massenmediums Fernsehen eine düstere Bilanz. Seine Einschätzung erscheint heute aktueller denn je:

> Zusammengenommen stellt die elektronische und optische Revolution eine zwar unkoordinierte, aber mächtige Bedrohung von Sprache und Literarität dar, eine Umschmelzung der Welt der Ideen in eine Welt ‚lichtgeschwinder' Symbole und Bilder. Die Reichweite dieser Entwicklung lässt sich kaum überschätzen. Denn während die Übermittlungsgeschwindigkeit die kontrollierte Handhabung von Informationen unmöglich machte, veränderte das in Massenproduktion gefertigte Bild die Form dieser Informationen selbst -vom Diskursiven zum Nicht-Diskursiven, von der Satzform zur Bildform, vom Intellektuellen zum Emotionalen.[164]

Sollte sich diese Diagnose bewahrheiten, wird sich die Digitalisierung nicht als neutraler Katalysator, sondern als Brandbeschleuniger im Untergang der Aufklärung erweisen. Unreflektierte Meinungen, Vorurteile und stereotype Vorstellungen waren schon immer schnell und pandemisch. Die Aufklärung hat sich dieser Dynamik mittels eines mühseligen und langwierigen

161 Vgl.: Manfred Spitzer: „TV macht dumm, dick und gewalttätig", https://www.youtube.com/watch?v=LftI9pYDg7I, Min. 2.29 [Letzter Aufruf 02.08.2022].

162 Vgl.: Ruth Möller: Welche Defizite haben unsere Schulanfänger? Ein Gespräch mit der Rektorin einer Grundschule. In: *Kindergarten heute*. November/Dezember 2002. S. 20–23.

163 Vgl.: Institut der deutschen Wirtschaft Köln: Weihnachtsgeschenke: Viel Elektronik unterm Baum. Die beliebtesten Weihnachtswünsche von 6- bis 12-jährigen in Prozent. In: *Informationsdienst des Instituts der deutschen Wirtschaft*, Nr. 49. Dezember 2002. S. 1.

164 Postman 1987, S. 87.

Bildungsprozess entgegengestellt. Durch die einseitige digitale Beschleunigung droht das Rennen endgültig verloren zu gehen

3.5.2 *Strukturverlust der Öffentlichkeit*

Es lässt aufhorchen, wenn eine der bekanntesten Geistesgrößen unserer Zeit sich im Alter von 92 Jahren veranlasst sieht, ihr Hauptwerk zu ergänzen. Unter dem Titel „Überlegungen und Hypothesen zu einem erneuten Strukturwandel der politischen Öffentlichkeit" rückt Jürgen Habermas die soziale und politische Auswirkung der digitalen Medien in das Zentrum seiner Überlegungen.[165] Noch, so Habermas, sei nicht entschieden, ob destruktive oder negative Potentiale überwiegen. Das „weltweite Organisationspotenzial, das die neuen Medien bieten, dient rechtsradikalen Netzwerken ebenso wie den tapferen belarussischen Frauen in ihrem ausdauernden Protest gegen Lukaschenko."[166]

Einerseits wurde durch die digitalen Medien eine noch nie dagewesene Quantität an Partizipationsmöglichkeiten eröffnet. Anderseits bleibt fraglich, ob auf diese Weise die Rationalität öffentlicher Diskurse befördert wird, stagniert oder erodiert.

> Dieses große emanzipatorische Versprechen wird heute von den wüsten Geräuschen in fragmentierten, in sich selbst kreisenden Echoräumen übertönt." [...] „Die Selbstermächtigung der Mediennutzer ist der eine Effekt; der andere ist der Preis, den diese für die Entlassung aus der redaktionellen Vormundschaft der alten Medien bezahlen, solange sie den Umgang mit den neuen Medien noch nicht hinreichend gelernt haben. Wie der Buchdruck alle zu potenziellen Lesern gemacht hatte, so macht die Digitalisierung heute alle zu potenziellen Autoren. Aber wie lange hat es gedauert bis alle lesen gelernt hatten?[167]

Während dieser Übergangsphase kommt nach Habermas unter anderem dem Qualitätsjournalismus die Aufgabe zu, Rationalitätsstandards der öffentlichen Meinungsbildung zu verteidigen. Gleichwohl gibt gerade die Analogie zum Buchdruck Anlass zur Sorge. Es vergingen Jahrhunderte des Fanatismus und der Grausamkeiten bevor die Literarität – wenn überhaupt- umfangreiche humanistische Effekte entfaltete. Hinzu kommt eine weitere Überlegung: Vielleicht erleben wir keinen Paradigmenwechsel hin zu einer neuen Struktur der Öffentlichkeit. Vielleicht handelt es sich um einen gänzlichen Strukturverlust.

Nach Hannah Arendt ist eine zentrale, strukturelle Errungenschaft der Aufklärungsbewegungen die klare Trennung zwischen dem privaten und dem

---

165 Jürgen Habermas: Überlegungen und Hypothesen zu einem erneuten Strukturwandel der politischen Öffentlichkeit. In: *Leviathan*, 49. Jg., Sonderband 37/2021. S. 470–500.

166 Ebd. S. 487.

167 Ebd. S. 487, 488.

öffentlichen Raum. Bereits in der attischen Demokratie manifestierte sich die Trennung zwischen Oikos und Agora, Akademie oder Volksversammlung. Im Haus konnte der freie Grieche schalten und walten, wie er wollte.[168] Im öffentlichen Raum hingegen war er seinem Gegenüber Rechenschaft schuldig. Dieses Geben und Nehmen von Gründen im politischen Raum ist es, was nach Arendt spezifisch menschliches Handeln ermöglicht und als zentraler Bestandteil der *conditio humana* anzusehen ist.

> Politisch zu sein, in einer Polis zu leben, das heißt, daß alle Angelegenheiten vermittels der Worte, die überzeugen können, geregelt werden und nicht durch Zwang oder Gewalt.[169]

Allerdings gewinnt die Pflicht zur Rechtfertigung im öffentlichen Raum erst durch die Existenz des Privaten an Konturen. Das Private ist der legitime Ort des Irrationalen, des Intimen und des selbstbestimmten Erinnerns oder Vergessens. Beate Rösser unterscheidet drei Ebenen des Privaten.[170] Lokale Privatheit umfasst die Exklusivität von Räumen und Orten. Dezisionale Privatheit beschreibt das Recht auf persönliche Lebensentwürfe und Stilempfindungen ohne Rechtfertigungszwang. Die dritte Ebene ist die informelle Privatheit.

> Im Kern geht es hier [...] darum, wer was wie über eine Person weiß, also um die Kontrolle über Informationen, die sie betreffen; und zwar Kontrolle mindestens in dem Sinn, dass sie in vielen Hinsichten in der Hand hat, in anderen Hinsichten zumindest abschätzen kann, was andere Personen jeweils über sie wissen: dass sie folglich gut begründete Annahmen haben kann darüber, was Personen oder Institutionen, mit denen sie zu tun hat [auch unbewusst], über sie wissen, und dass sie gemäß diesen Annahmen und Erwartungen dann auch über entsprechende Sanktions- oder jedenfalls Kritikmöglichkeiten verfügen kann.[171]

Sosehr die Bürgerin und der Bürger im öffentlichen Raum dem rationalen Diskurs verpflichtet sind, so groß ist ihr Recht, die Öffentlichkeit aus den unterschiedlichen Ebenen des Privaten auszuschließen. Sissela Bok definiert „privacy as the condition of being protected from unwanted access by

---

168 Die Tatsache, dass Frauen, Kinder und Sklaven eher schutzlose Opfer dieser privaten Willkür waren, ist ein beklagenswerter Mangel an Partizipation, entwertet aber nicht die Trennung zwischen dem privaten und dem öffentlichen Raum.

169 Hannah Arendt: *Vita activa oder Vom tätigen Leben.* 20. Auflage. Piper, München 2019. S. 36.

170 Vgl.: Beate Rössler: *Der Wert des Privaten.* Suhrkamp Verlag, Frankfurt am Main 2001. S. 144ff.

171 Ebd. S. 201.

others – either physical access, personal information or attention. Claims to privacy are claims to control access (...)".[172] Was der Privatmensch „tut oder läßt, bleibt ohne Bedeutung, hat keine Folgen, und was ihn angeht, geht niemanden sonst an."[173]

Die Unterscheidung dieser beiden Sphären ist weit mehr als die Berücksichtigung zweier menschlicher Bedürfnisse. Es handelt sich um eine notwendige Grundstruktur der freiheitlichen Gesellschaft.

> Wenn nichts privat ist, gibt es auch nichts Öffentliches. Wo auch immer die Grenze verläuft, sie hat eine wichtige öffentliche Funktion: Indem sie anzeigt, dass manche Dinge nicht öffentlich sind, schützt sie die Integrität des Öffentlichen.[174]

Leider haben vor allem die digitalen Medien erheblich zur Erosion dieser Grenzziehung beigetragen. Das Private leidet unter massiven Übergriffen von außen und aktiver Entäußerung von innen. Gleichzeitig wird der öffentliche Diskurs privatisiert und trivialisiert.

Beginnen wir mit den unübersehbaren Übergriffen von außen.

Als frühes Beispiel totaler Herrschaft führte Hannah Arend das Bestreben der zaristischen Geheimpolizei Ochrana an, mit einem Karteikartensystem möglichst umfassende Informationen über möglichst viele Bürger des Reiches zu erfassen.[175] Im Vergleich zu den Arbeitsweisen nachfolgender Organisationen erscheint Arendts Beispiel geradezu primitiv. Doch selbst die Überwachungsstrategien der Gestapo, des KGB, oder der Staatssicherheit werden durch die neuen digitalen Möglichkeiten in den Schatten gestellt. Was aktuell in der Volksrepublik China organisiert wird, mutet an wie eine atemberaubende Mischung zweier Dystopien. Wie in Huxleys *Brave New World* soll den Bürgern eine möglichst umfängliche Konsumbefriedigung zu Teil werden. Gleichzeitig stellt die mediale Überwachung alles in den Schatten, was Goerge Orwell in *1984* beschreibt. „Telescreens" sind nicht nur an unzähligen Orten angebracht, die Bürger tragen diese freiwillig mit sich herum. Technisch ist nur wenigen Menschen bewusst, dass selbst das Ausschalten eines Gerätes keine absolute Sicherheit gegen fortlaufende Aufzeichnung visueller und akustischer Daten bietet. Dafür wäre es notwendig den Akku oder die SIM-Karte zu

---

172 Sissela Bok: *Secrets: On the Ethics of Concealment & Revelation*. 2. Auflage. Oxford University Press, Oxford 1984. S. 10–11.

173 Rössler 2001, S. 73.

174 Ned O' Gorman: *Politik für alle – Hannah Arendt lesen in unsicheren Zeiten*. Nagel & Kimche, München 2021. S. 143.

175 Vgl.: Hannah Arendt: Die Ungarische Revolution und der Totalitäre Imperialismus. Piper, München 1958.

entfernen. Dabei geht es nicht nur um die Überwachung in Echtzeit, sondern nach wie vor um die guten alten Karteikarten. Gewiss, die Flut der Daten ist gewaltig und die Mehrheit der Informationen bleibt belanglos. Allerdings bietet der digitale Karteikasten nahezu unbegrenzte Speicherkapazitäten. Informationen, die heute uninteressant sind, müssen es morgen nicht sein. Zudem ermöglichen Suchfunktionen zahllose Zusammenstellungen, je nach Intention und Bedarf. Der Staat infiltriert das Private und erringt nicht nur Kenntnis über das Bewegungs- und Kommunikationsprofil seiner Bürger, sondern auch die Deutungshoheit über deren Biographien.

Nun ließe sich argumentieren, dass der Missbrauch digitaler Techniken durch autoritäre Staaten zu erwarten war. Liberale Gesellschaften hingegen hätten aufgrund der in ihnen organisierten Gewaltenteilung nichts zu befürchten. Diese Vorstellung darf mit guten Gründen als realitätsvergessen bezeichnet werden. Es gehört zum Wesen digitaler Medien, sich nicht auf Regierungs- oder Gesellschaftssysteme zu beschränken und sich nur durch erhebliche, technische und juristische Barrieren ein- oder aussperren zu lassen. Nach Ansicht von Clive Hamilton und Mareike Ohlberg ist etwa der chinesische Telekommunikationsausrüster Huawei „ein ausgezeichnetes Beispiel dafür, wie die KPCh [Kommunistische Partei Chinas] Spionage, Diebstahl von geistigem Eigentum und Beeinflussungsoperationen miteinander verschmilzt."[176] Ebenso darf an den mehr als begründeten Verdacht erinnert werden, dass die amerikanischen Präsidentschaftswahlen des Jahres 2016 durch Russland zu Gunsten des späteren Präsidenten Donald Trump beeinflusst wurden. Neben dem Hackerangriff auf das digitale Wahlsystem der USA, wurden millionenfach einschlägige Einträge auf sozialen Kommunikationsplattformen lanciert.[177]

Sodann demonstrieren Staaten wie Polen oder Ungarn, wie schlecht es um die Gewaltenteilung in angeblich liberalen Staatsformen bestellt ist. Beispielsweise hat Polen in den Jahren 2020 und 2021 de facto sowohl die Pressefreiheit als auch die Unabhängigkeit der Justiz beseitigt. Was also sollte die Machthaber in Warschau noch davon abhalten, ein System der Datenüberwachung zu installieren? In den Vereinigten Staaten von Amerika oder dem Vereinigten Königreich waren all diese Instanzen in Kraft. Gleichwohl wurde unter Federführung der National Security Agency (NSA) spätestens seit 2007 ein globales und verdachtsunabhängiges Überwachungssystem samt Vorratsdatenspeicher eingerichtet. Hierbei kam es nicht nur zur Überwachung

176 Clive Hamilton, Mareike Ohlberg: Die lautlose Eroberung. Wie China westliche Demokratien unterwandert und die Welt neu ordnet. 3. Auflage. DVA, München 2020. S. 238.

177 Vgl.: Kathleen Hall Jamieson: Cyberwar: *How Russian Hackers and Trolls Helped Elect a President – What We Don't, Can't, and Do Know*. Oxford University Press, Oxford 2018.

befreundeter Staatsoberhäupter wie der deutschen Bundeskanzlerin, sondern auch zur Verletzung von verfassungsmäßigen Grundrechten der eigenen Staatsbürger.[178] Der historische Hintergrund des internationalen Terrorismus und die Intention, weitere Anschläge verhindern zu wollen, mag diese Übergriffe erklären, eine Rechtfertigung leisten sie indes nicht. Gerade weil es sich um eine geheime Aktion handelte, kann durchaus von einer einseitigen Aufkündigung des Gesellschaftsvertrages gesprochen werden, in dem Gewaltverzicht und Rechtstreue durch den Schutz von Grundrechten legitimiert wird.

Auch dies Aussage, wonach unbescholtene Bürgerinnen und Bürger nichts zu befürchten hätten, greift deutlich zu kurz. Die Missachtung von Grundrechten ist auch dann problematisch, wenn der Geschädigte keinen Leidensdruck verspürt. Ein Polizist, der ohne Durchsuchungsbefehl meine Privaträume durchstöbert, verletzt den Gesellschaftsvertrag. Für diese Feststellung ist es unerheblich, ob etwas entwendet wurde, ich den Übergriff gar nicht bemerkt habe oder dieser mich nicht stört.

> Zu behaupten, dass uns unsere Privatsphäre egal ist, weil wir nichts zu verbergen haben, ist letztlich dasselbe, als würden wir behaupten, dass uns die freie Meinungsäußerung egal ist, weil wir nichts zu sagen haben. Oder dass uns die Freiheit der Presse egal ist, weil wir nicht gern lesen. Oder dass uns die Religionsfreiheit egal ist, weil wir nicht an Gott glauben. Oder dass uns das Recht auf friedliche Versammlung egal ist, weil wir träge und antisozial sind und an Agoraphobie leiden. Nur weil uns die eine oder andere Freiheit heute nicht wichtig ist, heißt das nicht, dass sie uns oder unserem Nachbarn morgen auch noch unwichtig sein muss […].[179]

Hinzu kommt, dass die Sphäre des Privaten nicht nur durch staatliche Zugriffe gefährdet wird. Nach Shoshana Zuboff befinden wir uns im Zeitalter des „Überwachungskapitalismus“, dessen Wesen darin besteht „einseitig menschliche Erfahrung als Rohstoff zur Umwandlung in Verhaltensdaten“[180] zu gewinnen. Wie in jeder Form des Kapitalismus geht es dabei um Gewinnakkumulation, der durch einen möglichst kostenarmen Zugriff auf Rohstoffe und expandierender Massenproduktion erzielt wird. Der Industriekapitalismus bewirkte eine immer schnellere Ausbeutung natürlicher Ressourcen. Der Überwachungskapitalismus vollzieht diesen Prozess durch Datenerhebung.

---

178 Vgl.: Glenn Greenwald: *No Place to Hide: Edward Snowden, the NSA, and the U.S. Surveillance State.* Henry Holt & Co, New York 2014.

179 Edward Snowden: *Permanent Record – Meine Geschichte.* S. Fischer Verlag, Frankfurt am Main 2019. S. 265.

180 Shoshana Zuboff: *Das Zeitalter des Überwachungskapitalismus.* Campus Verlag GmbH, Frankfurt am Main 2018. S. 22.

„So produziert […] jede Google-Suche eine Kielwelle von Kollateraldaten wie etwa Anzahl und Muster der Suchbegriffe, wie eine Suche formuliert, buchstabiert, interpunktiert ist, Verweildauer, Klickmuster, Ort usw. …“[181] Rasch lassen sich diese mit Chatverläufen, Bewegungsprofilen, Einloggdaten, Streetview-Informationen, Gesichtserkennungen und vielen anderen Quellen kombinieren. Noch vor wenigen Jahren wäre eine solche Masse an Informationen nicht zu archivieren gewesen und somit flüchtig. Heutige Rechnerkapazitäten ermöglichen eine nahezu unbegrenzte Speichermenge, während dazugehörige Software leistungsfähige Analyseinstrumente und Suchfunktionen anbietet. Die so erhobenen Daten weisen weit über Möglichkeiten der Produktverbesserung der zielgenauen Werbung oder das Erstellen von Nutzerprofilen hinaus. Die von Hannah Arendt beklagten Karteikästen werden nicht nur von staatlichen Organisationen angelegt. Die Datenerhebung dringt in zahlreiche Ebenen des Privaten vor. Shoshana Zuboff nennt als Beispiel das Streetview-Programm von Google, dessen Fahrzeuge auch E-Mails, Passworte und weitere Informationen der umgebenden Privathaushalte erfassten.

> Techniker in Kanada, Frankreich und den Niederlanden fanden heraus, dass zu diesen Nutzdaten auch Namen gehörten, Telefonnummern, Kreditkarteninformationen, Passwörter, SMS, E-Mails und Transkripte von Chats sowie Aufzeichnungen über Online-Dating, das Anschauen von Pornos, Browseraktivitäten, medizinische Informationen, Fotos sowie Video-und Audio-Dateien. Die Spezialisten folgerten, dass sich solche Datenpakete zusammensetzen und daraus detaillierte Profile eindeutig erkennbarer Personen erstellen ließen.[182]

Vor allem aber wird die Sphäre des Privaten nicht nur nachlässig verteidigt, sie wird auch aktiv aufgegeben. Der mentale Paradigmenwechsel ist kaum zu übersehen. In den achtziger Jahren des vergangenen Jahrhunderts musste eine Volkszählung in Deutschland mehrfach verschoben werden. Klagen wurden eingereicht und Urteile des Bundesverfassungsgerichtes bewirkten eine Abänderung der Fragebögen, um das Grundrecht auf informelle Selbstbestimmung zu gewährleisten. Gleichwohl wurde auch danach von zahlreichen politischen und sozialen Organisationen zum Boykott aufgerufen. Heute geben Bürgerinnen und Bürger beim Abschuss von Handyverträgen oder beim Akzeptieren der Datenschutz-Bedingungen einer Internetseite oftmals deutlich mehr Informationen preis als bei der Volkszählung je erhoben wurden.

---

181 Ebd. S. 90.

182 Zuboff 2018, S. 171.

Ebenso wie die politischen und ökonomischen Übergriffige auf das Private totalitäre Strukturen entstehen lassen, so bewirkt deren freiwillige Entäußerung eine politische Verwahrlosung.

Nach Hannah Arendt besteht das Spezifikum des Privaten in der Abwesenheit. Was die Auseinandersetzungen mit anderen im öffentlichen Raum betrifft, „so tritt der Privatmensch nicht in Erscheinung, und es ist, als gäbe es ihn gar nicht.“[183] Im öffentlichen Raum der Gegenwart ist das Private allgegenwärtig. Gefragt oder ungefragt, interessiert oder uninteressiert, die Wahrnehmung wird unablässig mit Informationen über private Belange und Verhaltensweisen anderer Menschen geflutet. Immer weniger Menschen werden durch Scham oder Stolz davor bewahrt, ihre privatesten Erlebnisse und trivialsten Aktivitäten mit einer anonymen Öffentlichkeit zu teilen. Vielmehr suchen sie aktiv nach Möglichkeiten, dies immer schneller und umfangreicher praktizieren zu können. Es entsteht eine Spielart kapitalistischer Verblendung. Die Darstellung des Privaten wird zur Ware und Aufmerksamkeit fungiert als Währung. Allerdings darf Aufmerksamkeit in diesem Zusammenhang nicht mit Anerkennung oder gar Wertschätzung verwechselt werden. Es geht allein um Registrierung erfasst durch Quantitäten von Klicks oder Likes, die allerdings keinerlei Rückschlüsse auf die Intensität der Beschäftigung oder die Nachhaltigkeit des Eindruckes zulassen. Vor Jahren hörte ich Cindy Lauper in einem Interview sagen:

> When we were young we tried to do something that was worth being famous. But today, being famous is worth everything.

Wenn diese Analyse zutrifft, offenbart sie sowohl einen gefährlichen Suchtcharakter als auch einen Rationalitätsverlust des öffentlichen Raums. Triviale Dinge bleiben trivial, auch wenn sie medial publiziert werden, vulgäre Inhalte oder Handlungen bleiben gewöhnlich. Ergo ist es nur natürlich, dass die erzielte Aufmerksamkeit mit der gleichen Geschwindigkeit zerfällt, mit der sie sich einstellte. Um den Verlust zu kompensieren, bedarf es einer immer rascheren und aggressiveren Präsentation des Selbst bzw. Provokationen des Anderen. Da gleichzeitig auch Gewöhnung und Verrohung voranschreiten, schwindet auch diese Aufmerksamkeit nach kürzester Zeit und es bedarf eines neuen und noch intensiveren Impulses. Eine Abwärtsspirale, die Menschen ebenso zerstört, wie eine Drogenlaufbahn. Die vergebliche Jagd nach Reaktion bei gleichzeitiger, wechselseitiger Verstärkung von Provokation, Gewöhnung

---

183 Hannah Arendt: *Vita activa oder Vom tätigen Leben.* 20. Auflage. Piper, München 2019. S. 73.

und Abstumpfung mündet im Überschreiten moralischer Grenzen. Meist richtet sich die Destruktivität gegen die eigene Person. Für einen kurzen Moment scheinbarer Aufmerksamkeit lassen Menschen sich medial instrumentalisieren oder gewähren intimste Einblicke. Gleichzeitig folgen auch die Übergriffe auf andere dieser Dynamik. Selbstverletzungen und Fremdverletzungen wecken gleichermaßen die Hoffnung auf Aufmerksamkeit. Das Spektrum reicht von mangelnder Pietät über verbale Beleidigungen bis zu massiver physischer Gewalt.

Der Rationalitätsverlust des öffentlichen Raums resultiert ebenfalls aus dieser Entwicklung. Der Kampf um Aufmerksamkeit im Sinne medialer Registrierung verdrängt zunehmend das Ringen um Anerkennung auf der Basis rationaler Rechtfertigung. Wenn quantitative Registrierung schwerer wiegt als argumentative Überzeugungskraft, schwindet die Bereitschaft letztere zu kultivieren und als verpflichtend anzusehen. Gleichzeitig entsteht mit der allgegenwärtigen Präsentation privater Inhalte die Illusion einer über das Private hinausweisender Relevanz. Dies gilt nicht nur für das Betrachten von Trivialitäten, sondern auch für den Anspruch auf Berücksichtigung rein persönlicher, unbegründeter Ansichten, Meinungen und Gefühle. Die Pflicht zur reziproken, rationalen Rechtfertigung wird ersetzt durch das Zelebrieren und Dokumentieren von Erregung. Er verkommt zu einer Privatheit mit öffentlichem Anspruch. Der öffentliche Raum verliert seine konstitutiven Spielregeln.

Am Ende der Entwicklung steht ein totaler Strukturverlust der Öffentlichkeit und eine kaum zu kompensierende Erosion rationaler Gesellschaftsorganisation.

> Ein demokratisches System nimmt im ganzen Schaden, wenn die Infrastruktur der Öffentlichkeit die Aufmerksamkeit der Bürger nicht mehr auf die relevanten und entscheidungsbedürftigen Themen lenken und die Ausbildung konkurrierender öffentlicher, und das heißt: qualitativ gefilterter Meinungen nicht mehr gewährleisten kann.[184]

184 Jürgen Habermas: Überlegungen und Hypothesen zu einem erneuten Strukturwandel der politischen Öffentlichkeit. In: *Leviathan*, 49. Jg., Sonderband 37/2021. S. 498.

KAPITEL 4

Und jetzt? Die Post-Aufklärungs-Gesellschaft

4.1 Die Rückkehr der Klassiker

Es sollte deutlich geworden sein, dass aufgeklärte Lebensformen historisch selten sind und stets nur von einer Minderheit der Weltbevölkerung praktiziert wurden. Ein globaler Siegeszug von durch die Aufklärung geprägten Lebens- und Regierungsformen war nicht zu erwarten und hat nie stattgefunden. Zuletzt hatte der Politologe Francis Fukuyama in seinem 1992 erschienen Buch *The End of History and the Last Man* eine entsprechende Hoffnung genährt. In diesem wurde nicht explizit der Aufklärung, wohl aber der liberalen Demokratie eine glänzende Zukunft als alternativlose Lebensform der Menschheit prognostiziert.

Zum einen, so Fukuyama, habe die Menschheit nun alle erdenklichen Systeme ausgereizt. Neue Regierungsformen seien nicht zu erwarten. Zum anderen, so die Hauptthese, sei nach dem Zusammenbruch des sogenannten Ostblocks die ideologische Dialektik der Geschichte zum Erliegen gekommen. Ein Prozess der zum endgültigen Triumpf der liberalen Demokratie führen werde.

Die erste These vermag zu überzeugen. Seit der marxistischen Theorie ist der Kanon der politischen Modelle nicht mehr erweitert worden. Über die Realisierung der einzelnen Modelle mag gestritten werden. Die Erfahrungen mit dem real existierenden Sozialismus lassen sich als Spielart des Despotismus ohne Bezug zu der Theorie des Marxismus verstehen. Ebenfalls kann zahlreichen liberalen Demokratien vorgeworfen werden, mehr Schein als Realität darzustellen. Die chinesische Kombination aus Diktatur und freier Marktwirtschaft mag exotisch anmuten, wurde aber bereits von den faschistischen Regimen Europas und Lateinamerikas praktiziert. Irritierend ist allein die Bezeichnung Kommunismus. Wortschöpfungen wie „illiberale Demokratie" präsentieren ebenfalls keine konzeptionellen Innovationen. Vielmehr handelt es sich um einen Euphemismus, der darüber hinwegtäuschen soll, dass Demokratien zu Autokratien degenerieren.[1] Allein die Digitalisierung könnte gänzlich neue politische Organisationsformen hervorbringen. Allerdings lässt sich

1 Vgl.: Fareed Zakaria: *The Future of Freedom: Illiberal Democracy at Home and Abroad.* W.W. Norton & Company, New York 2003.

 | DOI:10.30965/9783969752852_005

auch hier darüber streiten, ob sich wirklich die politischen Modelle wandeln oder sich allein die Kommunikationsformen und Lebensformen innerhalb der herkömmlichen Organisationsmodelle verändern.

Die Hauptthese Fukuyamas, wonach liberale Demokratien fortan das Geschick der Menschheit dominieren, hat sich indes als falsch erwiesen. Sie war bereits zum Zeitpunkt ihrer Entstehung einer selektiven Wahrnehmung geschuldet. Das Ende des Kalten Krieges, die Öffnung des Ostblocks, der Fall der Berliner Mauer, die Überwindung der Apartheid in Südafrika oder der Handschlag von Jitzchak Rabin und PLO-Chef Arafat in Oslo: All diese Ereignisse nährten die Illusion eines „wind of change" hin zu einer globalen demokratischen und liberalen Völkerfamilie. Allerdings gehörten auch damals der Krieg in Jugoslawien, Nationalismus und Islamfeindlichkeit in Indien, der Völkermord in Ruanda und Burundi und die Schüsse auf Jitzchak Rabin zur Realität. Bereits das Massaker auf dem Platz des Himmlischen Friedens bei dem Tausende friedlich für Demokratie und Bürgerrechte streikende Studierende ermordet wurden, hätte verdeutlichen müssen, dass zumindest aus Sicht der Kommunistischen Partei Chinas, weder der Systemkonflikt noch der Einsatz von Gewalt obsolet geworden waren. Spätestens mit den Anschlägen vom 11. September 2001 wurde zudem der fanatische Islamismus unübersehbar. Die These von einem unumkehrbaren Siegeszug der liberalen Demokratie auszugehen, war also zu keinem Zeitpunkt gerechtfertigt.

Unbestritten bleibt, dass die politischen Konzepte der zweiten Aufklärungsphase überaus erfolgreich gewesen sind. Ihre Errungenschaften reichen von selbstbestimmter Sexualität über Tarifautonomie bis zur Vollversammlung der Vereinten Nationen. Bis heute scheut die Mehrheit der autoritären Regime davor zurück, sich offen als solche zu bekennen und es wird ein erheblicher, propagandistischer Aufwand betrieben, um eine demokratische Fassade zu wahren.

Allerdings neigt sich die normative Dominanz der Aufklärungsmotive dem Ende zu. Ökonomische, militärische und demographische Faktoren lassen Weltregionen ohne entsprechende Traditionen erstarken. Freiheit als Leitmotiv büßt an Attraktivität ein. Glücksversprechen, Irrationalität und nationale Egoismen drängen in den Vordergrund. Gesellschaftsformen, die sich an den Idealen der Aufklärung orientieren, lösen sich auf oder werden an die Peripherie gedrängt. Die Kraftanstrengung, die eine aufgeklärte Lebensform von Individuen und Kollektiven einfordert, reduziert deren Anziehungskraft.

Daher ist zu erwarten, dass die Menschheit zu ihren Standardmodellen zurückkehrt: Kollektive Organisation unter autokratischer Herrschaft und die individuelle Lebensform des Kind-Erwachsenen.

4.1.1 *Kind-Erwachsene*

Der Kind-Erwachsene ist die übliche menschliche Daseinsform, in der zwar körperliche Reife, nicht aber volle mentale Mündigkeit erlangt wird. Normative und epistemische Orientierung speisen sich primär aus der Befriedigung individueller Bedürfnisse sowie den Vorgaben kulturell tradierter Konzeptionen. Das Streben nach Mündigkeit und das Ringen um Objektivität spielen keine oder nur eine untergeordnete Rolle, weshalb eine zentrale Differenz zwischen Kindern und Erwachsenen entfällt. Ausgewachsene bleiben hinsichtlich ihrer rationalen Autonomie infantil. Ein Teil ergibt sich aus der Bevormundung ohne bestehende Vorgaben kritisch zu reflektieren. Ein anderer Teil fordert z.T. vehemente Handlungs- und Entscheidungsfreiheit, ohne diese Ansprüche an eigene Qualifikationen zu binden und ohne die Bereitschaft, nachhaltig Verantwortung für die Resultate zu übernehmen. Dieser Mangel an mündigen Erwachsenen zerstört zugleich die Bedingung der Möglichkeit echter Kindheit. Diese kann ohne den Schutz verantwortungsvoller Erwachsener nicht existieren. Eine Alltagskultur, die nicht zwischen Kindern und Erwachsenen differenziert, entwertet Erwachsene und überfordert Kinder. Während die einen nicht zur kritischen Selbstständigkeit angehalten werden, setzt man die anderen Erfahrungen aus, die Kindheit als behüteten, sozialen Raum zerstören.

So hat die Menschheit in den meisten Epochen ihrer Geschichte gelebt und zu diesem Modell kehrt sie mit dem Schwinden der Aufklärungsideale zurück. Mehrheitlich erfolgte und erfolgt die Unterscheidung zwischen Kindern und Erwachsen entlang biologischer Merkmale. Wer schneller wächst, ist auch schneller erwachsen. Alltagserfahrung, Rechtsstatus und Wissensbestände beider Gruppen unterschieden sich nur geringfügig. Ob alt oder jung, die Mehrheit der Menschen besaß und besitzt bestenfalls marginale Rechte. Dies galt und gilt besonders für Sklaven, Leibeigene, Kinder und Frauen. Natürlich lassen sich auch außerhalb der Aufklärungsepochen einige Belege für ein zumindest rudimentäres Verständnis von Kindheit finden. So begann etwa der klassische Werdegang eines Ritters mit sieben Jahren als Page und wurde selten vor dem 20 Lebensjahr beendet. Allerdings dokumentiert dies kaum einen Beleg für ein differenziertes Verständnis von Kindheit als schützenswertes Phänomen. Vor dem siebten Lebensjahr dürften nur wenige Knaben physisch in der Lage gewesen sein, die Aufgaben eines Pagen zu bewältigen. Zudem bewahrte ihr zartes Alter sie nicht davor, das Elternhaus verlassen zu müssen und fortan einem fremden Ritter bei dessen oftmals blutigem Geschäft zu dienen. Mädchen wurden nicht selten schon vor der geschlechtsreife in die Ehe mit einem Fremden gegeben. Auch sei erwähnt, dass es sich bei diesen Beispielen um eine verschwindend kleine, privilegierte Gruppe handelt. Die

Zumutungen für Kinder aus nicht adligen Schichten kannten oftmals gar keine Einschränkungen. Der zwischen 1220 und 1235 von Eike von Repgow verfasste *Sachsenspiegel* erklärt einen freien Mann mit 21 Jahren für volljährig. Daraus resultierten Ansprüche wie etwa das Erbrecht. Von Fürsorgepflichten etwa gegenüber Frauen und Kindern ist nicht die Rede.

Neben der weitgehenden Rechtlosigkeit teilte und teilt die Mehrheit der Kinder und Erwachsenen die gleiche Lebenswelt. Dies gilt für mögliche Bestrafungen, ebenso wie für Erwerbstätigkeit oder Vergnügungen. Sobald die körperliche Entwicklung es zulässt, wurden und werden Kindern in Gesellschaften ohne Aufklärungsanspruch die gleichen Aufgaben übertragen wie Ausgewachsenen. Neben harter körperlicher Arbeit gehören hierzu auch Kämpfen und Heirat. Ähnliches galt und gilt für die Bewegung im öffentlichen Raum. Kinder und Erwachsene besuchten und betrachten gleichermaßen Hinrichtungen, Opferkulte, Kriegshandlungen usw. Selbst die Wissensbestände der Erwachsenen waren und sind in diesen Gesellschaften jenen der Kinder nur bedingt überlegen. Dominierende Informationsmedien der Menschheitsgeschichte sind der visuelle Eindruck und die orale Überlieferung. Dementsprechend flach gestalteten sich die durchschnittlichen Bildungshierarchien in Gesellschaften ohne Prägung durch die Aufklärung. Erwachsene können lediglich auf einen größeren Erfahrungsschatz zurückgreifen. Sie haben Dinge öfter gehört und gesehen. Gleichwohl sind die Informationsmedien egalitär. Zuhören und Zuschauen vermögen schon kleine Kinder ebenso gut wie Erwachsene. Für die Orientierung in einer mittelalterlichen Stadt dürfte ein durchschnittlicher Erwachsener einem Kind nur geringfügig überlegen gewesen sein. Auf der Suche nach einem Schneider werden beide nach einem Schild mit einer Schere Ausschau gehalten haben. Sollte ein Schmied gefunden werden, konnten beide Passanten befragen oder nach einem Schild mit einem Hufeisen suchen.

Erst mit der Aufklärung wurde diese Egalität unterbrochen. Zentrales Ideal der Aufklärung war stets der mündige Erwachsene, der als autonome Persönlichkeit und als Citoyen Verantwortung für das eigene Leben und den öffentlichen Raum übernimmt. Das Programm, welches zu diesem Ziel führen sollte, war Bildung. Die Zielgruppe bestand aus unmündigen Erwachsenen und ebenso unmündigen Kindern. Dabei entstand eine wichtige Differenzierung. Im kantischen Vokabular ist der durchschnittliche Erwachsene „selbstverschuldet Unmündig“. Es mangelt ihm nicht an der Fähigkeit sich seines Verstandes ohne Anleitung eines anderen zu bedienen, sondern an Mut und Entschlossenheit. Kinder hingegen sind „nicht selbstverschuldet unmündig“. ihnen mangelt es nicht an Mut, sondern noch an rationaler Kapazität und an Informationen. Ergo müssen beide Gruppen auch eine eigene Behandlung erfahren. Es entstand die Idee eines Bildungskurrikulums, welches Kinder unter Berücksichtigung ihres jeweiligen Entwicklungsstandes, Schritt für Schritt zur Mündigkeit führt. Die Idee der Kindheit als schützenswerten, sozialen Raum war geboren. Platon, Aristoteles, Locke, Rousseau, Hume, Kant, sie alle versuchten sich immer auch als Pädagogen.

Gleichzeitig trug jeder Erwachsene, der durch Aufklärungsprozesse seine Mündigkeit entfaltete, potentiell zur Ermöglichung von Kindheit bei. Dies gilt vorrangig für Schutz und Fürsorge, aber eben auch für Ermächtigung. Bildungskonzepte sind Ermächtigungsprogramme (vgl. Kapitel 5.3.3), deren Erfolg ganz wesentlich davon abhängt, Wissen und Fähigkeiten dosiert und altersgerecht zu vermitteln. Hierfür ist eine Hierarchie an Wissen und Fertigkeiten von Nöten, die es dem Erwachsenen auferlegt, Informationen zu selektieren, Erfahrungsräume zu präparieren und Übungen anzubieten. Fürsorge und Förderung können nur realisiert werden, wenn Erwachsene existieren, die fähig und willens sind, hierfür Verantwortung zu übernehmen. Je mehr mündige Erwachsene diese Aufgabe annehmen, desto mehr Menschen können eine Kindheit erleben, die diesen Namen verdient.

Die mit der Aufklärung aufs Engste verbundene Schriftkultur half die geschilderten Tendenzen zu verstärken. Durch die Kulturtechniken des Lesens und Schreibens wurde der egalitäre Zugang zu Informationen durchbrochen. Solange das Erlernen des Lesens und der Zugang zu Schriften streng limitiert erfolgte, entstand ein weiteres Instrument der Unterdrückung und der Verfestigung von Herrschaft. Sobald aber eine allgemeine Alphabetisierung angestrebt wurde, steigerten sich die Dynamiken der Aufklärung. Immer mehr Menschen erhielten Zugang zu immer mehr Informationen, die ihren unmittelbaren Erfahrungsraum überstiegen. Komplexes, differenziertes und kritisches Denken wurden befördert. Lesen ist nicht nur ein immanentes intellektuelles Training, es ist auch die ständige Aufforderung, das Besondere als enthalten im Allgemeinen zu denken.[2] Gleichzeitig ist das Medium der Schrift nicht egalitär. Es bedarf einer mühevollen Qualifikationsphase, um Zugang zu den gebundenen Informationen zu erlangen. Dies betrifft nicht nur die Fähigkeit einen komplizierten Code zu dechiffrieren, sondern auch Vorstellungskraft und Abstraktionsvermögen. Heute ist ein Lesender einem Analphabeten um Längen überlegen. Dies gilt nicht nur für die Orientierung in der Stadt, sondern auch für die Aneignung von Informationen und deren Überprüfung. Aus pädagogischer Perspektive schafft das Medium der Schrift nicht nur epistemische Hierarchien, sondern ermöglicht auch die fürsorgliche Selektion von Informationen. Es ist gänzlich unproblematisch, ein gedrucktes Werk von

2 Kant: AA V, S. 179.

Steven King, oder Marquis de Sade im Zimmer eines Kleinkindes zu vergessen. Die Informationen bleiben unzugänglich, die Gefahr einer Traumatisierung ist gebannt.

Wissen und Können wurde schon immer an nachfolgende Generationen weitergeben. Dass Heranwachsende dabei aber einer auf sie zugeschnittenen Behandlung bedürfen, ist eine Erkenntnis der Aufklärungsepochen. In der Urzeit dürften Kinder und Erwachsene mit hoher Wahrscheinlichkeit auf die gleiche Art und Weise an die Kunst des Feuermachens oder des Jagens herangeführt worden sein. In den Klosterschulen des Mittelalters wurde nur sehr selten nach Altersstufen differenziert. Alle durchliefen dasselbe Kurrikulum. Erst während der Aufklärung entsteht die Pädagogik als das kritische Ringen um das angemessene wann, wie und wieviel der Informationsweitergabe. Ihr Spektrum reicht von der akademischen Didaktik über Schulkurrikula für unterschiedliche Jahrgangsgruppen bis zur frühkindlichen Entwicklungsförderung. Diese Errungenschaften breiteten sich aus und feierten weltweite Erfolge. Heute ist das Recht auf Bildung als Menschenrecht etabliert und von den Vereinten Nationen gar als solches ratifiziert.[3]

Zur Wahrheit gehört natürlich auch, dass ein gewaltiger Teil der Menschheit von diesen Fortschritten nicht oder nur rudimentär erreicht wurde. Ein Kind, das in den Slums von Manila zum Überleben seiner Familie beitragen muss, profitiert wenig von den Grundsatzpapieren der UNESCO. Seine Daseinsform war und ist die des Kind-Erwachsenen.

Doch selbst in Gesellschaften, die bereits eine Differenzierung zwischen Kindern und Erwachsenen etablieren konnten, ist eine Erosion zu beobachten, die nach und nach zum Kind-Erwachsenen zurückführt. Eine baldige Wiedereinführung von Kinderarbeit ist vielleicht nicht zu erwarten. Allerdings kann das wöchentliche Programm von Kindern schon heute die Arbeitszeit ihrer Eltern übersteigen. Ursächlich sind die Verkürzung von Schuljahren, die Notwendigkeit von Nachhilfe und ein allgegenwärtiger Druck zur Selbstoptimierung. Öffentliche Hinrichtungen sind abgeschafft, weshalb derartige Eindrücke Heranwachsenden erspart bleiben könnten. Allerdings hat der mediale Paradigmenwechsel den Zugang zu traumatisierenden Inhalten längst wieder freigegeben. Heute sind bildliche Darstellungen von fiktiven oder realen Grausamkeiten nur einen Mausklick weit entfernt. Marquis de Sade muss weiterhin gelesen werden, aber sadistische Darstellungen stehen im Überfluss zur Verfügung.[4]

---

3 UN-Sozialpakt, Artikel 13.1.; UN: Allgemeine Erklärung der Menschenrechte, Artikel 26.

4 Meine Frau arbeitet als Sprachtherapeutin in verschiedenen Kindertagesstätten. Zum Spracherwerb gehört auch das Sprechen über Gefühle. Auf die Frage, was ihnen Angst

Kinder, wie Gegenstände, an andere weiterzureichen, wird hoffentlich nicht wieder üblich werden. Kapitalistische Verblendungszusammenhänge können aber sowohl dazu beitragen, dass Kinder wie Waren betrachtet werden. Allein die deutsche Formulierung ‚sich ein Kind anschaffen' ist verräterisch. Es handelt sich um eine klassische Verwechslung von Haben und Sein im Sinne Erich Fromms. Man will Kinder haben, sowie man sich auch ein Auto anschafft, aber will man auch Eltern sein? Ein differenziertes Verständnis dessen, was es bedeutet Eltern zu sein, sowie die emotionale und intellektuelle Reife, um Kindheit zu ermöglichen, wird selten realisiert. Als Ergebnis der gemeinsamen, medialen Alltagskultur ist dies auch nicht zu erwarten. Schließlich wird diese geflutet von trivialer, stereotyper Oberflächlichkeit, in der jeder Konflikt durch ein Mehr an Konsum zu kompensieren ist. „Die Dummheit, mit welcher der Kulturmarkt rechnet, wird durch diesen reproduziert und verstärkt".[5]

Die Frankfurter Allgemeine Zeitung veröffentlichte 2021 ein Ranking der erfolgreichsten Influencerinnen in Deutschland.[6] Thematisch befassten sich diese Anbieterinnen mit Kosmetik, Lifestyle und Fitness. Die Zahl der sogenannten „Follower" geht in die Millionen. Ein Kurzfilm, der zeigt, wie eine professionell hergerichtete Influencerin einen Hotelbalkon betritt, erhielt binnen 14 Stunden mehr als 84.000 Likes. Nur zum Vergleich: Auf dem Höhepunkt der sogenannten Spiegel-Affäre verkaufte das Politikmagazin 437.000 Exemplare. Deutlich aussagekräftiger wäre eine Statistik, die erfasst, wie viele Eltern heute ein Politikmagazin abonnieren und wie viele einer der erwähnten Influencerinnen folgen.

Die Rückkehr zum Kind- Erwachsenen wird sich sehr unterschiedlich bemerkbar machen. Für einen Großteil der Erdbevölkerung ändert sich wenig. Sie haben bisher ohnehin nur marginal von den Errungenschaften der Aufklärung profitiert. Allerdings wird die Erosion der Aufklärung auch ihre Lebenssituation tangieren. In Ländern, die sich Prinzipien der Aufklärung verpflichtet haben, bestehen ebenfalls zahllosen Formen der Ausbeutung. Noch existiert jedoch ein Arbeitsrecht, das insbesonder Minderjährige explizit schützt und auch bei internationalen Handelsbeziehungen berücksichtigt werden sollte.

---

macht, antworten die Kinder mit erschreckender Regelmäßigkeit „Zombies". Wenn die Kinder diese dann nachahmen, lässt dies nur einen Schluss zu: Sie haben bereits entsprechende Filme gesehen. Wir sprechen über Kinder im Vorschulalter. Sie sind 3–5 Jahre alt!

5 Theodor Wiesengrund Adorno: Theorie der Halbbildung. In: Hans-Ulrich Lessing, Volker Steenblock (Hrsg.): *„Was den Menschen zum Menschen macht ..." Klassische Texte einer Philosophie der Bildung.* Verlag Karl Alber. Freiburg im Breisgau 2010. S. 164.

6 Julia Anton: Reich dank Reichweit. In: FAZ.net https://www.faz.net/aktuell/stil/trendsnischen/das-sind-die-wertvollsten-deutschen-influencer-ganz-vorne-nur-frauen-17684153.html?utm_source=pocket-newtab-global-de-DE [Letzter Aufruf 10.08.2022].

Sinkt das Bewusstsein für diese Normen, verringert sich auch der Einfluss auf die unmittelbaren Ausbeuter. In Ländern wie China oder Qatar gehört Zwangsarbeit zur Staatsdoktrin. Es ist nicht so, dass die an Sklaverei grenzende Ausbeutung von Fremdarbeitern oder ganzen Bevölkerungsgruppen nicht bekannt wäre. Boykott und Kritik drängen sich einem verantwortungsbewussten Bewusstsein geradezu auf. Gleichwohl werden sie nicht praktiziert. Zu bequem ist der Konsum vor dem heimischen Fernseher. Zu groß sind die medialen und industriellen Gewinnmargen. Und zu oberflächlich ist die Auseinandersetzung mit dem Unrecht, als dass der schöne Schein getrübt werden könnte.

In den privilegierten Teilen der Erde schreitet die Erosion der Mündigkeit stetig voran. Ein Gut, das nicht gebraucht wird, wird auch nicht vermisst. Die Kind-Erwachsenen der wohlhabenden Regionen werden weiterhin nach Konsumfreiheit und Bedürfnisbefriedigung verlangen. Politische oder intellektuelle Freiheiten werden zunehmend als Last empfunden, geraten nach und nach in den Hintergrund.

Diese „Ich-Schwäche" im Sinne Adornos bewirkt eine rasch zu aktivierende Abneigung gegenüber Eigenverantwortung, Fremdheit und Diversität und bestärkt ihre Affinität für autoritäre Strukturen.[7] Dies hat nicht nur Konsequenzen für die persönliche Lebensführung, sondern auch für die kollektive politische Organisation. Gelebte Demokratie ist mit einer Mehrheit aus Kind-Erwachsenen nicht zu machen.

4.1.2 *Autokratie*

Autokratische Herrschaftsformen haben stets die Menschheitsgeschichte dominiert. Systemische Konkurrenz war selten. Wenn aufgeklärte Gesellschaften untergehen, wird so mancher Autokrat erleichtert schmunzeln und dann weitermachen wie bisher. Auch für einen Großteil der Erdbevölkerung ändert sich wenig. Sie durften ohnehin keine Bürger sein. Sie waren und bleiben Untertanen.

In Kontext dieses Essays ist es nicht erforderlich, das Wesen der Autokratie detailliert zu analysieren. Es genügt daran zu erinnern, dass sich die politischen Prinzipien der Aufklärung als Gegenentwurf verstehen und somit eine Definition ex negativo möglich machen. Aufklärung strebt nach der Autonomie des Menschen. Dies gilt für seine persönliche und moralische Lebensführung, ebenso wie für sein Dasein und Wirken als Bürger. Für den politischen Raum wurde daher ein differenziertes System aus republikanischer

7 Vgl.: Theodor Wiesengrund Adorno: Studien zum autoritären Charakter. Suhrkamp, Frankfurt am Main, 1995. S. 53.

Selbstbestimmung, demokratischer Partizipation und rechtsstaatlicher Machtkontrolle ersonnen. In Autokratien üben Einzelpersonen oder Personengruppen politische Macht aus, ohne substanziell durch Gewaltenteilung, Verfassungen, Pressefreiheit oder freie Wahlen kontrolliert und reglementiert zu werden. Die Bandbreite der Erscheinungsformen reicht von milden patriarchalischen Monarchien bis zur totalitären Schreckensherrschaften, deren Wesen von Hannah Arendt beschrieben wurde.

Autokratien sind also nicht notwendig gleichbedeutend mit Tyrannei. Nach Platon kippt jede Regierungsform in ihr hässliches Zerrbild, wenn das Gemeinwohl zu Gunsten des Eigenwohls vernachlässigt wird und natürlich lassen sich auch Alleinherrscher denken, die dem Gemeinwohl verpflichtet sind. Nach Sir Karl Popper ist „Platons politisches Programm, weit davon entfernt, dem totalitärer Systeme überlegen zu sein [und] im Grunde mit ihm identisch."[8] Gleichwohl kann Platons Philosophenkönig als Ideal eines selbstlosen Herrschers gedacht werden, der allein der Idee der Gerechtigkeit folgt. Historische Beispiele sind zugegebener Maßen schwerer zu finden. Immerhin wissen wir, dass Kyros II. im sechsten Jahrhundert vor unserer Zeitrechnung seine Stellung als persischer Gottkönig nutzte, um die Sklaverei für beendet zu erklären. Mark Aurel ging als selbstloser Kaiser in die römische Geschichte ein, der täglich Selbstkritik übte und kosmopolitische Toleranz vertrat. „Die Menschen sind füreinander da. Also belehre sie oder dulde sie."[9] Es ließe sich auch auf Jigme Khesar Namgyel Wangchuck verweisen. Der König von Bhutan arbeitete an der Überwindung seiner eigenen Machtposition und überführte sein Land 2008 in eine Demokratie mit konstitutioneller Monarchie.

Auch für den internationalen Frieden müssen Autokratien nicht notwendig eine Bedrohung darstellen. Kant hat in seiner Schrift *Zum Ewigen Frieden* zwar die Ansicht vertreten, dass der zentrale Schritt zum Weltfrieden darin bestehen müsse, alle Staaten republikanisch zu organisieren. Völker, die sich selbst regieren, so Kant, stürzen sich nicht in die grausame Erfahrung des Krieges. Historisch ist diese These indes schwer zu belegen. Die längste Friedenszeit, die das Römische Weltreich erlebte, die Pax Augusta, fiel in die Zeit eines Alleinherrschers. Zudem ist leider nicht zu leugnen, dass auch von Demokratien Kolonialismus und Krieg ausgegangen sind.

Gleichwohl ist das tiefe Misstrauen der Aufklärungsbewegung gegenüber allen Formen autokratischer Machtkonzentration alles andere als unbegründet. Es fehlt an politischer Partizipation, an Kontrolle und Regulation,

---

8 Karl R. Popper: *Die offene Gesellschaft und ihre Feinde.* Band 1: Der Zauber Platons, 7. Auflage, UTB, Tübingen 1992. S. 106.

9 Mark Aurel VIII, S. 59.

sowie an Grundrechten, die vor innenpolitischer und außenpolitischer Willkür schützen. Was Autokratien so bedrohlich macht, ist die Reduktion oder gar Abwesenheit des Rechtfertigungsprinzips. Wie in Kapitel 3.2 ausgeführt, ist es die Einsicht, dass wir einander allgemeine, intersubjektive und reziproke Rechtfertigung schulden, die es ermöglicht, moralische und politische Menschenrechte zu proklamieren. Autokratien halten einem derartigen Rechtfertigungsdiskurs in der Regel nicht stand. Sie legitimieren sich aus reinem Pragmatismus, Tradition, aus spekulativen ideologischen Prämissen oder egomanischem Personenkult.

Ideologische und egomanische Autokratien lassen nahezu jede rationale Berechenbarkeit vermissen. Ideologische Weltanschauungen entziehen sich dem Rechtfertigungsprinzip. Wer zweifelt, wird als ungläubig, konterrevolutionär oder schlicht bösartig bekämpft. Besonders bedrohlich wird dies, wenn der absolute Wahrheitsanspruch mit der radikalen Bereitschaft zur Fremd- und Selbstvernichtung einhergeht. Die Geschichte des Dritten Reiches hat diese Radikalität in erschreckender Weise demonstriert. Aber auch Religionen tragen die Tendenz in sich, Martyrium, Untergang und Vernichtung als ernstzunehmende Alternative zur Ausbreitung der eigenen Lebensform anzusehen. Aus Sicht des Gläubigen besteht sogar eine gewisse Folgerichtigkeit. Wer die Prämisse akzeptiert, dass den Maximalforderungen der eigenen Religion alle anderen Wertvorstellungen unterzuordnen sind, kann konsistent zu dem Schluss gelangen, dass totale Vernichtung besser ist als Kompromiss oder gar Verzicht. Erst aus der Außenperspektive kann diese Prämisse als willkürliche Setzung und die gezogenen Schlüsse als irrationale Selbsttäuschung entlarvt werden. In der Fähigkeit, die eigenen Überzeugungen kritisch durch die Außenperspektive zu betrachten, besteht die Kernkompetenz aufgeklärter Urteilskraft. Dieser Fähigkeit verlustig zu gehen, ist das nährende Übel aller fundamentalistischen Bewegungen. Ideologische Regime verwechseln Weltanschauung mit Wahrheit. In den Jahren 2014 bis 2019 demonstrierte das Kalifat des sogenannten Islamischen Staates (الدولة الإسلامية,) zu welchen Exzessen ein solcher Fanatismus in der Lage ist. Aber auch die Theokratie Irans ist ein Beispiel für diese Form der Autokratie. Vieles spricht dafür, dass dort der Besitz von Atomwaffen angestrebt wird.

Egomanische Autokratien verwechseln persönliche Befindlichkeit mit Rationalität. Egomanie zeichnet sich durch den Mangel externer Referenzsysteme, wie Wissenschaft oder Ethik, aus. Allein die persönlichen Bedürfnisse und Empfindungen werden bewusst oder unbewusst zum zentralen Entscheidungskriterium erhoben. Der nordkoreanische Diktator Kim Jong-un darf als Musterbeispiel eines egomanischen Alleinherrschers gelten. Er ist bereits im Besitz von Atomwaffen.

Pragmatische Autokratien tragen immerhin eine Zweckrationalität in sich. Sie sind oftmals an profanen Interessen, wie ökonomischem Gewinn oder geopolitischem Machtzuwachs, ausgerichtet. Auf diese Weise entsteht eine Verhandlungsmasse, eine minimalistische Verständigungsbasis. Während des Kalten Krieges schützte der Minimalkonsens, wonach man leben müsse, um einen Vorteil zu haben, die Menschheit vor der Selbstvernichtung. Auch bei den heutigen Autokratien Chinas und Russlands darf auf Zweckrationalität gehofft werden. Zentraler Bezugspunkt sind die profanen Interessen der eigenen Nation. Allerdings sind auch diese Diktaturen von ideologischen und egomanischen Tendenzen durchzogen. Diese reichen von den medialen Inszenierungen über immer neu organisierte Amtsperioden bis hin zur Regierungsgewalt auf Lebenszeit, die dem chinesischen Parteichef Xi Jinping am 11. März 2018 ohne Gegenstimme durch den Nationalen Volkskongress übertragen wurde.[10] Im Sommer 2020 ermöglichte eine Verfassungsänderung in Russland dem 67-jährige Präsidenten Wladimir Putin nach fast 20 Amtsjahren weitere 16 Jahre im Amt zu bleiben. Die totalitäre Unterdrückung inländischer Opposition und die aggressive Ausdehnung von Einflusssphären bis hin zum Angriffskrieg prägt das Erscheinungsbild dieser Großmächte. Niemand besitzt mehr Atomwaffen.

Wenig spricht dafür, dass die wachsende Dominanz und Ausbreitung autoritärer Staatsformen gestoppt wird. Die sogenannte „Freie Welt" hat dieser Entwicklung bis zum Angriff auf die Ukraine wenig entgegengesetzt. Zu groß waren die wirtschaftlichen Abhängigkeiten, zu erodiert das normative Selbstverständnis. Selbstbewusstsein und Selbstbehauptungswillen der Aufklärungsprinzipien reichten nicht einmal aus, die Annexion Honkongs und die hunderttausendfache Internierung von Uiguren mit einem Boykott der olympischen Winterspiele in China zu beantworten. Erst der russische Angriffskrieg in der Ukraine könnte einen Wendepunkt mit sich bringen (vgl. Kapitel 5.1).

Autoritäre Regime breiten sich aus, liberale Demokratien ziehen sich zurück oder lösen sich auf. In der islamischen Welt wird dies besonders deutlich. Am Ende des hoffnungsvollen arabischen Frühlings scheint die Wahl nur noch zwischen religiöser oder militärischer Despotie zu bestehen. Insbesondere die Entwicklung in Ägypten hat gezeigt, dass demokratische Alternativen an der Dominanz der ungebildeten und wenig aufklärungsaffinen Massen scheitern.

---

10 Chinesischer Präsident Xi im Amt bestätigt – ohne Gegenstimme. In: Spiegel Online: https://www.spiegel.de/politik/ausland/china-xi-jinping-einstimmig-als-staatschef-bestaetigt-a-1198605.html [Letzter Aufruf 14.09.2022].

In der Türkei etwa hat die Autokratie mit dem Verfassungsreferendum vom 16. April 2017 Einzug gehalten[11]. Dabei wurde die Zerschlagung demokratischer Strukturen in aller Öffentlichkeit angekündigt, beschlossen und vollzogen. Die republikanischen Instanzen der Türkei wurden ihren Aufgaben in weiten Teilen entbunden und die Staatsgewalt auf die Person Erdoğan zugeschnitten. Gleichzeitig sorgt der Machthaber, dessen egomanische Selbstverherrlichung seinesgleichen sucht,[12] aus persönlicher Überzeugung oder aus machtpolitischem Kalkül dafür, dass die Religion als prägende Instanz in Schulen, Universitäten und Politik zurückkehrte. Kemal Atatürk kann sicherlich nicht uneingeschränkt als Vorstreiter der Aufklärung angesehen werden. Republikanismus und Säkularismus waren indes notwendige Bestandteile seines politischen Programms. Sein Emblem hängt noch immer in türkischen Amtsstuben, nur es gehört dort nicht mehr hin. Europäische Staaten wie Polen und Ungarn haben die Ideale der Aufklärung bereits nationalen Egoismen und einem nationalistischen Identitätskult untergeordnet. Italien schwankt regelmäßig. Die gesellschaftliche und politische Ausrichtung dieser Staaten ist dem Modell Erdoğan mittlerweile näher als dem Grundwertekanon der Europäischen Union. Ein von Rechtspopulisten dominiertes Europa ist eine realistische Zukunftsoption.

Besonders dramatische ist, dass es keine politische Kernsubstanz mehr zu geben scheint, in denen die Prinzipien der Aufklärung als gesichert gelten können. Nationen wie Schweden, die als sicherer Hafen für ein aufgeklärtes Selbstverständnis galten, zeigen Auflösungserscheinungen. Nach Samuel P. Huntington ist Aufklärung ohnehin nicht mehr als eine kulturelle Ausprägung ohne Anspruch auf Universalismus (vgl. Kap. 3.6). Doch selbst wenn dies zugestanden würde, wäre die Aufklärung nicht weniger dem Verfall ausgesetzt. Nach Huntington wird die Menschheit durch acht Kulturkreise geprägt, die sich um Kernnationen scharren. Schwächelt die Kernnation,

---

11 Vgl.: Auf dem Weg in die Autokratie? In: Tagesschau.de https://www.tagesschau.de/faktenfinder/ausland/tuerkei-referendum-117.html [Letzter Aufruf 15.09.2022].

12 Eine Manifestation hiervon ist der ausladend prunkvoll ausgebaute und 2014 eingeweihte Präsidentenpalast, dessen Bau Erdogan, einer Vielzahl gerichtlicher Entscheidungen zum Trotz, bereits in Auftrag gab, als er selbst noch Ministerpräsident war. Mit rund 1000 Zimmern, einer reinen Baufläche von 40.000 m^2 (mitten in einem Naturschutzgebiet) und Baukosten, die letztlich mit knapp einer halbe Milliarde Euro beziffert wurden, stellt Erdogans „Weißer Palast" einen der größten Staatspaläste der Welt dar. (Vgl.: Erdogans Palast kostet halbe Milliarde Euro. In: *Der Standard.* Online: https://www.derstandard.at/story/2000007722288/erdogans-palast-kostet-halbe-milliarde-euro [Letzter Aufruf 15.08.2022]; 1000 Illegale Zimmer für Erdogan. In: *Spiegel Online* https://www.spiegel.de/politik/ausland/tuerkei-erdogan-bezieht-praesidentenpalast-mit-1000-zimmern-a-999881.html [Letzter Aufruf 15.08.2022].

schwächeln alle Mitglieder und die Errungenschaften des Kulturkreises. Im Fall der Vereinigten Staaten von Amerika, die nach Huntington zweifelsfrei die Kernnation des sogenannten ‚Westens' ausmacht, sind die Zeichen der Erosion unübersehbar. Natürlich werden die USA nicht einfach aus der internationalen Politik verschwinden und als Atommacht auf lange Sicht ein wichtiger Faktor bleiben. Dennoch beklagte bereits Huntington stetig sinkende Vitalität und Innovationskraft der amerikanischen Kultur und Bevölkerung, die auch die Bereitschaft zu kritischer und selbstkritischer Bürgerlichkeit impliziert. 2016, acht Jahre nach Huntingtons Tod, wurden seine Befürchtungen bestätigt. Bewusst oder unbewusst hat die wahlentscheidende Mehrheit der amerikanischen Bevölkerung beschlossen, sich nicht mehr dem anstrengenden Projekt der Aufklärung zu unterwerfen und stattdessen explizit auf Gefühle, auf personalen Nimbus und auf Unmündigkeit zu setzen. Es handelt sich um einen mentalen Paradigmenwechsel, der nach der Alltagskultur nun auch das politische Leben erfasst hat. Es geht um Konsum statt um Freiheit, um Vorurteil statt um Mündigkeit, um Bauchgefühl statt um rationale Differenzierung. Das Projekt der Aufklärung ist in den USA schwer getroffen. Noch ist unklar, ob es im Sterben liegt. Doch selbst, wenn eine Genesung gelingt, ist eine kraftvolle Führungsrolle in weite Ferne gerückt. Eine aufgeklärte, moderne Demokratie beruht auf zwei Säulen. Einer belastbaren und durchdachten Verfassung und einer Bevölkerung, die ihrer Verantwortung als Wahlvolk gerecht wird. Die amerikanische Verfassung scheidet noch Recht von Unrecht, Rationalität von Wahn und hat während der Präsidentschaft Donald Trumps das Schlimmste verhindert. Eine Säule allein vermag die Demokratie aber nicht zu tragen und die zweite Stütze der Demokratie, die um Mündigkeit bemühte Zivilgesellschaft, ist zutiefst erschüttert bzw. weggebrochen. Es kann nicht genug betont werden: Das Erschreckende ist nicht, dass der 45. Präsident der USA während seines Wahlkampfes und seiner Regentschaft mit Lügen, Beleidigungen und Propaganda arbeitete. Das hat es schon oft davor gegeben. Die Dramatik besteht darin, dass dieser Präsidentschaftskandidat nicht einmal den Versuch unternahm, seine Aussagen den Anschein von Objektivität zu geben und er dennoch gewählt wurde. Wenig hat den geistigen Wandel besser verdeutlicht als die Formulierung von den alternativen Fakten. Wir erinnern uns: Fakten sind jene nachgewiesenen Realitäten, die Episteme und Doxa voneinander trennt. In der Menschheitsgeschichte finden sich zahlreiche Personen, die für sich in Anspruch nahmen, die Realität ihrem Willen unterwerfen zu können. Die Beispiele reichen von der Antike bis in die Neuzeit. Perserkönig Xerxes glaubte das Meer mit Peitschenhieben unterwerfen zu können, nachdem dieses einen Brückenbau am Bosporus verhindert hatte. Der französische König Henri IV. praktizierte noch im 17. Jahrhundert das Heilen von Krankheiten durch das

Auflegen seiner königlichen Hände. Erst die Aufklärung identifizierte derartige Praktiken als Träumerei, Propaganda oder Irrsinn.

Wenn nun ein US- Präsident die Anerkennung von wissenschaftlichen Tatsachen, von Grundrechten oder Wahlergebnissen von seiner persönlichen Befindlichkeit abhängig macht, so kann nur von einem Rückfall in Vor-Aufklärungs-Zeiten oder eben vom Beginn der Post-Aufklärungs-Gesellschaft gesprochen werden. Die schlichte Weigerung, Realitäten, wissenschaftliche Daten, finanzielle, juristische oder politische Argumente zur Kenntnis zu nehmen, sofern diese nicht den eigenen Wünschen entsprechen, ist in Ausmaß und Ungeniertheit ein Novum der amerikanischen Regierungsgeschichte. Noch einmal: Selbstverständlich werden zu allen Zeiten Individuen an Realitätsverlust leiden. Die Hoffnung der Aufklärung bestand jedoch darin, dass mündige Bürger diesen Personen weder Vertrauen schenken, noch Macht übertragen. Vielleicht kann der nationale und internationale Schaden begrenzt werden. Eine Erfahrung ist hingegen unumkehrbar: In den Vereinigten Staaten kann jederzeit eine Person zum Präsidenten gewählt werden, die unverhohlen zugibt, sich nicht an Fakten, Realitäten, Objektivität- kurz an Episteme-orientieren zu wollen. Einem wahlentscheidenden Anteil der US-Amerikaner ist es nicht mehr wichtig, in einer aufgeklärten Gesellschaft zu leben. Die verbleibenden Kernnationen der liberalen Demokratie, England und Frankreich, sind ebenfalls schwer angeschlagen. England zeigt durch den Austritt aus der Europäischen Union wenig Interesse an multilateraler Verantwortung und wählte 2019 Boris Johnson zum Premierminister. Dessen ehemaliger Arbeitgeber, Max Hastings vom *Daily Telegraph*, bescheinigte Johnsons ein gebrochenes Verhältnis zur Wahrheit. Großbritannien, so Hastings, habe nun ebenso einen Entertainer als Regierungschef wie die Ukraine oder die USA.[13]

In Frankreich konnte bei den Präsidentschaftswahlen 2017 ein Sieg der Rechtspopulistin Marine le Pen knapp verhindert werden. Präsident Macron stellte sich tatsächlich der Herkulesaufgabe, das Projekt der Europäischen Union zu revitalisieren und auf die gemeinsamen Werte der Aufklärung zu verpflichten. Eine Unterstützung aus Deutschland blieb lange aus. Das Land war ganze fünf Monate damit beschäftigt, eine Regierung zu bilden. In Holland vergingen im Jahr 2021 ganze neun Monate, bis eine Regierung eine parlamentarische Mehrheit fand. Vielleicht wird es Frankreich gelingen, eine kleinere Anzahl von Staaten um sich zu scharen und sich in einer Rest-Union weiterhin den Prinzipien der Aufklärung zu verpflichten. Wenn hingegen auch

---

13 Max Hastings: I was Boris Johnson's boss: he is utterly unfit to be prime minister. In: *The Guardian Online.* https://www.theguardian.com/commentisfree/2019/jun/24/boris-johnson-prime-minister-tory-party-britain [Letzter Aufruf 15.08.2022].

in Frankreich eine Rechtspopulistin oder ein Rechtspopulist die Regierungsverantwortung erringt, ist auch diese Hoffnung verspielt. 2022 verlor Emmanuel Macron mit seiner Partei *La République en Marche* die Mehrheit in der Nationalversammlung. Links – und Rechtspopulisten wuchsen an. 2027 sind erneut Wahlen in Frankreich. Es ist also mehr als fraglich, ob Frankreich die Stärke besitzt, die Ideen der Aufklärung am Leben zu erhalten und weitere Staaten um sich zu scharen.

Autokratien haben also nahezu freie Bahn. Mit guten Gründen ist indes zu hoffen, dass die prägenden totalitären Ideologien des zwanzigsten Jahrhunderts, Faschismus und Kommunismus, dabei keine absolute Renaissance erleben werden. Zumindest in Europa dürfte das kollektive Gedächtnis in diesem Punkt noch zu sensibilisiert sein. Eine Weltrevolution oder eine Diktatur des Proletariats wird nur von marginalen Minderheiten propagiert. Auch offen faschistische oder gar nationalsozialistische Stimmen sind nur bedingt mehrheitsfähig. Allerdings erstarkt in Europa und Nordamerika eine politische Rechte mit nationalem bis nationalistischem Profil, die sich zwar keinen offenen Rassismus, wohl aber völkische Tradition und Identität auf die Fahnen schreibt. Diesem Ziel werden auch die Werte der Aufklärung wie Religionsfreiheit, Gewaltenteilung oder Pressefreiheit untergeordnet.

Ebenso ist eine Theokratie in Europa, Nordamerika, Australien, Japan oder Neuseeland wenig wahrscheinlich. Zu hoch sind die Hürden vieler Verfassungstexte, zu absurd die Assoziationen mittelalterlicher Verhältnisse. Allerdings besteht eine Nähe zwischen den nationalistischen Bewegungen und vielen Vertretern der Mehrheitsreligionen. Nationale Bewegungen nutzen die Religionen als Projektionsflächen einer völkischen Identität und nicht wenige Religionsvertreter nutzen die Gelegenheit, um den Glaubensüberzeugungen politisches Gewicht zu verleihen. In Deutschland beschwört vor allem die PEGIDA-Bewegung die Verteidigung des jüdisch-christlichen Abendlandes. Der gemeinsame Ruf nach einer Staatskirche als moralische und politische Instanz ist dann nicht mehr weit. In Polen und Ungarn ist dies längst Realität. In Russland paktiert die orthodoxe Kirche bereits mit dem Regime und schreckt nicht davor zurück, an Kriegspropaganda teilzunehmen.[14]

Zusammenfassend ist davon auszugehen, dass liberale Demokratien erodieren, während bestehende Autokratien an Einfluss und Selbstbewusstsein gewinnen. Wie autoritär oder gar totalitär diese geraten, wird von

---

14 Regina Elsner: „Verfolgte“ Kirche in der Ukraine – Kriegspropaganda, Kirchenkonflikt und globale Konsequenzen. In: *MONITOR – Analyse & Beratung der Konrad Adenauer Stiftung*, Ausgabe 4/22.

geopolitischen Machtverteilungen und von der Vitalität der verbleibenden Demokratien abhängen.

4.2 Randexistenz: Überleben an der Peripherie

Die Zukunft moderner, säkularer und rechtsstaatlicher Demokratien liegt an der Peripherie, verstanden als weltpolitische Bedeutsamkeit und als geographische Lage. Wäre Hongkong ein Inselstaat, weit entfernt vom chinesischen Festland, Demokratie, Menschenrechte und Pressefreiheit könnten dort vielleicht noch existieren. So aber besiegelten zwei Faktoren den Untergang. Die unmittelbare Nähe zum autoritären „Bruder" und die ausbleibende Unterstützung einer schwächelnden „Freien Welt". Es ist wahrscheinlich, dass auch am Ende des einundzwanzigsten Jahrhunderts Staaten existieren, die sich explizit und glaubhaft den Ideen von Aufklärung, Universalismus und Demokratie verpflichten. Allerdings spricht wenig dafür, dass es viele sein werden und dass sie eine nennenswerte Rolle in der Weltpolitik spielen können. Je mehr Peripherie, je größer die Überlebenschancen der aufgeklärten Lebensform. Als Musterländer können Norwegen, Kanada und Neuseeland gelten, Nationen also in denen eine relativ kleine Bevölkerung in großer Distanz von den geopolitischen Krisenherden lebt. Die geographische Distanz reduziert vor allem die äußeren Stressfaktoren wie Kriege, Flüchtlingsbewegungen, Umweltzerstörung und Überbevölkerung, auch wenn diese natürlich auch in der Peripherie Wirkung entfalten. Eine kleine Bevölkerung hat zudem eine positive Auswirkung auf das oben diskutierte Verhältnis von Masse und Elite (Kapitel 4.3.2.). Ob dies genügt, um auch den inneren Stressfaktoren standzuhalten, bleibt abzuwarten. Andere Nationen haben es dabei deutlich schwerer. Zwar können äußere Stressfaktoren durch Abschottung, Grenzkontrollen und Aussperrungsbollwerke reduziert werden, nicht aber ohne zugleich die eigenen Prinzipien von Menschenrechten und Kosmopolitismus zu untergraben (vgl. Kapitel 4.4.3). Zu beobachten ist dies an der Flüchtlingspolitik Europas, Amerikas oder Australiens. Kann eine Nation glaubhaft behaupten, den Menschenrechten verpflichtet zu sein und gleichzeitig auf tropischen Inseln Gulag-ähnliche Flüchtlingslager unterhalten? Der Wunsch nach Kontrolle des eigenen Staatsgebietes ist in einer nicht perfekten Welt das berechtigte Anliegen aller Staaten, um die Selbstbestimmung ihrer Bürger zu erhalten. Selbstbestimmung ohne Selbstdisziplinierung liegt allerdings die Verwechslung von Egoismus und Freiheit zu Grunde. Wer Rechtsstaat und liberale Freiheiten in einer *Festung Europa* zu bewahren sucht, übersieht, dass auch Weltbürgerrecht und internationale Gerechtigkeit zu den Imperativen der Aufklärung zählen. Hinter Mauern haben diese Werte nie lange überlebt.

Staaten an der geopolitischen Peripherie könnten diese Stressfaktoren reduzieren. Während der Corona-Pandemie demonstrierte Neuseeland, dass auch im einundzwanzigsten Jahrhundert eine nahezu vollständige Abschottung vom Ausland praktiziert werden kann. Gleichwohl handelt es sich nicht um Inseln der Seligen. Auch an der Peripherie entfalten internationale Machtverhältnisse, kapitalistische Verblendung und digitale Realitätsverzerrung ihre Wirkung. Dennoch könnte es dort gelingen, die Vitalität der politischen Aufklärungsprinzipien zu erhalten. Alles hängt davon ab, dass sich wahlentscheidende Mehrheiten dem kraftaufreibenden und nicht selten frustrierenden Projekt der Differenzierung, der Wahrheitssuche und der intersubjektiven Rechtfertigung unterwerfen. Die Demokratien Kanadas, Neuseelands oder Norwegens haben bisher eine erfreuliche Resilienz gegen Rechtspopulismus, Verschwörungsnarrative, religiösen Fanatismus und selbst Terrorismus gezeigt (vgl. Kapitel 4.4.2). Sie alle liegen an der Peripherie.

4.3 Spekulativer Trost

Die Post-Aufklärungs-Gesellschaft ist eine pessimistische Prognose. Die Organisation von Kind-Erwachsenen durch autoritäre Führungskader weckt wenig erfreuliche Assoziationen. Gleichwohl sei daran erinnert: wir sprechen hier nicht über die Apokalypse, sondern über die Rückkehr zum Normalzustand. Darüber hinaus sollen im Folgenden drei Überlegungen vorgetragen werden, die als spekulative Hoffnung oder als Trost verstanden werden können.

4.3.1 *Spekulation 1: Putin, der Retter des Westens*

Lassen Sie uns ein Gedankenexperiment wagen: Nehmen wir einmal an, wir wären skrupellose Berater*innen des russischen Präsidenten in Jahre 2020. Unsere Aufgabe ist es, dem Modell der liberalen Demokratie möglichst umfangreichen Schaden zuzufügen und die Autokratie Russlands zu stärken. Eine Ausdehnung demokratischer Strukturen in unseren unmittelbaren Nachbarländern kann nicht in unserem Interesse sein. Würden wir in dieser Situation einen Angriffskrieg auf die Ukraine befürworten? Wahrscheinlich schon. Eine Besetzung der Ukraine beendet deren geopolitische Ausrichtung nach Westeuropa, sichert Bodenschätze und verhindert die Verbreitung demokratischer Ideen auf dem Boden ehemaliger Sowjetrepubliken. Bisher haben wir mit militärischen Einsätzen, kriegerischer Destabilisierung und Annexion von Tschetschenien, über den Donbass und Syrien bis zur Krim Erfolge erzielt und nur geringe Nachteile durch Sanktionen in Kauf nehmen müssen. Zudem ist die Situation ausgesprochen günstig. Auch dank unserer medialen Interventionen werden die Vereinigten Staaten von Amerika und das Vereinigte Königreich von leicht zu manipulierenden Egomanen regiert. Deutschland und Frankreich konnten den Aufstieg von Rechtspopulisten nur mit letzter Kraft verhindern. Polen und Ungarn schaffen die Demokratie bereits sukzessive ab. Wenn es gelänge, dem amtierenden US-Präsidenten erneut ins Amt zu verhelfen, hätte ein Angriff auf die Ukraine sogar das Potential, den gesamten sogenannten Westen zum Einsturz zu bringen. Amerika würde sich zurückhalten und vielleicht sogar, wie bereits angekündigt, seine Mitgliedschaft in der NATO beenden. Von den Europäern wäre das üblich hysterische Chaos zu erwarten. England hat die EU bereits verlassen und der britische Premierminister ist vor allem mit Selbstdarstellung beschäftigt. Es wäre sogar möglich, durch die aufgeheizte Stimmung bei den französischen Wahlen im April 2022 den Nationalisten und EU-Skeptikern ins Amt zu verhelfen. Hinzu kommt die Abhängigkeit Europas von unseren Gasexporten. Flüchtlingsströme würden zu einer allgemeinen Destabilisierung beitragen. Die osteuropäischen Mitglieder der Nato und der EU würden sich über mangelnde ökonomische und militärische Unterstützung beklagen und in ihrem Nationalismus verhärten. Ja, das Frühjahr 2022 wäre ein guter Zeitpunkt. Wir sollten allerdings abwarten, bis die Olympischen Spiele in Peking beendet sind. China wollen wir nicht verärgern. Immerhin handelt es sich um unseren wichtigsten strategischen Partner bei der Zerstörung des liberalen Gesellschaftmodells. Wenn alles klappt, wird unser Präsident Triumphator über die liberalen Demokratien und dieser aufklärerische Unfug wird in die Geschichte eingehen.

Ein vergleichbares Planungsszenario irgendwo in den Tiefen des Kremls ist nicht unrealistisch. Allerdings besteht die Hoffnung, dass sich die Analysten verkalkuliert haben. Vielleicht haben sie sogar das Gegenteil von dem bewirkt, was sie beabsichtigten. Nicht nur, dass die Wiederwahl des 45. Präsidenten der Vereinigten Staaten misslang, der Überfall auf die Ukraine erzeugte in den ersten Wochen des Krieges eine historisch überraschende Geschlossenheit von Nato und Europäischer Union. Sollte dieser Zusammenhalt anhalten, könnten liberale Gesellschaftsformen sogar gestärkt aus der Krise hervorgehen. Wem vor Augen geführt wird, was er verlieren kann, empfindet wieder Wertschätzung für Freiheiten, die zuvor als Selbstverständlichkeiten abgetan wurden. Die Konfrontation mit Leid und Not, vermag kapitalistische Verblendungszusammenhänge zu durchbrechen und individuelle Tatkraft zu aktivieren. Der unmittelbare Vergleich von Propaganda und freier Berichterstattung könnte Urteilskraft und Kritikfähigkeit wiederbeleben. Natürlich ist es möglich, dass all diese Hoffnungen sich als Strohfeuer erweisen. Sitzt der Schock jedoch tief genug, rückt eine Kehrtwende hin zu den Idealen der Aufklärung in den Bereich des Möglichen. Am Ende, so Francis Fukuyama in einer Wortmeldung im März 2022 „könnte eine Wiedergeburt der Freiheit stehen, die sich bis Taiwan erstreckt."[15] Auch in diesem Fall würde der russische Präsident in die Geschichte eingehen, allerdings Widerwillens als Retter der aufgeklärten Lebensformen.

4.3.2 *Spekulation 2: Schlecht für die Freiheit, aber gut für das Klima*

Die Post-Aufklärungs-Gesellschaft bedeutet einen massiven Verlust an individueller Freiheit, rationaler Objektivität, institutioneller Gerechtigkeit und politischer Partizipation, aber sie könnte helfen, die Zerstörung der natürlichen Ressourcen zu begrenzen. Freiheitliche Gesellschaftsformen haben sich als im hohen Maße ökologisch zerstörerisch erwiesen. Wie in Kapitel 4.4.1 gezeigt, besteht keine notwendige Beziehung zwischen Kapitalismus und Aufklärung. Gleichwohl haben sie einander in der Regel begünstigt. Die Ideale von Individualismus und Autonomie bilden die Grundlage moralischer Verantwortung und politischer Freiheitsbestrebungen. Bisher haben sie aber stets auch ökonomische Kräfte entfesselt, die massiv zur Zerstörung der natürlichen Lebensgrundlagen beitrugen. Veränderungen in der Lebensführung freier und selbstbestimmter Bürgerinnen und Bürger lassen sich in liberalen Gesellschaften und demokratischen Strukturen nur sehr langsam herbeiführen. Es gilt Überzeugungsarbeit zu leisten, juristische Legitimationsprozesse zu durchlaufen und parlamentarische Mehrheiten zu gewinnen. In Autokratien sind diese Hindernisse deutlich reduziert. Sie bergen daher ein gewaltiges Potential, um die Menschheit daran zu hindern, in einem Akt der Freiheit die eigene Existenzgrundlage zu vernichten. Aktuell sind es die westlichen Demokratien, die auf den Weltklimakonferenzen die größten CO_2 Reduktionen vermelden. Die Fairness gebietet zu ergänzen, dass es sich oftmals um die größten Emittenten der Vergangenheit handelt. Hinzu kommt, dass weitere Einsparungen, ebenso wie der notwendige Ausbau erneuerbarer Energien zunehmend auf die oben genannten Hindernisse stößt. Dort, wo es kaum Bürgerrechte gibt, sind diese Reibungsverluste hingegen minimal. Gigantische Windparks, Stauseen über viele Schluchten, Zwangsumsiedlungen, Geburtenkontrolle: all dies lässt

---

15 Francis Fukuyama: Putin wird die Niederlage seiner Armee nicht überleben. – 12 Thesen zum Krieg in der Ukraine. In: Neu Zürcher Zeitung Online. https://www.nzz.ch/feuilleton/francis-fukuyama-russland-wird-diesen-krieg-verlieren-und-weitere-12-prognosen-ld.1674933 [Letzter Aufruf 15.08.2022].

sich in autoritären Staaten rasch organisieren. Schlecht für die Aufklärung, aber vielleicht gut für das Klima.

Dies gilt besonders dann, wenn sich der autoritäre Führungsstil der neuen digitalen Möglichkeiten bedient. Ein Beispiel ist das in China eingeführte System der Sozialpunkte. Berufliche, soziale, medizinische und ökonomische Privilegien werden an das Erreichen von Sozialpunkten gekoppelt. Technologien wie Gesichtserkennung oder Profilanalyse eröffnen dabei ungeahnte Möglichkeiten, um sozial erwünschtes Verhalten zu registrieren und unerwünschtes Verhalten zu sanktionieren. Beispielsweise werden Bürgerinnen und Bürger in einigen Versuchsstädten in Echtzeit namentlich ermahnt, sofern sie bei Rot über die Straße gehen.[16] Derzeit werden Sozialpunkte vor allem an sozialkonformes Verhalten und linientreue politische Äußerungen gebunden. Allerdings wäre es ein leichtes, den Kanon um Kriterien wie CO_2-Ausstoß, biologische Reproduktion oder Ressourcenverbrauch zu erweitern. Autoritäre Staatsformen geraten dabei in keinen Konflikt mit ihren normativen Grundsätzen. Und was für die nationale Politik gilt, lässt sich auch auf die internationale Politik übertragen. Derzeit koppelt die pragmatisch ausgerichtete Entwicklungshilfe Chinas Investitionen und Entwicklungshilfe vor allem an den Zugang zu Bodenschätzen und landwirtschaftlichen Produktionsflächen. In naher Zukunft könnten die Zuwendungen auch an sinkende Geburtenraten oder amtlich beglaubigte Sterilisationen gebunden werden. Was mit Blick auf Menschen- und Bürgerrechte als Schreckensszenario erscheint, könnte helfen, die derzeit ungebremste ökologische Selbstvernichtung der Menschheit zu verhindern.

4.3.3 *Spekulation 3: Digitale Optionen*

Treiben wir die Spekulation etwas auf die Spitze und versetzen uns in das Jahr 2040. Wie gezeigt, werden wesentliche Aspekte der Digitalisierung dem Machterhalt von Autokraten in die Hände spielen (vgl. Kapitel 4.5). Dies muss jedoch nicht zu einer Dystopie in Sinne Orwells führen. Denkbar wäre auch eine Diktatur, von der niemand etwas bemerkt und die zugleich hilft, das Ökosystem des Planeten Erde zu bewahren.

Im Jahr 2040 haben Digitalisierung und Automatisierung den Großteil der heute bekannten Berufe übernommen. Felder werden vollautomatisch bepflanzt, gewässert und geerntet, Autos fahren autonom, medizinische und soziale Dienstleistungen wurden mehrheitlich von Robotern und Programmen

16 Christoph Giesen: Ein ganzes Land als Testgelände. In: Sueddeutsche.de. https://www.sueddeutsche.de/politik/china-ein-ganzes-land-als-testgelaende-1.4664052 [Letzter Aufruf 15.08.2022].

übernommen. Als Reaktion auf den ökonomischen Wandel wurde eine Grundversorgung mit Nahrung, Wohnraum und digitalen Räumen eingerichtet. Seither verbringt die Mehrheit der Erdbevölkerung den Großteil ihres Lebens in der virtuellen Realität. Besonders beliebt sind digitale Kuren, die mehrtägige Aufenthalte in der digitalen Welt ermöglichen, während gleichzeitig für alle physischen Belange gesorgt wird. Unterschiedliche Arten der Belieferung machen es möglich, die Unterbrechung der digitalen Erlebniswelt auf ein Minimum zu reduzieren. Diese Entwicklung hatte zwei signifikante Effekte. Einen deutlichen Rückgang der Geburtenrate und des CO_2 Ausstoßes. Da virtuelle Realitäten ein bisher ungeahntes Maß an intensiven und in der Realität unbekannten Erfahrungen ermöglicht, haben Reisen, Sport, Kulturereignisse, Komfort, Raumbedarf, Kalorienverbrauch und vieles mehr dramatisch an Bedeutung verloren. Hinzu kommt eine stetig sinkende Geburtenrate. Zum einen ist virtuelle Sexualität während der Simulation nicht als solche zu identifizieren und zum anderen übertrifft die sensorische Intensität um ein Vielfaches die Realität. Hinzu kommt, dass die Geburt und Aufzucht von Kindern von vielen Bürgern als langwierige, unerfreuliche Abstinenz von digitalen Welten empfunden werden. Autokratische Regime haben diese Tendenzen aktiv gefördert. Unverzichtbare menschliche Arbeitskraft in der realen Welt wird durch Zwangsverpflichtung gewonnen. Gleichzeitig werden zahlreiche ökologische Probleme überwunden. Die biologische Reproduktionsrate und der Ressourcenverbrauch pro Kopf der Bevölkerung wurden halbiert. Auch der Überbevölkerung in abhängigen Entwicklungsländern wird durch den massiven Ausbau von ‚Virtual-Reality-Villages' entgegengewirkt. In diesen wird digitale Illusion bei gleichzeitiger physikalischer Grundversorgung entweder gegen den Verkauf von Ressourcen oder gegen Sterilisation angeboten. Die Weltbevölkerung sinkt, die Erderwärmung konnte unter 2 Grad Celsius gehalten werden, zahlreiche Ökosysteme befinden sich im Prozess der Regeneration.

Darüber hinaus besteht auch eine Option, die nicht als autoritär verstanden werden muss. Im Jahr 2040 bezeichnen sich zahlreiche Industrienationen noch immer als bürgerliche Demokratien. Allerdings haben die Möglichkeiten einer primär digitalen Daseinsführung auch hier Einzug gehalten. Sie wurden nicht staatlich befördert oder gar verordnet, aber durch zahlreiche internationale Konzerne verbreitet. Selbiges gilt für den Verlust physischer Arbeit, zu dessen Kompensation ein bedingungsloses Bürgergeld eingeführt wurde. Nicht wenige Menschen haben den entstehenden Freiraum für intensive künstlerische, sportliche oder politische Aktivität genutzt. Eine deutliche Mehrheit der Bevölkerung bezeichnet sich aber auch hier primär als Virtual Citizen. Da diese Mehrheit nach und nach das Interesse an der politischen Meinungsbildung verliert und in digitalen Welten ihr Leben verbringt, ist das

Ideal einer durch Mündigkeit und Mitbestimmung geformten Demokratie bedroht. Die Gefahr einer autoritären Überwältigung ist groß. Noch dominiert jedoch eine engagierte und am Gemeinwohl ausgerichtete Minderheit das politische Geschehen. Die Bezeichnung der aristokratischen Demokratie erscheint angemessen. Die Herrschaft des Volkes versandet aufgrund wachsenden Desinteresses an der realen Welt, gleichzeitig versucht eine Elite zu retten, was zu retten ist. Diese echten Aristokraten im Sinne Platons sind nicht an persönlicher Macht, sondern am Gemeinwohl interessiert. Sie übernehmen die Regierungsgeschäfte, weil niemand anderes diese Verantwortung will. Dabei ist es ihr Ziel, Masse und Ressourcen wieder in ein ausgewogenes Verhältnis zu bringen, um auf dieser Basis Freiheit und Demokratie zu reaktivieren.

In der aristokratischen Demokratie liegen Macht und politische Gestaltung theoretisch bei allen und de facto in der Hand Weniger. Diese trachten aber nicht danach, den Zustand zu erhalten oder zum persönlichen Vorteil zu nutzen. Es existiert keine geschlossene Oligarchie. Vielmehr geht es darum, Schlimmeres zu verhindern und die Bedingungen für eine Rückkehr zu einer aufgeklärten Lebensform am Leben zu halten. Der Zugang zur Macht bleibt durchlässig. Jeder ist herzlich willkommen, der bereit ist, an der mühevollen politischen und sozialen Arbeit zu partizipieren. Es existiert kein Unterdrückungssystem. Die Aristokraten erkennen lediglich an, dass ein wachsender Anteil der Menschheit immer weniger an Authentizität, Wahrheit und Freiheit interessiert ist. Menschen, die verlernt haben zwischen Doxa und Episteme, zwischen Propaganda und Information, zwischen Behauptung und Begründung zu unterscheiden, sind eine enorme Gefahr für Frieden und Humanismus. Diktaturen potenzieren und kontrollieren dieses Problem durch den Entzug politischer Mitbestimmungsrechte. Die Elite der aristokratischen Demokratie versucht lediglich, die selbstverschuldete Unmündigkeit der Massen zu kanalisieren. Die zunehmende Anzahl von Kind-Erwachsenen wird nicht gewollt, sondern bedauernd zur Kenntnis genommen. Erwünscht ist nach wie vor eine möglichst große Zahl an Citoyens. Freie und geheime Wahlen finden noch immer statt. Dabei ist auffällig, dass Abstimmungen trotz aller digitalen Möglichkeiten weiterhin als physischer Urnengang organisiert werden. Diese notwendige Unterbrechung der virtuellen Lebensgestaltung hat die Wahlbeteiligung auf 20–35 % sinken lassen. Gleichwohl wird den Bürgerinnen und Bürgern diese Belastung weiter zugemutet, um ein Minimum an Engagement und Interesse zu garantieren und die Verwechslung mit digitalen Spielen zu vermeiden. Es besteht jeder Zeit freier Zugang zu Informationen, Diskussionen und politischer Partizipation. In den weiterhin formal existierenden demokratischen Foren wird die Entwicklung kontrovers diskutiert. Aufklärungskampagnen versuchen Bürgerinnen und Bürger für ein Dasein als ‚Full-Reality-Citizen' zu gewinnen. Es winken attraktive Aufgaben mit Gestaltungskraft und ungeahnte Freizeitmöglichkeiten. Neben verantwortungsvollen Berufen und effektiver politischer Mitbestimmung hat sich die Freizeitgestaltung grundsätzlich verändert. Überfüllte Nationalparks, Warteschleifen an Skiliften, kulturelle Veranstaltungen mit uninteressiertem Publikum, all dies gehört der Vergangenheit an. Die Erfolgsraten der Aufklärungskampagnen bleiben dennoch bescheiden. Radikale Stimmen fordern ein Verbot oder zumindest eine starke Restriktion virtueller Realität. Durchsetzen können sich diese Initiativen indes nicht. Wann immer ein entsprechender Vorschlag zur Abstimmung gebracht wird, kommt es zu ungewöhnlich hoher Wahlbeteiligung mit kategorischer Ablehnung. Pragmatisch wird hingegen die Einführung eines ‚Realitäts-Dienstes' diskutiert, um auf diese Weise die nach wie vor notwendigen Arbeits- und Verwaltungsprozesse in der realen Lebenswelt zu garantieren.

Visionäre denken indes deutlich weiter. Irgendwann dürfte die Erdbevölkerung aufgrund der geringen Reproduktionsrate der Virtual Citizen auf ein ökologisch gesundes Maß gesunken sein. Zahlreiche Regionen der Erde würden attraktiven Lebensraum bieten. Krieg, Terror und Flucht wären unwahrscheinlich. Dies Situation böte ideale Voraussetzungen für eine kraftvolle Wiederbelebung aufgeklärter Lebensformen. Bis dahin muss allerdings verhindert werden, dass die übergroße Menschheit ihr Interesse an nicht-digitalen Identitäten gänzlich verliert. Darf darauf vertraut werden, dass eine genesene Erde genug Faszination und Interesse erweckt? Muss es gegebenenfalls eine gewaltsame Befreiung aus der digitalen Höhle geben?

Es bleibt zu hoffen, dass bereits eine Elite aus aufgeklärten, aristokratischen Demokraten an diesen Fragen arbeitet.

Ciao Bella

Derzeit erleben wir den Niedergang einer Leitidee, die zwar großartig und erhaben ist, leider aber zu hohe Ansprüche stellt, um die Lebensform der Massengesellschaft zu dominieren. Es war ein Privileg, an einer dieser seltenen Epochen partizipieren zu dürfen. Die Zukunft ist nicht hoffnungslos. Die Leitideen von Wahrheit und Freiheit sind zu schön, um für immer in Vergessenheit zu geraten. Den Anhängern des Aufklärungsgedankens obliegt es, soviel Glut wie möglich zu bewahren, um die Flamme zu gegebener Zeit neu zu entfachen. Leider ist ungewiss, wie lange es dunkel bleibt.

Aufgeklärte Zeitgenossen mögen sich mit dem Vergleich zu einer großen Liebe trösten. Zurück bleibt die Dankbarkeit, etwas derart Schönes und Seltenes erlebt zu haben. Schade, dass wir sie nicht haben halten können. Sie geht und wir, die wir jetzt leben, werden sie nicht wiedersehen.

© BRILL MENTIS, 2023 | DOI:10.30965/9783969752852_006

Literatur

Adichie, Chimamanda Ngozi (2009): The danger of a single story [Video]. In: *TED Talks*. Online: https://www.ted.com/talks/chimamanda_ngozi_adichie_the_danger_of_a_single_story [abgerufen am 04.10.2022].

Adorno, Theodor W. (1970): Erziehung nach Auschwitz. In: Gerd Kadelbach (Hg.): *Erziehung zur Mündigkeit. Vorträge und Gespräche mit Hellmut Becker 1959–1969*. 25. Auflage. Frankfurt a. M.: Suhrkamp.

Adorno, Theodor W. (2010): Theorie der Halbbildung. In: Hans-Ulrich Lessing / Volker Steenblock (Hg.): *„Was den Menschen zum Menschen macht ...". Klassische Texte einer Philosophie der Bildung*. Freiburg i. B.: Karl Alber.

Adorno, Theodor W. (1995): *Studien zum autoritären Charakter*. Frankfurt a. M.: Suhrkamp.

Anders, Günther (1981): *Die atomare Drohung*. München: Verlag C.H. Beck.

Anderson, Luvell / Lepore, Ernie (2013): Slurring words. In: *Noûs*, 47(1). S. 25–48.

Anderson, Luvell / Lepore, Ernie (2013): What Did You Call Me? Slurs as prohibited words: Setting things up. In: *Analytic Philosophy*, 54(3). S. 350–363.

Anton, Julia (2021): Ranking deutscher Influencer: Reich dank Reichweite. In: *Faz.net*, 14.12.2021. Online: https://www.faz.net/aktuell/stil/trends-nischen/das-sind-die-wertvollsten-deutschen-influencer-ganz-vorne-nur-frauen-17684153.html?utm_source=pocket-newtab-global-de-DE [abgerufen am 04.10.2022].

Appiah-Nyamekye, Josephine / Logan, Carolyn / Gyimah-Boadi, E. (2019): In search of opportunity: Young and educated Africans most likely to consider moving abroad. In: *Afrobarometer Dispatch* No. 288, 03/2019. Online: https://www.africaportal.org/publications/search-opportunity-young-and-educated-africans-more-likely-consider-moving-abroad/ [abgerufen am 05.10.2022].

Arendt, Hannah (1958): *Die Ungarische Revolution und der Totalitäre Imperialismus*. München: Piper.

Arendt, Hannah (1963): *Über die Revolution*. München: Piper.

Arendt, Hannah (1969): *Macht und Gewalt*. München: Piper.

Arendt, Hannah (2019): *Vita activa oder Vom tätigen Leben*. 20. Auflage. München: Piper.

Aßmann, Lothar / Bergmann, Reiner / Henke, Roland Wolfgang / Schulz, Matthias / Sewing, Eva-Maria (2002): *Zugänge zur Philosophie – Grundband für die Oberstufe*. Berlin: Cornelsen.

Badawia, Tarek / Tiedemann, Markus / Huber, Wolfgang (2020): Mohammed-Karikaturen in die Schule? In: *Die Zeit*, 03.12.2020.

Bartlett, Robert C. (2001): *The idea of Enlightenment: a post-mortem study*. Toronto: University of Toronto Press.

Beck, Ulrich (1989): Risikogesellschaft. Überlebensfragen, Sozialstruktur und ökologische Aufklärung. In: *Aus Politik und Zeitgeschichte. Beilage zur Wochenzeitung Das Parlament*. S. 4–7.

Bernstein, Julia (o. J.): Mach mal keine Judenaktion! Herausforderungen und Lösungsansätze in der professionellen Bildung und Sozialarbeit gegen Antisemitismus. Frankfurt University of Applied Sciences 2018. Online: https://www.frankfurt-university.de/fileadmin/standard/Aktuelles/Pressemitteilungen/Mach_mal_keine_Judenaktion__Herausforderungen_und_Loesungsansaetze_in_der_professionellen_Bildungs-_und_Sozialarbeit_gegen_Anti.pdf [abgerufen am 01.08.2021]. S. 345–346.

Beutelsbacher Konsens (o. D.): [online] https://www.lpb-bw.de/beutelsbacher-konsens/ [abgerufen am 05.10.2022].

Bieri, Peter (2003): *Das Handwerk der Freiheit. Über die Entdeckung des eigenen Willens*. Frankfurt a. M.: Fischer.

Bieri, Peter (2010): Wie wäre es, gebildet zu sein? In: Hans-Ullrich Lessing / Volker Steenblock (Hg.): *„Was den Menschen eigentlich zum Menschen macht …". Klassische Texte einer Philosophie der Bildung*. Freiburg i. B.: Karl Albert.

Birnbacher, Dieter (2018): Religion und Religionskritik – eine Einführung. In: *Zeitschrift für Didaktik der Philosophie und Ethik (ZDPE)*. 40(1). S. 3–8.

Böckenförde, Ernst-Wolfgang (1991): Die Entstehung des Staates als Vorgang der Säkularisation. In: Ders.: *Recht, Staat, Freiheit. Studien zur Rechtsphilosophie, Staatstheorie und Verfassungsgeschichte*. Frankfurt a. M.: Suhrkamp.

Bok, Sissela (1984): *Secrets: On the Ethics of Concealment & Revelation*. 2. Auflage. Oxford: Oxford University Press.

Borger, Rykle (1985): Der Kyros-Zylinder. In: Otto Kaiser (Hg.): *Texte aus der Umwelt des Alten Testaments*. Band 1: Alte Folge. Gütersloh: Gütersloher Verlagshaus. S. 407–410.

Bruckner, Pascal (2007): Fundamentalismus der Aufklärung oder Rassismus der Antirassisten? In: Thierry Chervel / Anja Seeliger (Hg.): *Islam in Europa. Eine internationale Debatte*. Frankfurt a. M.: Suhrkamp.

Bubner, Rüdiger (1989): Rousseau, Hegel und die Dialektik der Aufklarung. In: Jochen Schmidt (Hg.): *Aufklärung und Gegenaufklärung in der europäischen Literatur, Philosophie und Politik von der Antike bis zur Gegenwart*. Darmstadt: Wissenschaftliche Buchgesellschaft.

Bundesamt für Migration und Flüchtlinge (BAMF) (Hg.): Jahresbericht. Das Bundesamt in Zahlen 2016. Online: https://www.bamf.de/SharedDocs/Anlagen/DE/Statistik/BundesamtinZahlen/bundesamt-in-zahlen-2016.html;jsessionid=839E95ED55FC6D9AEF6CBA66F4E71195.intranet262?view=renderPdfViewer&nn=284738 [abgerufen am 05.10.2022].

Bundesverfassungsgericht (BVerfG) (2009): Urteil des Zweiten Senats vom 30. Juni 2009-2 BvE 2/08 -, Rn. 1–421, Absatz 364. Online: https://www.bundesverfassungsgericht.

de/SharedDocs/Entscheidungen/DE/2009/06/es20090630_2bve000208.html [abgerufen am 05.10.2022].

Bundesverfassungsgericht (BVerfG) (2018): Beschluss des Zweiten Senats vom 11. Dezember 2018 – 2 BvE 1/18 -, Rn. 1–29. Online: https://www.bundesverfassungsgericht.de/SharedDocs/Entscheidungen/DE/2018/12/es20181211_2bve000118.html [abgerufen am 05.10.2022].

Collier, Roger (2012): Ugly, messy and nasty debate surrounds circumcision. In: *CMAJ: Canadian Medical Association journal = journal de l'Association medicale canadienne*, 184(1). S. 25–26.

Cook, John / Oreskes, Naomi / Doran, Peter T. / Anderegg, William R.L. / Verheggen, Bart / Maibach, Ed W. / Carlton, J. Stuart / Lewandowsky, Stephan / Skuce, Andrew G. / Green, Sarah A. / Nuccitelli, Dana / Jacobs, Peter / Richardson, Mark / Winkler, Bärbel / Painting, Rob / Rice, Ken (2016): Consensus on consensus: a synthesis of consensus estimates on human-caused global warming. In: *Environmental Research Letters*, 11(4). S. 048002.

Dahrendorf, Ralf (2003): Über Populismus. Acht Anmerkungen zum Populismus. In: *Transit*, 25. S. 156–163.

Docquier, Frédéric / Rapoport, Hillel (2012): Globalisation, Brain Drain und Development. In:*Journal of Economic Literature*, 50(3). S. 681–730.

Draken, Klaus / Schulze, Matthias (2022): Im Gespräch: Über den Umgang mit kontroversen Beispielen im Philosophie- und Ethikunterricht. In: *Zeitschrift für Didaktik der Philosophie und Ethik*, 4/2022. Im Druck.

Die Bibel nach der Übersetzung Martin Luthers, Stuttgart 2017.

Diels, Hermann / Kranz, Walther (Hg.) (1951/1952): *Die Fragmente der Vorsokratiker.* 3 Bände. 6. Auflage. Berlin: Weidmann.

Der Spiegel (2013): Samuel L. Jackson und das N-Wort. In: *Der Spiegel*, 03.01.2013. Online: https://www.spiegel.de/panorama/django-unchained-samuel-l-jackson-diskutiert-das-n-wort-a-875552.html [abgerufen am 21.06.2022].

Der Spiegel (2018): Chinesischer Präsident Xi im Amt bestätigt – ohne Gegenstimme. In: Der Spiegel, 17.03.2018. Online: https://www.spiegel.de/politik/ausland/china-xi-jinping-einstimmig-als-staatschef-bestaetigt-a-1198605.html [abgerufen am 20.01.2022].

dpa (2019): Proteste für mehr Klimaschutz: Globaler Klimastreik geht in die zweite Runde. In: *Faz.net*, 27.09.2019. Online: https://www.faz.net/aktuell/politik/ausland/klimastreik-globale-fridays-for-future-demos-gehen-weiter-16406182.html [abgerufen am 05.10.2022].

Deutsche Stiftung Weltbevölkerung (Hg.) (2021): DSW-Datenreport 2021. Soziale und demografische Daten weltweit. Online: https://www.dsw.org/wp-content/uploads/2021/10/DSW-Datenreport_2021_web.pdf [abgerufen am 05.10.2022].

Elias, Norbert (1939): *Über den Prozeß der Zivilisation*. Basel: Haus zum Falken.

Elsner, Regina (2022) „Verfolgte“ Kirche in der Ukraine – Kriegspropaganda, Kirchenkonflikt und globale Konsequenzen. In: *MONITOR – Analyse & Beratung der Konrad Adenauer Stiftung*, 04.04.2022. Online: https://www.kas.de/de/monitor/detail/-/content/verfolgte-kirche-in-der-ukraine [abgerufen am 05.10.2022].

El-Mafaalani, Aladin / Waleciak, Julian / Weitzel, Gerrit (2017): Tatsächliche, messbare und subjektiv wahrgenommene Diskriminierung. In Albert Scherr / Aladin El-Mafaalani / Gökçen Yüksel (Hg.): *Handbuch Diskriminierung*. Wiesbaden: Springer VS Wiesbaden.

Escobar, Herton (2021): ‚A hostile environment.‘ Brazilian scientists face rising attacks from Bolsonaro's regime. In: *Science.org*, 07.04.2021. Online: https://www.science.org/content/article/hostile-environment-brazilian-scientists-face-rising-attacks-bolsonaro-s-regime [abgerufen am: 05.10.2022].

Esser, Hartmut (2001): Integration und ethnische Schichtung. In: *Arbeitspapiere – Mannheimer Zentrum für Europäische Sozialforschung*, 40. S. 3–68.

Fachverband Philosophie e.V. / Fachverband Ethik e.V. / Forum für Didaktik der Philosophie und Ethik (Hg.) (2016): Dresdener Konsens. Online: https://www.fachverband-ethik.de/fileadmin/user_upload/Baden-Wu%CC%88rttemberg/dateien/aktuelles/DRESDENER_KONSENS.pdf [abgerufen am 23.06.2022].

Fachverband Philosophie e.V. / Landesverband NRW (Hg.) (2022): Stellungnahme des Fachverbands Philosophie (NRW) zur Diskussion um die Aufgaben im Philosophiebuch „Zugänge“. Online: https://fv-philosophie.de/wp-content/uploads/2022/03/FVNRWBrief-Aufgabe-Zugaenge-2.pdf [abgerufen am 23.06.2022].

Falkenburg, Brigitte (2012): *Mythos Determinismus: Wieviel erklärt uns die Hirnforschung?* Berlin: Springer.

Flaßpöhler, Svenja (2021): *Sensibel. Über moderne Empfindlichkeit und die Grenzen des Zumutbaren*. Stuttgart: Klett-Cotta.

Forst, Rainer (2003): *Toleranz im Konflikt. Geschichte, Gehalt und Gegenwart eines umstrittenen Begriffs*. 4. Auflage. Frankfurt a. M.: Suhrkamp.

Forst, Rainer (2007): *Das Recht auf Rechtfertigung*. Frankfurt a. M.: Suhrkamp.

Foucault, Michel (1978): *Was ist Kritik?* (Übers.: Walter Seitter, 1992). Berlin: Merve Verlag.

Foucault, Michel (1980): Truth and Power. In Colin Gordon (Hg.): *Power/Knowledge: Selected Interviews and Other Writings, 1972–1977*. New York: Pantheon Books.

Forsa Politik- und Sozialforschung GmbH im Auftrag des Verbands Bildung und Erziehung (Hg.): Die Schule aus Sicht der Schulleiterinnen und Schulleiter – Gewalt gegen Lehrkräfte. Berlin, 27. März 2020. S. 5. Online: https://www.vbe-bw.de/wp-content/uploads/2020/09/2020-04-07_forsa-Bericht_Gewalt_Baden-Wu%CC%88rttemberg.pdf. [abgerufen am 20.09.2021].

Frankfurt, Harry G. (1971): Freedom of the Will and the Concept of a Person. In: *Journal of Philosophy* 68. S. 5–20.

Frankl, Viktor Emil (1997): *Der Wille zum Sinn. Ausgewählte Vorträge über Logotherapie.* München: Piper.

Freud, Sigmund (1921): *Massenpsychologie und Ich-Analyse.* Leipzig, Wien, Zürich: Internationaler Psychoanalytischer Verlag GmbH.

Frege, Gottlob (2003): Der Gedanke – Eine logische Untersuchung. In Logische Untersuchungen. Vandenhoeck & Ruprecht, Göttingen.

Fromm, Erich (1957): Die autoritäre Persönlichkeit. In: *Deutsche Universitätszeitschrift,* 12(9). S. 3f.

Fromm, Erich (1965): *Escape from Freedom.* 18. Auflage. New York: Avon Books.

Fromm, Erich (1980): Die Flucht vor der Freiheit. In Rainer Funke (Hg.): *Gesamtausgabe in zwölf Bänden, Bd. I: Sozialpsychologie.* Stuttgart: DVA. S. 299–314.

Fukuyama, Francis (1992): *Das Ende der Geschichte: Wo stehen wir?* München: Kindler.

Fukuyama, Francis (2022): Putin wird die Niederlage seiner Armee nicht überleben. 12 Thesen zum Krieg in der Ukraine. In: *Neue Zürcher Zeitung,* 21.03.2022. Online: https://www.nzz.ch/feuilleton/francis-fukuyama-russland-wird-diesen-krieg-verlieren-und-weitere-12-prognosen-ld.1674933 [abgerufen am 15.08.2022].

Gabriel, Markus (2013): Kritik am radikalen Konstruktivismus. In: Ders.: *Warum es die Welt nicht gibt.* Berlin: Ullstein.

Gadamer, Hans-Georg (1960): *Wahrheit und Methode – Grundzüge einer Philosophischen Hermeneutik.* 7. Auflage [2010]. Tübingen: Mohr Siebeck.

Gathen, Peter / Mönikes, Martin (2022): Eltern überlassen Erziehung der Schule. In: *Rheinische Post,* 22.01.2022.

Gauck, Joachim Bundespräsident a.D. (2021): „Menschen, die Freiheit, Demokratie und Menschenrechte lieben, fragen nicht danach, ob jemand schwarz ist oder weiß". In: *Die Zeit,* 31.03.2021. S. 56.

Gasset, José Ortega y (1970): *Der Aufstand der Massen.* Hamburg: Rowohlt.

Gerhard Roth, Gerhard (2004): Worüber dürfen Hirnforscher reden–und in welcher Weise? In: Christian Geyer (Hg.): *Hirnforschung und Willensfreiheit.* Frankfurt a. M.: Suhrkamp. S. 66–85.

Geschäftsstelle des Zentrums für transdisziplinäre Geschlechterstudien der Humboldt-Universität zu Berlin (Hg.) (2005): *Bulletin – Texte 28.* Online: https://www.gender.hu-berlin.de/de/publikationen/gender-bulletin-broschueren/bulletin-texte/texte-28/bulletin-texte-28 [letzter Zugriff am 04.10.2021]

Geyer, Christian (Hg.) (2004): *Hirnforschung und Willensfreiheit. Zur Deutung der neuesten Experimente.* Frankfurt a. M.: Suhrkamp.

Giesen, Christoph (2019): Ein ganzes Land als Testgelände. In: *Süddeutsche.de,* 07.11.2019. Online: https://www.sueddeutsche.de/politik/china-ein-ganzes-land-als-testgelaende-1.4664052 [abgerufen am 05.10.2022].

Global Campaign for Peaceducation (Hg.): „Liebe exportieren"–Imam im Zentrum des Terroranschlags von Christchurch verbreitet weiterhin Friedensbotschaft, 25.03.2020. Online: https://www.peace-ed-campaign.org/de/export-love-imam-at-centre-of-christchurch-terrorist-attack-continues-to-spread-message-of-peace/ [abgerufen am 15.09.2022].

Goergen, Klaus (2018): Wider den grassierenden Konstruktivismus unter Lehrkräften. In: Hans-Ulrich Lessing / Markus Tiedemann / Joachim Siebert (Hg.): *Kultur der philosophischen Bildung. Volker Steenblock zum 60. Geburtstag*. Hannover: Siebert-Verlag. S. 232–244.

Goergen, Klaus (2021): Einleitung. In: Dieter Birnbacher / Klaus Goergen / Markus Tiedemann (Hg.): *Normative Integration. Kulturkampf im Klassenzimmer und netzgeprägte Schülerschaft*. Paderborn: Schöningh.

Göpel, Maja (2021): *Unsere Welt neu denken: Eine Einladung*. Berlin: Ullstein.

Gosepath, Stefan (1992): *Aufgeklärtes Eigeninteresse – Eine Theorie theoretischer und praktischer Rationalität*. Frankfurt a. M.: Suhrkamp.

Greenwald, Glenn (2014): *No Place to Hide: Edward Snowden, the NSA, and the U.S. Surveillance State*. New York: Henry Holt & Co.

Grillmeier, Franziska (2020): Der neue Alltag auf der Insel–gefährlich für Flüchtlinge und Helfer. In: *Tagesspiegel.de*, 04.03.2020. Online: https://www.tagesspiegel.de/politik/fluechtlingskrise-auf-lesbos-der-neue-alltag-auf-der-insel-gefaehrlich-fuer-fluechtlinge-und-helfer/25606814.html [abgerufen am 15.08.2022].

Habermas, Jürgen (1996): *Die Einbeziehung des Anderen. Studien zur politischen Theorie*. Frankfurt a. M.: Suhrkamp.

Habermas, Jürgen (2021): Überlegungen und Hypothesen zu einem erneuten Strukturwandel der politischen Öffentlichkeit. In: *Leviathan*, 49(37). S. 470–500.

Hall Jamieson, Kathleen (2018): *Cyberwar: How Russian Hackers and Trolls Helped Elect a President—What We Don't, Can't, and Do Know*. Oxford: Oxford University Press.

Hampe, Michael (2018): *Die Dritte Aufklärung*. Berlin: Nicolai Publishing & Intelligence GmbH.

Hamilton, Clive / Ohlberg, Mareike (2020): *Die lautlose Eroberung. Wie China westliche Demokratien unterwandert und die Welt neu ordnet*. 3. Auflage. München: DVA.

Harari, Yuval Noah (2015): *Eine kurze Geschichte der Menschheit*. München: Pantheon.

Harkness, S. Suzan J. / Magid, Mohamed / Roberts, Jameka / Richardson, Michael (2007): Crossing the Line? Freedom of Speech and Religious Sensibilities. *PS: Political Science & Politics*, 40(2). S. 275–278.

Hartmann, Udo (2002): Geist im Exil. Römische Philosophen am Hof der Sasaniden. In: Monika Schuol u.a. (Hg.): *Grenzüberschreitungen. Formen des Kontakts zwischen Orient und Okzident im Altertum*. Stuttgart: Franz Steiner Verlag. S. 123–160.

Hasters, Alice (2020): *Was weisse Menschen nicht über Rassismus hören wollen aber wissen sollten*. München: hanserblau.

Hastings, Max (2020): I was Boris Johnson's boss: he is utterly unfit to be prime minister. In: *The Guardian*, 03.02.2020. Online: https://www.theguardian.com/commentisfree/2019/jun/24/boris-johnson-prime-minister-tory-party-britain [abgerufen am 15.08.2022].

Hassel, Florian (2015): Polen – Geistliche schüren Ängste vor Flüchtlingen. In: *Süddeutsche.de*, 10.09.2015. Online: https://www.sueddeutsche.de/politik/polen-angst-und-kalkuel-1.2640725 [abgerufen am 05.10.2022].

Hauser, Claudia (2022): Schulaufgabe sorgt für Entrüstung. In: *Bonner Generalanzeiger*, 14.02.2022.

Henke, Roland W. (2012): Ende der Kunst oder Ende der Philosophie? Ein Beitrag zur Diskussion um den Stellenwert präsentativer Materialien im Philosophie- und Ethikunterricht. In: *Zeitschrift für Didaktik der Philosophie und Ethik*, 34(1). S. 59–66

Herder, Johann Gottfried (1784): *Ideen zur Philosophie der Geschichte der Menschheit. Bd. 1.* Leipzig: Johann Friedrich Hartknoch.

Hermann, A. (1965): Haber und Bosch: Brot aus Luft–Die Ammoniaksynthese. In: *Physikalische Blätter*, 21(4). S. 168–171.

Höffe, Otfried (1996): Menschenrechte. In: Ders. (Hg.): *Vernunft und Recht. Bausteine zu einem interkulturellen Rechtsdiskurs.* Berlin: Suhrkamp. S. 49–82.

Horne, Gerald (2014): *The Counter-Revolution of 1776: Slave Resistance and the Origins of the United States of America.* New York: New York University Press.

Horkheimer, Max / Adorno, Theodor W. (1987): Dialektik der Aufklärung. In: M. Horkheimer: *Gesammelte Schriften. Bd. 5.* Frankfurt a. M.: Fischer.

Humboldt, Wilhelm von (1792/1966): Ideen zu einem Versuch, die Gränzen der Wirksamkeit des Staates zu bestimmen. In: *Humboldt-Werke, Bd. I.* Darmstadt: WBG [Abt. Verlag].

Huntington, Samuel P. (1996): *Kampf der Kulturen – The Clash of Civilizations. Die Neugestaltung der Weltpolitik im 21. Jahrhundert.* München: Siedler.

Informationsbüro des Staatsrats der Volksrepublik China (1991): Human rights in China. Beijing. Online: https://www.china.org.cn/e-white/7/index.htm [abgerufen am 05.10.2022].

Institut der deutschen Wirtschaft Köln (Hg.) (2002): Weihnachtsgeschenke: Viel Elektronik unterm Baum. Die beliebtesten Weihnachtswünsche von 6– bis 12-jährigen in Prozent. In: Informationsdienst des Instituts der deutschen Wirtschaft, Nr. 49, 12/2002.

Jansen, Frank (2020): Für sie ist der Mörder aus Frankreich ein Idol – Radikalisierte Muslime in Deutschland. In: *Der Tagesspiegel*, 19.10.2020. Online: https://www.tagesspiegel.de/politik/radikalisierte-muslime-in-deutschland-fuer-sie-ist-der-moerder-aus-frankreich-einidol/26288138.html [abgerufen am 07.09.2021].

Jaspers, Karl (1949): *Vom Ursprung und Ziel der Geschichte.* München: Piper.

Jefferson, Thomas (1824): Brief an Major John Cartwright vom 05.06.1824. Online: http://www.let.rug.nl/usa/presidents/thomas-jefferson/letters-of-thomas-jefferson/jefl278.php [abgerufen am 01.09.2022].

Jensen, Steven (2016): *The Making of International Human Rights: The 1960s, Decolonization, and the Reconstruction of Global Values.* Cambridge: Cambridge University Press.

Jonas, Hans (1984): *Das Prinzip Verantwortung – Versuch einer Ethik für die technologische Zivilisation.* Frankfurt a. M.: Suhrkamp.

Kant, Immanuel [AA] (1966ff): *Kant's gesammelte Schriften.* Hg. Von der Königlich Preußischen Akademie der Wissenschaften. Berlin 1900–1955, Nachdruck 1966 ff.

Kant, Immanuel (1785): Bestimmung des Begriffs einer Menschenrace. In: *Berlinische Monatsschrift* 06. S. 390–417.

Kazim, Hasnain (2014): 1000 Illegale Zimmer für Erdogan. In: *Der Spiegel*, 29.10.2014. Online: https://www.spiegel.de/politik/ausland/tuerkei-erdogan-bezieht-praesidentenpalast-mit-1000-zimmern-a-999881.html [abgerufen am 05.10.2022].

Klaiber, Tilo (2018): Die Macht des Beispiels beim Philosophieren (Lehren und Lernen). In: *Zeitschrift für Didaktik der Philosophie und Ethik*, 40(4). S. 80–94.

Kleingeld, Pauline (2007): Kant's Second Thought on Race. In: *The Philosophical Quarterly*, 57(229). S. 573–592.

Kiesewetter, Bernd (2021): 1. Mai Bochum: „Querdenker" stellen Grablichter vors Gericht. In: *Westdeutsche Allgemeine Zeitung*, 01.05.2021. Online: https://www.waz.de/staedte/bochum/1-mai-bochum-querdenker-stellen-grablichter-vors-gericht-id232186527.html [abgerufen am 05.10.2022].

Kirchner, Thomas (2016): Niederländische Einwanderpartei Denk. Die Rassistenjäger. In: *Süddeutsche.de*, 22.06.2016. Online: https://www.sueddeutsche.de/politik/niederlande-die-rassistenjaeger-1.3043002 [abgerufen am 05.10.2022].

KNA (2020): Brennpunktschulen im Visier: Lehrerverband warnt vor „Klima der Einschüchterung". In: *Faz.net*, 20.10.2020. Online: https://www.faz.net/aktuell/politik/inland/lehrerverband-beklagt-klima-der-einschuechterung-17010582.html [abgerufen am 05.10.2022].

Knobloch, Eberhard (2004): Naturgenuss und Weltgemälde. Gedanken zu Humboldts Kosmos. In: *Internationale Zeitschrift für Humboldtstudien*, 5(09). S. 30–43.

Kultusministerkonferenz (2006): Einheitliche Prüfungsanforderungen in der Abiturprüfung Philosophie (Beschluss der Kultusministerkonferenz vom 01.12.1989 i. d. F. vom 16.11.2006). Online: https://www.kmk.org/fileadmin/veroeffentlichungen_beschluesse/1989/1989_12_01-EPA-Philosophie.pdf [abgerufen am 23.06.2022].

Le Bon, Gustave (1982): *Psychologie der Massen* (Übersetzung: Rudolf Eisler). Stuttgart: Alfred Kröner Verlag.

Levitsky, Steven / Ziblatt, Daniel (2018): *Wie Demokratien sterben: Und was wir dagegen tun können.* München: Deutsche Verlags-Anstalt.

Libet, Benjamin (1985): Unconscious cerebral initiative and the role of conscious will in voluntary action. In: *The Behavioral and Brain Sciences*, 8(4). S. 529–539.

Lincoln, Abraham (1863): Gettysburg Address [Rede]. Gettysburg, 19.11.1863.

Locke, John (1689/1996): *Ein Brief über Toleranz*. Hamburg: Meiner Verlag.

Lyotard, Jean-François (2015): *Das postmoderne Wissen: Ein Bericht*. Wien: Passagen Verlag.

Lynas, Mark / Houlton, Benjamin Z. / Perry, Simon (2021): Greater than 99% consensus on human caused climate change in the peer-reviewed scientific literature. In *Environmental Research Letters*, 16(11). S. 114005.

Mansour, Ahmad (2019): Eine nationale Strategie gegen Radikalisierung. In: Carsten Linnemann / Winfried Bausback (Hg.): *Der politische Islam gehört nicht zu Deutschland*. Freiburg: Herder Verlag. S. 142–158.

Markwardt, Nils (2019): Pappkameraden des Ökopaternalismus. In: *Zeit Online*, 22.01.2019. Online: https://www.zeit.de/kultur/2019-01/umweltpolitik-klimawandel-klasse-sozialpolitik-vereinbarkeit?page=5 [abgerufen am 05.10.2022].

Martens, Ekkehard (1992): *Die Sache des Sokrates*. Stuttgart: Reclam.

Martens, Ekkehard (2017): Philosophie als Kulturtechnik humaner Lebensgestaltung. In: Julian Nida-Rümelin / Irina Spiegel / Markus Tiedemann (Hg.): *Handbuch der Philosophie und Ethik*. Band I: Didaktik und Methodik, 2. Auflage. Paderborn: Schöningh.

Mantyla, Kyle (2018). Rick Joyner: Sin, Not Climate Change, Is Responsible for Hurricane Florence. In: *Right Wing Watch*, 13.09.2018. Online: https://www.rightwingwatch.org/post/rick-joyner-sin-not-climate-change-is-responsible-for-hurricane-florence/ [abgerufen am 05.10.2022].

Mbembe, Achille (2013): *Kritik der schwarzen Vernunft*. Berlin: Suhrkamp.

McWhorter, John (2021): *Die Erwählten. Wie der neue Antirassismus die Gesellschaft spaltet* (Übers.: K. Riesselmann). Hamburg: Hoffmann und Campe.

McWhorter, John / Ridderbusch, Katja (2022): Schattenseite des Antirassismus – Ein unorthodoxer Blick auf die identitätspolitische Debatte. In: *Deutschlandfunk*, 31.01.2022. Online: https://www.deutschlandfunk.de/john-mcwhorter-die-erwaehlten-100.html/ [abgerufen am 05.10.2022].

Merkel, R. (2020): Wir können allen helfen. In: M. Tiedemann (Hg.): *Migration, Menschenrechte und Rassismus. Herausforderungen ethischer Bildung*. Paderborn: Brill/Ferdinand Schöningh.

Mills, Charles W. (2005): Kant's Untermenschen. In A. Valls (Hg.): *Race and Racism in Modern Philosophy*. New York: Cornell University Press.

Mills, Charles W. (2017): *Black Rights/White Wrongs: The Critique of Racial Liberalism*. Oxford: Oxford University Press.

Möller, Ruth (2022): Welche Defizite haben unsere Schulanfänger? Ein Gespräch mit der Rektorin einer Grundschule. In: *Kindergarten heute*. November/Dezember 2002. S. 20–23

Mönch, Regina (2018): Ditib-Kommentar: Kleine Märtyrer. In: *Frankfurter Allgemeine Zeitung*, 28.04.2018. Online: https://www.faz.net/aktuell/feuilleton/ditib-kommentar-kleine-maertyrer-spielen-krieg-in-moscheen-15563873.html [abgerufen am 16.09.2022].

Moses, A. Dirk (2021): *The Problems of Genocide: Permanent Security and the Language of Transgression*. Cambridge: Cambridge University Press.

Murray, Douglas (2019): *Wahnsinn der Massen – Wie Meinungsmache und Hysterie unsere Gesellschaft vergiften* (Übers.: Birgit Schöbitz). München: FinanzBuch Verlag.

Mücke, Peter / Roelcke, Eckhard (2021): Debatte um „New York Times“ – Political Correctness oder „Gesinnungsterror“? In: Deutschlandfunk Kultur, 15.02.2021. Online: https://www.deutschlandfunkkultur.de/debatte-um-new-york-times-political-correctness-oder-100.html [abgerufen am 23.04.2022].

Neiman, Susan (2017): *Widerstand der Vernunft. Ein Manifest in postfaktischen Zeiten*. Salzburg: Ecowin.

Nguyen-Kim, Mai Thi / Tutmann, Linda (2021): Wissenschaft ist keine Demokratie. In: *Zeit.de*. Online: https://www.zeit.de/gesellschaft/zeitgeschehen/2021-05/mai-thi-nguyen-kim-hass-internet-wissenschaftsjournalismus-pressefreiheit) [abgerufen am 15.08.2022].

Nida-Rümelin, Julian (2006): *Demokratie und Wahrheit*. München: C.H. Beck.

Nida-Rümelin, Julian (2013): *Philosophie einer humanen Bildung*. Hamburg: Edition Körber-Stiftung.

Nida-Rümelin, Julian (2015): *Unaufgeregter Realismus. Eine politische Streitschrift*. Paderborn: Brill/mentis.

Nida-Rümelin, Julian (2016): Veritas Filia Temporis. In: Ders.: *Humanistische Reflexionen*. Frankfurt a. M.: Suhrkamp.

Nida-Rümelin, Julian (2017): *Über Grenzen denken. Eine Ethik der Migration*. Hamburg: Edition Körber-Stiftung.

Nida-Rümelin, Julian (2021): Demokratie als Lebensform. In: Dieter Birnbacher / Klaus Goergen / Markus Tiedemann (Hg.): *Normative Integration. Kulturkampf im Klassenzimmer und netzgeprägte Schülerschaft*. Paderborn: Brill/Schönigh.

Nozick, Robert (1974): *Anarchy, State, and Utopia*. New York: Basic Books.

O' Gorman, Ned (2021): *Politik für alle – Hannah Arendt lesen in unsicheren Zeiten*. München: Nagel & Kimche.

Orwell, George (1984/2002): 1984. 23. Auflage. München: Ullstein.

Paris, Rainer (2003): Autorität- Führung- Eliten: Eine Abgrenzung. In: Stefan Hradil, Peter Imbusch (Hg.): *Oberschichten – Eliten- Herrschende Klassen. Reihe Sozialstrukturanalyse*, Bd. 17. Opladen: Leske + Budrich.

Peşmen, Azadê (2018): Wie Tausende kleine Mückenstiche – Rassismus macht den Körper krank. *Deutschlandfunk Kultur*, 05.07.2022. Online: https://www.deutschlandfunkkultur.de/rassismus-macht-den-koerper-krank-wie-tausende-kleine-100.html [Abgerufen am 20.04.2022].

Pfordten, Dietmar von der (2015): *Moralischer Realismus? Zur kohärentistischen Metaethik Julian Nida-Rümelins*. Paderborn: Brill/mentis.

Pico della Mirandola, Giovanni (2010): Über die Würde des Menschen. In: Hans-Ulrich Lessing / Volker Steenblock (Hg.): *„Was den Menschen zum Menschen macht …". Klassische Texte der Philosophie der Bildung*. Freiburg i. B.: Karl Alber.

Piggott, Steven (2016): Is Breitbart.com Becoming the Media Arm of the ‚Alt-Right'? In: *Southern Poverty Law Center*, 28.04.2016. Online: https://www.splcenter.org/hatewatch/2016/04/28/breitbartcom-becoming-media-arm-alt-right [abgerufen am 05.10.2022].

Pinker, Steven (2018): *Aufklärung Jetzt – Für Vernunft, Wissenschaft, Humanismus und Fortschritt* (Übersetzung: Martina Wieser). Frankfurt a. M.: S. Fischer.

Pinker, Steven (2018): Die Welt war noch nie so gut wie heute! In: *Philosophiemagazin*, 2/2018. S. 66–71.

Platon (1977): *Werke in acht Bänden*. Hg. von Gunther Eigler. gr./dt., Übersetzung: Friedrich Schleiermacher (revidiert). 2. Auflage, 1999. Darmstadt: Wissenschaftliche Buchgesellschaft.

Pluckrose, Helen / Lindsay, James (2022): *Zynische Theorien. Wie aktivistische Wissenschaft Race, Gender und Identität über alles stellt – und warum das niemandem nützt*. München: C.H. Beck.

Popper, Karl R. (1992): *Die offene Gesellschaft und ihre Feinde*. Band 1: Der Zauber Platons. 7. Auflage. Tübingen: UTB.

Popper, Karl R. (1981): *Ausgangspunkte*. Zürich: Ex Libris.

Popper, Karl R. (1994): *Alles Leben ist Problemlösen*. München: Piper.

Postman, Neil (1987): *Das Verschwinden der Kindheit*. Frankfurt a. M.: S. Fischer.

Powell, James (2019): Scientists Reach 100% Consensus on Anthropogenic Global Warming. In: *Bulletin of Science, Technology & Society*, 37(4). S. 183–184.

Putnam, Hilary (1998): *Reason, Truth and History*. Cambridge: Cambridge University Press.

Rawls, John (1971): *A Theory of Justice*. Cambridge: Harvard University Press.

Rawls, John (1979): *Eine Theorie der Gerechtigkeit* (Übersetzung: Hermann Vetter). Frankfurt a. M.: Suhrkamp.

Rawls, John (1993): Gerechtigkeit als Fairneß: politisch und nicht metaphysisch. In: Axel Honneth (Hg.): *Kommunitarismus*. Frankfurt a. M.: Campus. S. 37–67.

Reich, Kersten (1996): Systemisch-konstruktivistische Didaktik. In: Rudolf Voß (Hg.): *Die Schule neu erfinden*. Neuwied: Luchterhand. S. 70–91.

Reich, Kersten (1998): Konstruktivistische Unterrichtsmethoden. Lehrtheoretische Voraussetzungen und ausgewählte Beispiele. In: *System Schule*, 2(1). S. 20–26.

Reich, Kersten (2010): *Systemisch-konstruktivistische Pädagogik*. Weinheim: Beltz.

Renz, Ursula (2019): *Was denn bitte ist kulturelle Identität? Eine Orientierung in Zeiten des Populismus*. Basel: Schwabe.

Rinner, Stefan / Hieke, Alexander (2022): Slurs under quotation. In: *Philosophical Studies*, 179(5). S. 1483–1494.

Ritter, Joachim (Hg.) (1971): *Historisches Wörterbuch der Philosophie*. Band 1 A-C. Darmstadt: Wissenschaftliche Buchgesellschaft. S. 622–632.

Rohbeck, Johannes (2021): Zur Aktualität der Aufklärung. In: *Zeitschrift für Didaktik der Philosophie und Ethik*, 43(1). S. 4–19.

Rohs, Peter (2016): *Geist und Gegenwart. Entwurf einer analytischen Transzendentalphilosophie*. Paderborn: Brill/mentis.

Rolf, Bernd / Peters, Jörg (Hg.) (2014): philo – NRW. Einführungsphase. Unterrichtswerk für Philosophie in der Sekundarstufe II, erarbeitet von Klaus Draken, Matthias Gillissen, Jörg Peters, Martina Peters und Bernd Rolf. Bamberg: C.C. Buchner Verlag.

Röhlig, Marc (2018): Türkische Gemeinden lassen Kinder in Deutschland Krieg spielen. Soldat-Uniformen und „Märtyrer-Tode". In: *SPIEGEL Panorama*, 20.04.2018. Online: https://www.spiegel.de/panorama/ditib-in-herford-und-wien-verkleidet-kinder-als-tuerkei-soldaten-a-00000000-0003-0001-0000-000002296792 [abgerufen am 15.08.2022].

Rössler, Beate (2001): *Der Wert des Privaten*. Frankfurt a. M.: Suhrkamp.

Rousseau, Jean-Jacques (1755): *Discours sur l'origine et les fondemens de l'inegalité parmi les hommes*. Amsterdam: Marc Michel Rey.

Ruhloff, Jörg (1993): Vom Gottesknecht zum Selbstliebhaber. Ausblicke auf Individualität, Subjektivität und Autonomie in Interpretationen des Menschen in Renaissance und Aufklärung. In: *Bildung und Erziehung* 46(2). S. 167–182.

Ruhloff, Jörg (2010): Die Tradition der humanistischen Bildung seit der Renaissance und die gegenwärtige Neudefinition der „Bildung". In: Hans-Ulrich Lessing / Volker Steenblock (Hg.): *„Was den Menschen zum Menschen macht …". Klassische Texte der Philosophie der Bildung*. Freiburg i. B.: Karl Alber.

Rüesch, Andreas (2022): Ukraine: Russlands Luftwaffe erleidet bisher schwerste Verluste. In: *Neue Zürcher Zeitung*, 17.03.2022. Online: https://www.nzz.ch/international/ukraine-russlands-luftwaffe-erleidet-bisher-schwerste-verluste-ld.1674908?reduced=true [abgerufen am 05.10.2022].

Sächsisches Integrations- und Teilhabegesetz (SITG). Online: https://www.zik.sachsen.de/integrationsgesetz.html [abgerufen am 20.04.2022].

Schelsky, Helmut (1975): *Die Arbeit tun die anderen. Klassenkampf und Priesterherrschaft der Intellektuellen*. Leverkusen: Westdeutscher Verlag.

Schiller, Friedrich (1962): Xenien – 388. Gewissensskrupel. In: *Sämtliche Werke, Band 1*. München: Hanser.

Schmidt, Arno (2003): *Die Geburt des Logos bei den alten Griechen*. Berlin: Logos Verlag.

Schmidt, Thomas E. (2021): Ist der Rassismus etwa unüberwindbar? In: *Die Zeit*, 22.07.2021. Online: https://www.zeit.de/2021/30/postkolonialismus-rassismus-linke-holocaust-antisemitismus [abgerufen am 05.10.2022].

Schnädelbach, Herbert (1985): Philosophie. In: Ekkehard Martens / Herbert Schnädelbach (Hg.): *Philosophie. Ein Grundkurs*. Band 1. (Überarbeitete und erweiterte Neuausgabe, 1991). Reinbek bei Hamburg: Rowohlt.

Schopenhauer, Arthur (1841): *Die beiden Grundprobleme der Ethik*. Frankfurt a. M.: Joh. Christ. Hermannsche Buchhandlung.

Schrey, Heinz-Horst / Hoche, Hans-Ulrich (1992): Regel, goldene. In: Joachim Ritter / Karlfried Gründer (Hg.): *Historisches Wörterbuch der Philosophie*. Band 8. Basel: Schwabe & Co. S. 450–464.

Schuessler, Jennifer (2020): Poetry Foundation Leadership Resigns After Black Lives Matter Statement. In: *The New York Times*, 10.06.2020. Online: https://www.nytimes.com/2020/06/09/books/poetry-foundation-black-lives-matter.html [abgerufen am 05.10.2022].

Schulte von Drach, Marcus C. (2016): Muslime und Migranten: Gibt es Parallelgesellschaften in Deutschland? In: *Süddeutsche Zeitung*, 10.08.2016.

Schultze-Kraft, Matthias / Birman, Daniel / Rusconi, Marco / Allefeld, Carsten / Kai Görgen / Dähne, Sven / Blankertz, Benjamin / Haynes, John-Dylan (2016): Point of no return in vetoing movements. In: *Proceedings of the National Academy of Sciences of the United States of America*. 113(4). S. 1080–1085.

Schümer, Dirk (2016): Europa hat jetzt eine erste reine Migrantenpartei. In: *Welt.de*, 24.05.2016. Online: https://www.welt.de/politik/ausland/article155649010/Europa-hat-jetzt-eine-erste-reine-Migrantenpartei.html [abgerufen am 15.08.2022].

Sloterdijk, Peter (1999): Regeln für den Menschenpark. Ein Antwortschreiben zum Brief über den Humanismus – die Elmauer Rede. In: *Die Zeit*, Nr. 38, 16.09.1999.

Snowden, Edward (2019): *Permanent Record – Meine Geschichte*. Frankfurt a. M.: S. Fischer Verlag.

Southern Poverty Law Center (Hg.) (2017): Breitbart exposé confirms: far-right news site a platform for the white nationalist „alt-right". In: *Southern Poverty Law Center*, 06.10.2017. Online: https://www.splcenter.org/hatewatch/2017/10/06/breitbart-exposé-confirms-far-right-news-site-platform-white-nationalist-alt-right [abgerufen am 15.08.2022].

Spitzer, Manfred (2013): TV macht dumm, dick und gewalttätig [Video]. Online: https://www.youtube.com/watch?v=LftI9pYDg7I [abgerufen am 07.12.2021]. Min. 2.29.

Stegemann, Bernd (2017): *Das Gespenst des Populismus*. Berlin: Verlag Theater der Zeit.

Steinmetz, George (1904): Von der „Eingeborenenpolitik“ zur Vernichtungsstrategie: Deutsch-Südwestafrika. In: *Peripherie: Zeitschrift für Politik und Ökonomie in der Dritten Welt*. 24(97–98).

Stelzer, Hubertus (2015): Lebensweltbezug. In: Julian Nida-Rümelin / Irina Spiegel / Markus Tiedemann (Hg.): *Handbuch der Philosophie und Ethik. Band I: Didaktik und Methodik*. 2. Auflage. Paderborn: Schöningh.

Süddeutsche Zeitung (2021): Pädagogik-Professor: „Über 40 Prozent der Lehrer ungeeignet“. Online: https://www.sueddeutsche.de/bildung/bildung-paedagogik-professor-ueber-40-prozent-der-lehrer-ungeeignet-dpa.urn-newsml-dpa-com-20090101-210924-99-339532 [abgerufen am 17.06.2022].

Swanson, Kevin (2017): Hurricane Harvey – What's the Message? In: *Generations*, 31.08.2017. Online: https://www.generations.org/programs/743 [abgerufen am 05.10.2022].

Szöllösi-Janze, Margit (1998): *Fritz Haber 1868–1934. Eine Biographie*. München: C.H. Beck.

TAZ (Hg.) (1989): Eine Rushdie-Chronik. In: *TAZ*, 26.05.1989.

Tannenberger, Christoph / Pasch, Nele (2017): Verfassungsreform in der Türkei. Auf dem Weg in die Autokratie? In: *tagesschau.de*, 17.04.2017.Online: https://www.tagesschau.de/faktenfinder/ausland/tuerkei-referendum-117.html [abgerufen am 05.10.2022].

The White House (o. J.): Remarks by President Trump on Infrastructure. In: *The White House*. Online: https://web.archive.org/web/20180113052441/https://www.whitehouse.gov/briefings-statements/remarks-president-trump-infrastructure/ [abgerufen am 05.10.2022].

Thiel, Rainer (1999): *Simplikios und das Ende der neuplatonischen Schule in Athen*. Stuttgart: Franz Steiner Verlag.

Tenta, Sabine (2022): Nach Rassismus-Vorwurf: Ministerium bemängelt Schulbuch als diskriminierend. In: *Landespolitik – Nachrichten – WDR*. Online: https://www1.wdr.de/nachrichten/landespolitik/siegburg-schulbuch-ethik-diskussion-100.html [abgerufen am 05.10.2022].

Tetens, Holm (2004): *Philosophisches Argumentieren*. München: Verlag C.H. Beck.

Terre des Femmes (2022): Polizeiliche Kriminalstatistik für 2021 veröffentlicht: 73 Fälle von versuchter oder vollzogener Zwangsverheiratung in Deutschland. Online: https://www.zwangsheirat.de/aktuelles/469-polizeiliche-kriminalstatistik-fuer-2021-veroeffentlicht-73-faelle-von-versuchter-oder-vollzogener-zwangsverheiratung-in-deutschland [abgerufen am 23.06.2022].

Tiedemann, Markus / Tinawi, Constanze (2021): Verzerrtes Normalitätsempfinden und toxische Toleranz. In: *Bundeszentrale für politische Bildung, 22.11.2022*. Online: https://www.bpb.de/themen/islamismus/dossier-islamismus/343155/verzerrtes-normalitaetsempfinden-und-toxische-toleranz/ [abgerufen am 05.10.2022].

Tugendhat, Ernst (1993): *Vorlesungen über Ethik*, Frankfurt a. M.: Suhrkamp.
United Nation High Commissioner for Refugees (UNHCR) (Hg.) (2021): Global Trends – Forced Displacement in 2020. Online: https://www.unhcr.org/statistics/unhcrstats/60b638e37/global-trends-forced-displacement-2020.html [abgerufen am 05.10.2022].
United Nation High Commissioner for Refugees (UNHCR) (Hg.) (2022): Global Trends – Forced Displacement in 2021. Online: https://www.unhcr.org/publications/brochures/62a9d1494/global-trends-report-2021.html [abgerufen am 05.10.2022].
United Nations (Hg.) (2022): World Population Prospects. Online: https://population.un.org/wpp/ [abgerufen am 05.10.2022].
United Nations High Commissioner for Refugees (UNHCR) (o. D.): Refugee Statistics. Online: https://www.unhcr.org/refugee-statistics/download/?url=K1aKu0 [abgerufen am 05.10.2022].
United States Senate Committee on Armed Services (Hg.) (2008): Inquiry Into the Treatment of Detainees in US Custody. 20.11.2008 (Auszug aus der offiziellen, geschwärzten Veröffentlichung des Reports vom 22.04.2009, Sektion „Unclassified", S. XXVIII). Online: https://www.govinfo.gov/content/pkg/CHRG-110shrg47298/html/CHRG-110shrg47298.htm [abgerufen am 05.10.2022].
Venohr, Wolfgang (2000): *Stauffenberg: Symbol des Widerstands*. 3. Auflage. München: Herbig.
Wagner, Joachim (2019): Islam: Die Koranschule ist stärker als jeder Religionslehrer. In: *Die Welt*, 11.10.2019. Online: https://www.welt.de/debatte/kommentare/article201587404/Islam-Die-Koranschule-ist-staerker-als-jeder-Religionslehrer.html [abgerufen am 05.10.2022].
Watson, Kathryn (2020): Trump says „I don't think science knows" about climate. In: *CBS News*, 15.09.2020. Online: https://www.cbsnews.com/news/trump-western-wildfires-science-climate-change/ [abgerufen am 05.10.2022].
Watts, Edward (2004): Justinian, Malalas, and the End of Athenian Philosophical Teaching in A.D. 529. In: *The Journal of Roman Studies*, 94. S. 168–182.
Westdeutscher Rundfunk (Hg.) (2020): Im Gespräch mit Janine Kunze und Thomas Gottschalk. Die letzte Instanz [Video]. *YouTube*, 02.12.2020. Online: https://www.youtube.com/watch?v=vazgNVl_3jA&t=1120s [abgerufen am 05.10.2022].
Weizsäcker, Carl Friedrich von (1987): Der Mensch im wissenschaftlich-technischen Zeitalter. In: Ders.: *Ausgewählte Texte*. München: Goldmann.
Whalen, Andrew (2020): California Curator Resigns After Saying Museum Would Continue Collecting White Artists. In: *Newsweek*, 15.07.2020. Online: https://www.newsweek.com/sfmoma-curator-gary-garrels-san-francisco-museum-modern-art-reverse-discrimination-racism-1517984 [abgerufen am 05.10.2022].
Whitehead, Alfred North (1979): *Process and Reality*. New York: The Free Press.

Willareth, Roland (2020): Diskriminierung durch Sprache. Antisemitismus an der Schule. In: Markus Tiedemann (Hg.): *Migration, Menschenrechte und Rassismus. Herausforderungen ethischer Bildung.* Paderborn: Brill/Ferdinand Schöningh. S. 91–124.

Wilson, Jason (2018): Who are the Proud Boys, „western chauvinists" involved in political violence? In: *The Guardian*, 14.07.2018. Online: https://www.theguardian.com/world/2018/jul/14/proud-boys-far-right-portland-oregon [abgerufen am 05.10.2022].

Wittgenstein, Ludwig (1984): *Werke.* 8 Bände. Frankfurt a. M.: Suhrkamp.

Wöchentliche Hallische Frage- und Anzeigungs-Nachrichten. 28. November 1729. S. 271–274.

Wolff, Christian (1721/1985): *Oratio de sinarum philosophia practica – Rede über die praktische Philosophie der Chinesen* (Übersetzung: Michael Albrecht). Hamburg: Meiner.

Yaghoobifarah, Hengameh (2016): Fusion Revisited: Karneval der Kulturlosen. In: *Missy Magazine*, 11.07.2016. Online: https://missy-magazine.de/blog/2016/07/05/fusion-revisited-karneval-der-kulturlosen/ [abgerufen am 05.10.2022].

Zabriskie, Matt (2021): Read: Former President Donald Trump's January 6 speech, in: *CNN*, 09.02.2021. Online: https://edition.cnn.com/2021/02/08/politics/trump-january-6-speech-transcript/index.html [abgerufen am 05.10.2022].

Zakaria, Fareed (2003): *The Future of Freedom: Illiberal Democracy at Home and Abroad.* New York: W.W. Norton & Company.

Zuboff, Shoshana (2018): *Das Zeitalter des Überwachungskapitalismus.* Frankfurt a. M.: Campus Verlag.

Register